グローバル・ヒストリーズ

——「ナショナル」を越えて

上智大学 アメリカ・カナダ研究所
イベロアメリカ研究所
ヨーロッパ研究所／編

Sophia University Press
上智大学出版

はじめに

「地図は人類の偉大な発見であるが、人類の思考の枠にもなる。[1]」

私たちの多くは世界地図を頭に思い浮かべるとき、水色の海を背景にカラフルに色付けされた地図を思い浮かべるだろう。どの国・地域を中心にするかによって、構図や見え方は多少異なるかもしれないが、国民国家が色分けの基準となっていることには変わりない。しかし、このような地図が描き出す世界は、私たちが住む、そして過去の人々が住んできた世界のリアリティをどこまで投影しているのだろうか、という問いが本書の出発点である。

現代の歴史学においても、国民国家は重要な基礎単位となっている。特に、十九世紀後半から二十世紀前半にかけて欧米諸国を中心に、学校教育の現場における歴史学は、一国家のもとに国民を統一する仕掛けとして機能を果たすようになった。自らが属する土地（＝国家〔ステイト〕）の過去を学び、同じ歴史観を共有することで、個人の内面に国民としてのナショナルなアイデンティティが生成された。[2]しかし、実際、国内には一筋縄では共存共生することがで

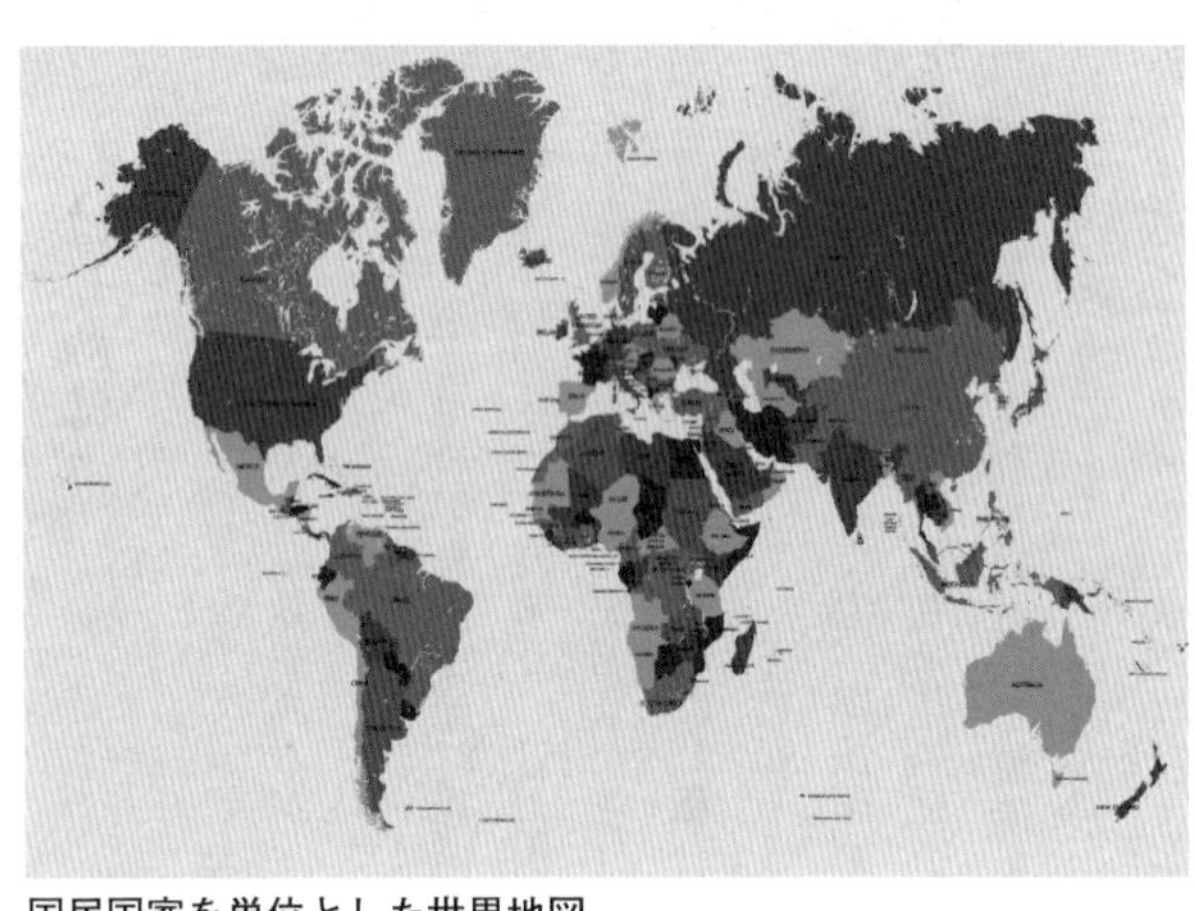

国民国家を単位とした世界地図

きないような多様な背景（言語、文化、思想等）をもつ人々が存在しており、歴史学の活用によって意図的に、時には強引に、それらの多様性を纏めることが必要だった。

しかし、二十一世紀に突入すると、国民国家を中心に過去を描いてきた歴史観（＝国民国家史）に対して批判的な眼差しが向けられるようになる。日本におけるグローバル・ヒストリー研究の先駆者の一人である水島司によると、一九九〇年代からの急速なグローバル化（環境問題、インターネットの普及、テロ組織の生成、国際金融、人の国際移動など）の進展に伴い、国民国家の枠組みでは収まらない事象が顕在化してきた。それは、国民国家史に対する批判へと発展し、国境を越える人・モノなどの存在、現象等を主題とした歴史のあり方が積極的に模索されるようになった。その一つが、「グローバル・ヒストリー」の台頭であろう。

とはいえ、「グローバル・ヒストリー」を明確に定義するのは難しい。前述の水島を参考にすると、その特徴を五つに集約できる。[3]

①国家の枠組みを越え、より空間的な広がりをもつ地域への着目
②対象とする時間軸を伸ばし、長期的な変化を踏まえた検討
③地域間の移動・循環・連携・相互作用等への着眼
④「人」を歴史の構成要素の一つとして捉え、環境、疾病、動植物など非人間の主題化
⑤ヨーロッパ中心主義的な歴史観の再検討と非ヨーロッパ地域への視点のシフト

ここで強調したいのは、グローバル・ヒストリーとは、「グローバル」という言葉が示すような世界全体をカバーするような歴史のみを扱うものではないということである。確かにアンドレ・グンダー・フランク著『リオリエント』やケネス・ポメランツ著『大分岐点』などのように、地球規模の歴史を描いた研究者もいるが、本書では以上に挙げたいずれか、もしくは複数の特徴を生かし、研究事例を再検討・再解釈することが目的である。

各章の紹介

国民国家史を批判的に捉えた歴史学の潮流の一つとして「グローバル・ヒストリー」を紹介したが、本書はそれに対して否定的な立場をとっているわけではない。グローバル・ヒストリーは、国民国家史が築き上げた歴史学の蓄積なくしてはあり得ないし、現実の世界をみると、グローバルな流れの進展に伴い人やモノが国境を越えて拡散する一方で、「アメリカ・ファースト」のように国家にとって重要な要素を取り込み、不要とされるものを排除しようとする動きが強まっているのも事実である。インド出身の文化人類学者アパドゥライは、そのような世界を「脊柱型」と「細胞型」の生命体に喩えて説明する。脊柱型の生命体とは近代国民国家に代表されるような組織であり、脊柱という国家の規範を中心に国民、いわば筋肉のような存在が、鍛え上げられて個体が形成されていく[4]。それに対し、細胞型は国際テロ組織や草の根NPOの活動にみられるように、中心部となる組織は脊柱型のように強力な権力・管理組織をもたず、国民国家という枠組みを越えて連帯を築き上げ、自由自在に伸縮していく世界である[5]。これを歴史学に置き換えてみると、脊柱型の歴史学は国民国家史、細胞型の歴史学はグローバル・ヒストリーと言えるかもしれない。現実世界に、二つの生命体―また、それ以上―が共存しているように、どちらの視点も歴史を描き出すにあたっては不可欠なのである。

・第一部　国民国家のフィクショナリティ

そこで、第一部では「グローバル・ヒストリー」と対極に位置付けられるような国民国家の成り立ちの歴史を再検討することから始める。内村論文（第一章）の前半部分では、近代ヨーロッパで生まれた「国民国家（ネイション・ステイト）」を、統治機構としての「ステイト」と政治的・文化的共同体としての「ネイション」という二つの概念からわかりやすく整理していく。そして、後半部分では、スペイン近代史を事例として、「国民国家」がどのように構築されてきたのか、またされているのかについて検討する。スペインの「国民国家」形成において重要な契機となった数々の戦争─継承戦争、独立戦争（ナポレオン戦争）、内戦─を経ても、その統合と維持はスムーズに遂行されたわけではなかった。更に、二〇一七年一〇月に行われた独立をめぐるカタルーニャ住民投票にもあるように、国民国家と、その枠組みに押し込められるのを拒む地域の対立は現在でも続いており、国民国家という歴史的存在を生み出したヨーロッパにおいてすら、その形成は現在に至るまで紆余曲折に富んだものであったことが示される。

引き続き、高橋論文（第二章）では、一つの国家のもとに「国民」を統合する過程をフランス共和国を事例に考察する。「共和国」という名のもと、カリブ海をはじめとする諸地域に触手を伸ばしていったフランス帝国は海外県（＝植民地）に住む肌・文化・言語の異なる人々も国家に統合する作業を行った。その申し子というべきエメ・セゼールは、フランス海外県マルティニクで生まれ、同地でフランスへの同化教育を受けた後、本国のエリート校へと進学する。しかし、フランス本国への「帰郷」経験を通じて、セゼールは自らをフランス人とは切り離し、「マルティニク人」としてのアイデンティティを見出していく。このようなセゼールの個人史からみえるアイデンティティの揺らぎは、国民国家や同化教育が個人のアイデンティティ形成に与える浸透力とともに、「マルティニク人」という気付きによって国民国家が相対化されるプロセスを明らかにする。

第三章の米山論文は、国民国家の境界を形成する国境線の引き直しによって引き起こされた人々の移動、そしてその過程においてみられた別離と再会に着目する。ベトナム戦争終結後の一九七五年から、南ベトナムからは主にボートピープルが西ドイツに移住し、北ベトナムからは契約労働者や留学生たちが東ドイツに渡った。しかし、一九八九年にベルリンの壁が崩壊すると、故郷でも移住先でも分断されていたベトナム人はドイツで「再会」を果たすこととなる。ところが、東西ドイツのかつての分断をそのまま反映し人々は新たに「西ベトナム人」と「東ベトナム人」とに分裂する結果となった。地理的な分断が終焉を迎えたのちも、人々の心の中に残る国境を越えることの困難さが浮かび上がった。

第一部の最終章となる岩崎論文（第四章）では、日常生活には欠かすことができない「水」をテーマに環境、技術と人間の関係性の変遷について問い直す。著者がフィールドワークを行ったリビア砂漠に住む人々は、長い間地下水源を生命の泉として生活を営んできた。しかし、二十世紀に入ると大量の水資源確保のため、ナイル川だけでなく砂漠においても灌漑事業が展開され、多くの井戸が掘削されていった。この結果生じた地下水位の低下は、その土地だけでなく同じ帯水層を水源とする他の土地にも影響を与えかねず、帯水層を共有するアフリカの四カ国（リビア、エジプト、スーダン、チャド）が関わるグローバル・イシューへと発展している。水を主題としてみていくと、「国境のフィクショナリティ」が更に明確に浮かび上がっていく。

・第二部　脱西欧のグローバル・ヒストリー

第二部は、食、ファッション、思想などの非人間が国境を越える移動と複数に跨る地域の連関性を検討した論考で構成され、いわばグローバル・ヒストリーが得意とするテーマ設定、アプローチが凝縮されている。どの論考も「アジア」の視座からグローバル・ヒストリーを紡ぎ出すことにより、ヨーロッパ中心主義からの脱却を図るとともに、ローカルの反応に注目することでグローバルとローカルの相互的影響を重要視する。

「なぜ、ワインはヨーロッパなのか」という問いかけから始まる野澤論文（第五章）では、西アジアを原産地とするワインの歴史から、その答えを探す旅が始まる。その背景には、ワインをキリストの血として儀式化したキリスト教の宣教、長期保存・長距離輸送が可能な製品性、生産地と消費地の偏りなど様々なファクターが関わっていることがわかる。それに加え、ヨーロッパ中心主義的なワイン史の先行研究にも触れ、今後の課題も提示される。「ヨーロッパ色の濃い」ワイン史研究をどのように発展させるか、これはグローバル・ヒストリーに新たな展開を与える契機ともなろう。

第六章の杉浦論文では、西アフリカを中心に女性用のドレス生地として使用される「アフリカン・プリント」のルーツに迫る。実は、その発祥はジャワ（インドネシア）のバティック染めにあり、当地を支配していたオランダに本社をもつ布捺染（プリント）会社により「模倣品」が作られ、アフリカで売られるようになったというダイナミックで、グローバルな服飾史を展開する。アフリカ市場に参入した「バティック模様プリント」は消費者である現地女性の好みを取り入れ、次第に「アフリカン・テイスト」を確立していく。ここからみえてくるのは、グローバルな展開力をもつ生産者とローカルな消費者の相互的影響が、「アフリカン・プリント」

の確立と発展に重要な役割を果たしている実態である。

第七章の飯島論文は、日本でも愛飲者が多いハワイ産コナ・コーヒーを題材として、太平洋の真ん中からグローバル・ヒストリーを描き出す。エチオピアからブラジルを経由しハワイ島コナに辿り着いたコーヒーは、十九世紀末から日系移民によって栽培されるようになった。この生産に携わった日本人たちも、当時アジア太平洋地域を巻き込んで展開された国際労働力移動の一波であり、ハワイはグローバルに移動する人とモノ（コーヒー）の交差点・着地点であった。一方で、これらの移動は、ハワイ先住民からタロイモ畑を奪い、彼らの生活に大きな影響を与えた。移動によって繋がる地域を強調するグローバル・ヒストリーがもつ課題として、周辺化される「移動しない人々」の存在が指摘される。

アフリカ、ハワイを経て、第二部の最終章となる石井論文（第八章）は東アジアを舞台として繰り広げられた「海外伝道」に着目する。十九世紀後期から二十世紀初頭にかけて、アメリカ合衆国（以下、アメリカと省略）からの女性宣教師たちは、宣教活動の一環として医療や女子教育の普及に力を注いだ。ところが、その受容のされ方はローカル社会の状況によって異なることが、日本、韓国、中国の比較から明らかになる。また、知識・技術の流れはアメリカからアジア地域へという一方向的なものではなく、日本—韓国—中国を循環するものでもあり、比較史と連関史の視点を巧みに合わせることにより、アメリカと東アジアのグローバル・ヒストリーが展開される。

・第三部　マクロな視座からのグローバル・ヒストリー

第三部ではジェンダー、人種、環境といったマクロな視点から地域間の繋がり・相互的影響に着目しつつグローバル・ヒストリーを捉える。第九章の佐々木論文では、西欧の歴史的な女傑伝が、十九世紀後半の「非西欧諸国」（エジプト・中国・日本等）においても国民国家が近代化を促進するにあたり重要な役割を果たしたことを、ジャンヌ・ダルクの事例から明らかにする。しかし、ジャンヌ・ダルクは新たな女性像を提示しつつも、良妻賢母のイメージとは真逆に位置付けられることから、近代化を推進する男性たちの内なる葛藤もあった。また、興味深いことにアメリカではジャンヌ・ダルクが近代化の象徴的な役割を与えられるようになるのは、第一次世界大戦時であり、近代化の推進力が必ずしも「進んだ地域（西欧諸国）」から「遅れた地域（非西欧諸国）」へと一方的に向かったわけではないことが論じられる。

次の矢澤論文（第十章）は、大西洋に舞台を移し、黒人の「主体的な」移動に目を向ける。これまで、黒人は米州（南北アメリカ、カリブ地域）―ヨーロッパ―アフリカの大西洋システムにおける労働力という商品（＝奴隷）として強制的に新大陸に連れてこられたイメージで捉えられがちであったが、クランメルのように自らの意志によって大西洋を渡った黒人も数知れない。そのような自由意志に基づいた越境経験は、一九五〇年代に入ると、白人中心主義的な社会や世界観に対する批判の台頭とともに、自らのルーツをアフリカに求めていくという運動へと発展していった。一九七四年を例にとれば、「キンシャサの奇跡」（ザイールおよび米国）、第六回パン・アフリカ会議（タンザニア）、イレ・アイィェの誕生（ブラジル）などは、一見互いに無関係のようだが、ブラック・アトランティックというトランス・ナショナルな視点からみれば、いずれも一つの大きな潮流を反映したものであることが描き出される。

本書の最終章となる小塩論文（第十一章）は、グローバル・ヒストリーの二つの特徴―マクロなアプローチと脱人間中心主義的な視点を取り込み、西欧人とアメリカ大陸との「遭遇」について論じる。現在のアメリカ合衆国とメキシコ国境に入植したスペイン人、カナダ国境付近に入植したフランス人と、それぞれの地域に先住していたネイティブ・アメリカンとの関係構築・崩壊の背景には破壊的な影響力をもった「非人間的」なファクターがあった。ヨーロッパ人の入植はアメリカ大陸には存在しなかった病原菌、食物、資源、武器を持ち込み、それらは、大陸の自然と先住民の生活・文化に劇的な変化をもたらしたのである。これまで歴史学の中で中心的存在であった人間の存在を相対化・客体化する実践を示した論考である。

さて、エピローグを飾るのは、近年観光客の増加に伴い日本でも少しずつ知名度を上げているハラール食に対する大学の取り組みである。学食でハラール食を提供するまでのプロセスは、まずハラールが何であるか、どのように認定されるのかなど根本的な問いかけからの始まりであった。学食という限られた空間ではあるが、海外からの留学生の食文化や信仰に対応する試みはまさにローカルとグローバルが繋がる空間であると言える。また、ハラール・カフェを訪れる非ムスリムの教職員・学生は「食」を通して、このようなグローバルな現象の一端を経験しているのである。

本書を読むにあたって

各章の扉には、地図を掲載した。ある章では対象となる地域が分割されていたり、またある章では人やモノの流れがわかるような地図であったりと、地理的空間が各章のテーマを反映するようになっている。冒頭で挙げた教科書的な世界地図と見比べてほしい。様々な視点から描かれたこれらの地図からは、決して一元的ではない多様な世界がみえてくるだろう。

また、本書のタイトルは、複数形のグローバル・ヒストリー「ズ」とした。先の論考紹介からもわかるように、グローバル・ヒストリーの複数ある特徴（地域の多様性・複数性・流動性等）をどのように援用するのか、もしくはしないのか、執筆者のスタンスはそれぞれに異なる。しかし、同時に私たち執筆者は国民国家を中心とした過去の語り方に対して何らかの違和感を共有している、もしくは国民国家史を相対化する必要性をひしひしと感じてきた研究者の集まりでもある。複数形のヒストリー「ズ」を採用したのはこうした複数のアプローチと共通の問題意識があることを強調したかったためである。

更に、各章の終わりにはディスカッション・クエスチョン及び文献案内を付記し、読者が興味を掘り下げられるよう工夫している。ディズニーランドのアトラクション、スプラッシュ・マウンテンの文化的背景を考察した名和のコラムをはじめ随所にあるコラムでは、テーマに関連した映画や執筆者ならではのエピソードが紹介されている。是非、これらを活用して、自分なりのグローバル・ヒストリー的なアプローチ、研究テーマをみつけていただきたい。

最後に

この出版企画は、上智大学の三研究所―イベロ・アメリカ研究所、ヨーロッパ研究所、アメリカ・カナダ研究所、そして、二〇一六年度開講講義「グローバル・ヒストリー入門」の受講生の協力なくしては実現することはなかった。原稿を幾度となく読み返し、貴重なコメントをくださった各研究所のスタッフ、特別研究員、研究補助員の方々、そして皆さんの素晴らしいチームワークに感謝を申し上げたい。また、「グローバル・ヒストリー入門」の最終講義で「より良い本」にするためのアドバイス、アイディアを提供してくれた受講生の方々、本当に有難う。本書には、皆さんのアイディアが随所に散りばめられているのがおわかりになるだろう。最後に、地図の作成から全体のレイアウトまで丁寧に行ってくださった出版社ぎょうせいにもお礼を申し上げる。

編集委員長
飯島　真里子

（1）西川長夫『国境の越え方―国民国家論序説（平凡社ライブラリー）』（平凡社、二〇〇一年）一四頁
（2）リン・ハント（長谷川貴彦訳）『グローバル時代の歴史学』（岩波書店、二〇一六年）三頁
（3）水島司『グローバル・ヒストリーの挑戦』（山川出版社、二〇〇八年）四―五頁、『グローバル・ヒストリー入門（世界史リブレット一二七）』（山川出版社、二〇一〇年）一―四頁
（4）アルジュン・アパドゥライ（藤倉達郎訳）『グローバリゼーションと暴力―マイノリティーの恐怖』（世界思想社、二〇一〇年）三七頁
（5）同掲書、三七頁

目次

目　次

第二部　脱西欧のグローバル・ヒストリー

第一部

国民国家の
フィクショナリティ

第一章

国民国家の概念と実相
—スペイン史を事例として

内村俊太

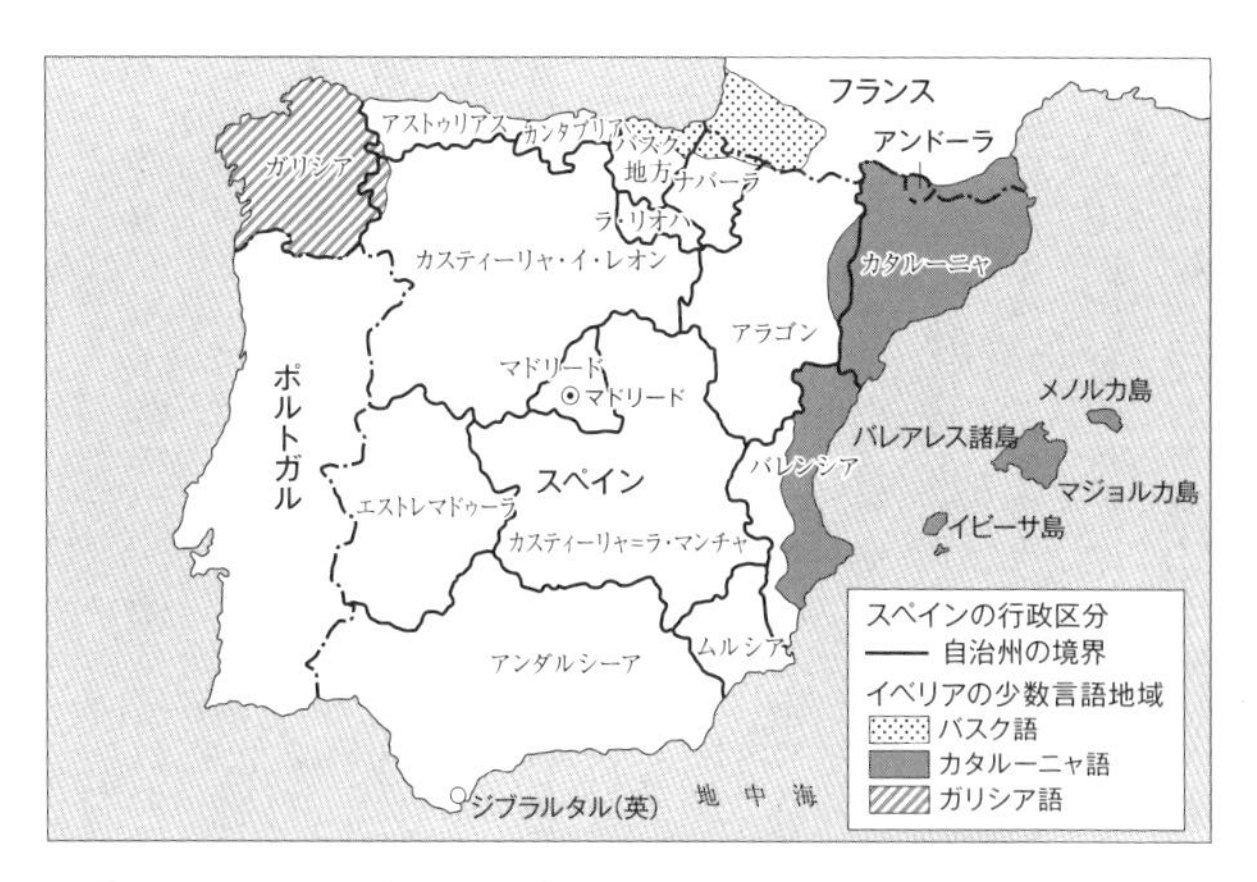

現在のスペインの自治州と少数言語地域

出典：立石博高編『スペイン・ポルトガル史』(山川出版社、2000年)、11頁「現代イベリアの少数言語地域」の図より筆者作成

国民国家を再考する意味

二〇一四年、イギリスのスコットランドとスペインのカタルーニャで、それぞれの国家からの分離独立の是非を問う住民投票が行われた。スコットランドではイギリス政府が認めた公式の投票だったが、賛成は過半数に届かなかった（投票率は約八五％）。一方のカタルーニャでは八〇％以上が独立に賛成票を投じたが、スペイン政府と憲法裁判所が違憲とした非公式投票のために法的な効力がなく、投票率も四〇％ほどであった[1]。二つの結果は異なるものだったが、二十一世紀ヨーロッパの国民国家（ネイション・ステイト）の内部にすら独立を願う人々が確実にいることを示したことは共通している。

二十世紀後半のヨーロッパでは、二回の世界大戦の主戦場になった反省から、国民国家の垣根を少しずつ低くしていく欧州統合の流れが続いていた。国家間戦争の原因を取り除くための資源共同管理から始まった欧州統合は、その地理的な範囲を拡大しながら、統合のレベルを経済から政治に引き上げ、現在のＥＵ（欧州連合）が加盟諸国で共通政策をとるに至って久しい。しかし、その象徴の一つである統一通貨ユーロも実際にはイギリスやスウェーデンは導入を見合わせてきたことが示唆するように、欧州統合がポスト国民国家の時代に直結しているかどうかは、不透明である。まして、二〇一六年のイギリス国民投票でＥＵ脱退が可決され、各国で欧州統合とグローバル化に否定的な姿勢の政党が支持を伸ばしている状況をみると、国民国家がもつ凝集力はなお強固だと言える。

さて、本書の主題であるグローバル・ヒストリーという発想は、国境を越える人、モノ、情報などの動きに注目することで、国民国家の枠組みを前提とした歴史の描き方を相対化することを特徴とする。このような発想が注目されるようになった背景としては、欧州統合やグローバル化が現実の国民国家が担っていた政治的・経済的機能を相対化しつつあるなかで、二十世紀末に歴史学という学問のなかでも国民国家を批判的に分析する動きが登場してきたことが重要だった。十九世紀に生まれた近代歴史学が国民国家を前提とする歴史を描いてきたことが反省されるなかで、現代人が所与のものとして生きている国民国家とは、基本的には近代ヨーロッパで成立し、そのモデルが日本も含めた世界各地で受容されたという、特定の歴史的文脈のなかで定着したものであることが認識されたのである。このように歴史的に構築されたものであるということは、古代帝国や封建国家のような過去の様々な形態の国家がそうだったように、時代が移って条件が変われば変質し、いずれ役割を終えて消えていく、という見通しを含意している。ただし、歴史的構築物であるから脆弱だ、と考えるわけにはいかない。むしろ、近代に生まれたに過ぎないはずの存在をなぜ人々は原初から続くものとして思い描き、時にはそのために命をも投げ打ってしまうのか。歴史家が関心を寄せてきたのは、この強固な情念のメカニズムであると言ってよい。

欧州統合が進んでいたはずの二十一世紀のヨーロッパにおいてすら、国民国家の存在感はまだ大きいと言わざるを得ない。一方にはＥＵによるボーダーレス化に反発して国民国家の枠組みを再確認する動きがあり、他方には既存の国民国家からの独立、つまり新しい国民国家を樹立しようとする動きがある。このような現実を前にすると、国民国家という問題系が古くて新しいものとしていまだに横たわっていると考えざるを得ない。そこで本章では、この問題系について考える手がかりとして、モデルとしての国民国家という「概念」にはどのような側面が含まれているかを整理したうえで、実際の歴史のなかの国民国家はどのような「実相」を示すのかをスペイン史を具体例としてみてみたい。

国民国家概念の整理

二十世紀末、国民国家に関する批判的な分析は歴史学の中心的なテーマの一つだった。日本でも、この時期から国民国家論・ナショナリズム論の重要な著作が翻訳され、日本人研究者による主体的な議論も盛んになった。ここでその全体像を紹介することはできないが、誤解を恐れずに要約すれば、前述のように歴史的構築物であることを前提として、国民国家（ネイション・ステイト）の核心とも言えるネイションについて、基本的には近代の構築物として捉えつつ（B・アンダーソンに代表される近代主義）、中世以来醸成された要素（A・D・スミスの言うエトニなど）の役割も重視するという、バランスのとれた視座が共有されるようになったと言える。本章の末尾で紹介するものをはじめとする先行研究に助けられながら、ネイション・ステイトの語義に立ち返る形で国民国家の諸側面を腑分けしていこう。

そもそも、国民国家とは英語の Nation State を忠実に翻訳した語である。英語表現が二つの名詞を並列させたものであることは、どちらも多義的なネイションとステイトの語義に注意する必要を示している。

まずステイトからみると、英和辞典で国家や政府という訳語があてられているように、この語は「統治機構としての国」を表している。現代の日本で言えば、国権の最高機関たる国会をはじめとして、中央省庁、地方自治体、裁判所、自衛隊、警察、在外公館などの、三権のいずれかに属す統治機構の総体だと言える。近代国家として認められるには、ステイトを構成するこれらの諸機関を独力で備え、かつ他国からも対等なステイトとして承認される必要があった。

しかし、一人ひとりの人間からみると、日常生活においてこれらの統治機構と自己を同一視することは稀であろう。むしろ、少し古い日本語で言う「お上」という語感が示しているように、安全を保障する一方で、何らかの強制や禁止を伴う法律を課し、税を徴収する存在でもあるステイトは、個々の人間にとっては外在的なものとしてイメージされることが多いのではないだろうか。いわばステイトとは、「国を相手取って訴訟を起こす」という時の「国」のことであり、首相官邸のホームページにある日本国憲法の英訳でも、個人が賠償を求める相手としての「国」は State と訳されている（第一七条）。

このようにステイトという語に「統治機構としての国」の意味が込められるようになったのは、十六世紀から十八世紀にかけての近世ヨーロッパでのことだった。そのヨーロッパの近世国家は「主権国家」モデルに基づいて考察されることが多い。主権国家モデルとは、一定の領土内を排他的・一円的に統治する国家を表し、このような至高の権力を主権と言う。歴史的にみれば、中世後期から近世にかけてのヨーロッパにおいて、有力な国々の君主が二つの意味で権力を確立するなかで主権国家は形成されたとされる。つまり、外に対しては、他国や普遍的な権威（ローマ教皇や神聖ローマ皇帝）に従属することなく、内に向かっては、中世に割拠していた封建諸侯や自治都市を屈服させ、君主の下に統治権と軍事力が一元化されていった。厳密に言えば、全てのヨーロッパ近世国家がこのような状態を完全に実現できていたわけではないが、およそ三〇〇年間続いた近世を通じて少しずつ、主権国家を支える統治機構が各国で整えられていった。そして、大小様々な主権国家が、形式上は対等な立場で国際法に則って外交と戦争を展開する国際関係が「主権国家体制」として成立し、現在にまで続いている。

このステイトという語の比較的明確な輪郭に比べて、ネイションという語は文脈に応じて様々な意味を帯び、英和辞典であてられている日本語も国民、民族、国家など振幅が大きい。しかし、英語などのヨーロッパ諸語で該当する語の共通の語源であるラテン語 Natio が「生まれる」という動詞からつくられた名詞であることを考えれば、また中世における その用法（大学における出身地別の団体など）を参照すれば、ネイションの原義は「同じ場所に生まれた人々」であることがわかる。「統治機構としての国」を表すステイトと対比させれば、ネイションは「人間集団としての国」だと言える。日本国憲法の英文訳でも、憲法が国の最高法規であると宣言する文脈では、「国」は State ではなく、人々の総体としての、あるいは主権者としての Nation と訳され（第九八条）、両者のニュアンスの差が前提とされていることがわかる。

さて、あるネイションについて考えるには、やや図式的ではあるが、政治的な原理によって結び付く側面と、文化的な原理によって結び付く側面が、どちらも認められると考えるとわかりやすい。対比的に訳すとすれば、前者は「国民」、後者は「民族」となろう。現実のネイションはより複雑な存在ではあるのだが、ここでは、オスマン帝国と国民国家体制の関連を論じた鈴木董の明快な議論を参照しながら、概念としての整理を更に進めてみよう。

政治的な原理に基づく「国民」とは、何らかの政治理念を共有し、同じ権利と義務を分かち合う人間集団としてのネイションの側面を表している。その政治理念の例としては、自由・平等・友愛、アメリカン・デモクラシー、マルクス・レーニン主義などが挙げられるが、現代日本であれば憲法の原則である国民主権・基本的人権の尊重・平和主義だと言える。一般に、これらの政治理念は近代以降の革命や改革によって確立したものであり、普遍性を希求する傾向にある。そして、この意味でのネイションは、メンバーたる資格を政治理念に賛同することに求めるため、少なくとも建前としては、それを規範として受諾する者を迎え入れる性質をもつ。

その一方で、文化的な原理に基づく「民族」とは、長い歴史の積み重ねのなかで育んできた（と信じている）文化を共有し、自文化を構成する言語、習俗、価値体系、宗教などを分かち合っている感覚を有する人間集団としてのネイションの側面を表している。政治理念の普遍的な性質とは対照的に、文化に関しては自集団の固有性が主張される傾向にある。文化の中核をなす言語について言えば、グローバル化が英語化をもたらせばもたらすほど、日本語が自文化の独自性や、場合によっては優越性の根拠として利用されている様相を我々は日々、目撃しているだろう。しかも、この意味でのネイションに外部から参入することは不可能ではないが、受け入れ先の人々は無意識にではあっても言語や立ち居振舞いなどの完璧な習得を期待する傾向が強く、決して簡単なこととは言えない。

このように、政治的な「国民」と文化的な「民族」としての両面をあわせもつネイションとは、歴史的にみれば、十八世紀末以降の近代ヨーロッパで登場したものだった。

政治共同体としては、フランスのように急進的な革命の形をとるにせよ、イギリスのように漸進的な改革の形をとるにせよ、ステイトの主権者の地位が国王から人民に移行して人権の尊重の原則が確立することで、ネイション共同体が成立することになる（国民主権）。そのネイションが掲げるべき政治理念として、十九世紀前半にはブルジョアジー主導で自由主義と民主主義の定着が少しずつ進んでいった。その一方で、十九世紀後半にかけての資本主義経済の発展にともなって資本家と労働者の階級対立が激化すると、新しい政治理念でもある社会主義が登場してくることになる。

その一方で文化共同体としてのネイションも、近代ヨーロッパにおいて時間をかけて構築されていった。ここでも言語を例にすれば、ある主権国家のなかで生活する人々が一つの言語を共有し、その読み書きも不自由なくできる状態というのは、自然に存在するものではない。例えば十八世紀末のフランスでも、大半の民衆はフランス語の読み書きができなかっただけでなく、南仏にはオック語を母語とする地域が広がっていた。そこから、全土でフランス語が普及し、識字率も向上していくためには、ステイトの一部としての初等教育制度が確立し、小学校で「国語」としてフランス語が教えられる過程が必要であった。そして十九世紀には、言語というコミュニケーション手段が共有されて、国内の日々の出来事を伝える新聞が普及する一方で、工業化のなかで移動・居住の自由が確立すると働き口を求めて国内での人口移動が起きた。更に男性の場合は徴兵制によって故郷を一旦離れることが一般化すると、国境線のなかには自分と同じ文化を共有している人々が生きているのだという感覚が強まっていった。

B・アンダーソンの「想像の共同体」論は、このようにステイトの領域内には自分が属すネイション共同体があるという感覚が芽生え、自分自身で国内の隅々を実際にみたわけでも、全てのメンバーと話したわけでもないのに、強烈な帰属意識を抱くようになる近代のプロセスに注目する議論である。ネイションがもつ政治共同体と文化共同体のどちらの側面を重視するにせよ、国民国家が成り立つのは、ステイトという枠を前提としながらこのネイションとしての帰属意識（ナショナル・アイデンティティ）を人々が内面化した時である。国民国家が歴史的構築物だというのは、このような歴史的条件が初めて揃ったのが近代の西ヨーロッパ（特に英仏）

であることを意味している。ステイトとしての統一や近代化が遅れたドイツや日本などは、後発国民国家としてその条件を国家政策によって人為的に創り出していくことになる。また十九世紀以降、さしあたりは東ヨーロッパにおいて、次いで世界各地の植民地において、自らをネイションであると自覚あるいは主張するようになった人々が独自のステイトの獲得を目指すうねりが多民族帝国の解体と植民地解放闘争として近現代史を動かしていくことになる。

近現代におけるネイション意識の高揚（ナショナリズム）はしばしば、自らのネイションの優越性の意識や、逆に自ネイションが危機に瀕しているという恐怖心によってもたらされる。そして、政治理念であれ文化であれ、同じ属性をもつと考えられた人々を包摂する契機だけでなく、異質な他者を排除し、攻撃する契機によっても燃え上がる。ナショナリズムについて考える際に注意しておきたいのは、あるネイションが先天的な血統に基づく単一の「人種（race）」のみによって構成されるということは現実にはあり得ず、政治共同体としても文化共同体としても、ネイションのなかには複数の人種的出自が存在することが歴史上の常態である、という点である。しかし、十九世紀の植民地獲得競争や二十世紀前半の総力戦のなかでは、他の国民国家に対してであれ植民地に対してであれ、自ネイションを人種共同体とみなす考えが訴求力をもち、他者を支配・排除・攻撃する強迫観念によって暴走したナショナリズムが世界中で様々な悲劇を引き起こした。

いずれにせよ、国民国家（ネイション・ステイト）という概念は、主権国家として自立する統治機構であるステイトと、政治理念と文化を共有する共同体としてのネイションが結び付き、その領域内に生きる人々がナショナル・アイデンティティを内面化したものとして整理できる。しかし、これはあくまで概念として図式化された国民国家像である。実際の歴史のなかでは、政治共同体と文化共同体の範囲が一致した一つのネイションが自立したステイトも有しているという状態はごく例外的なものであり、むしろ国民国家を構築しようとする側の願望を反映したイデオロギーに過ぎない場合が多い。この国民国家をめぐる理念と現実の乖離こそが歴史を動かすダイナミズムを生み出すのだが、次にはスペイン史を具体例として、そしてここで整理したモデルそのものを分析の糸口として、国民国家の実相をみてみたい。

スペイン史からみた国民国家の実相

まずは国民国家の外枠とも言えるステイトの形成からみたいが、スペイン史ではこの面での紆余曲折が、国民国家の内実をなすネイション構築にも影響を残すことになった。なおスペイン史にとっては、十五世紀末以降の海外植民地の領有とその喪失過程が国民国家としての歴史

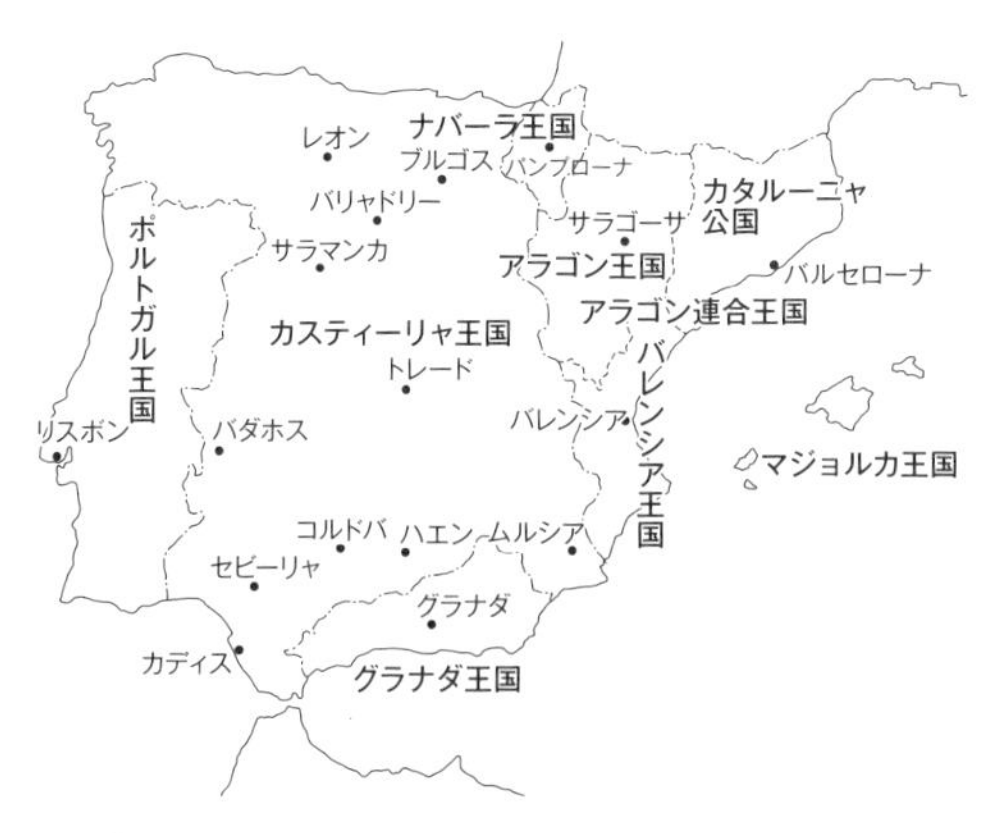

地図①　15世紀後半のイベリア半島

出所：筆者作成

にも大きな軌跡を残すのだが、本章ではさしあたり、イベリア半島内でのステイトとネイションの歩みをみていきたい。植民地の存在が国民国家に投げかける問いについては、次章でフランスを例として論じられることになる。

八世紀初頭に西ゴート王国がイスラーム帝国に滅ぼされた後、中世のイベリア半島北部にはキリスト教諸国が誕生し、次第に南下してイスラーム勢力から領域を奪取していった。そのなかで台頭した、中央部のカスティーリャ王国と地中海側のアラゴン連合王国それぞれの王位継承者であったイサベルとフェルナンドの結婚により、十五世紀後半に「スペイン王国」が成立し、その版図には現在のスペイン領がほぼ含まれていた（地図①）。ただし、これは同一の王家が両国の王位を兼ねた状態に過ぎず、統一国家というよりは、王朝に従う諸国家の連合体に近いものであった。そのため、カスティーリャと、アラゴン連合王国（これ自体がカタルーニャ、アラゴン、バレンシアなどの諸国家の連合体であった）を構成する諸国はそれぞれの法制度と身分制議会を堅持し、貴族や大商人がその実権を握っていた。このような状態は十六、十七世紀のハプスブルク朝時代にも続いたが、近年の歴史学ではこうした近世の政治システムを「複合君主政」と呼び、統治権の一元化を特徴とする主権国家モデルとは対照的な分権的体制であったと考えられている。

この複合君主政から中央集権体制に移行する契機になったのは、スペイン継承戦争（一七〇一―一四年）であった。これは、断絶したハプスブルク朝に代わるスペイン王家を決めるためにフランスとオーストリア陣営（イギリス、オランダなど）が戦った国際戦争であるが、同時に、カスティーリャ王国がルイ一四世のフランス（ブルボン朝）を支持した一方で、アラゴン連合王国はイギリス主導のオーストリア陣営に加わったため、スペイン史のなかでは内戦としての性格が強い。アラゴンとバレンシアが早期に敗北した後もカタルーニャは抵抗を続けたが、最終的には一七一四年に都のバルセローナをカスティーリャ軍に攻め落とされた。勝利したブルボン朝は、アラゴン連合王国の全ての議会と行政機関を廃止し、カスティーリャの制度を導入することによって、一挙に統治機構を統一した（ただし、ブルボン朝を支持したバスクとナバーラでは地方特権が容認された)。身分制に基づく近世の国家に対する人々の帰属意識はまだ希薄なものだったが、このようにステイトとしての一元化が戦争によって進められたことは、後述する地域ナショナリズムの立場からは重大な転換点であったと認識されることになる。

さて、政治共同体としてのネイションの側面をみると、スペインでも近代に構築されたものだと言える。その契機になったのはナポレオン戦争であった。フランス革命戦争の激動のなかで、スペインはナポレオンとの同盟によって安全保障を図った。しかし、ナポレオンが軍隊をスペイン各地に駐留させ、王家内部の対立に乗じて王位の奪取まで試みると、一八〇八年、首都マドリードの民衆が反仏暴動を起こした。これは一夜で鎮圧されたが、この知らせが各地に伝わると自然発生的に反仏闘争が始まり、主な都市部を占領するヨーロッパ最強のフランス陸軍を民衆のゲリラ戦術が苦しめた。スペインでは「独立戦争」(一八〇八―一四年)という愛国的な名で呼ばれるこの戦争は、マドリードで蜂起して処刑された民衆を描いたゴヤの名画と共に、後にスペイン・ナショナリズムの象徴として記憶されることになる。この独立戦争のなかで、自由主義者たちは港町カディスに籠城し、そこでスペイン史上初めて身分制によらない国民議会を開催して、一八一二年に国民主権と立憲王政を定めたカディス憲法を発布した。ここに、政治共同体としてのネイションがスペインでも明示されることになったのである。

しかしその後のスペインでは、ネイションとして共有すべき政治理念として何を掲げるかをめぐって激しい対立が続いた。まず、一八一四年にナポレオンが撤兵すると、復帰したブルボン朝の国王を中心とする絶対王政派が憲法を停止して自由主義者を弾圧し、一八三〇年代まで両者の対立が続いた。その後、自由主義者が主流になったが、国家・社会の改革の進め方をめぐって漸進的な穏健派と急進的な進歩派に分裂し、どちらかに共鳴する軍人が対立する政権を倒すためにクーデタ宣言を発する事態が頻繁したため、政情は安定しなかった。また、立憲王政を国家の枠組みと考えるこれらの自由主義者とは別に、共和主義者が登場した一方で、カトリック教会を重んじる旧絶対王政派も農村部では支持を受けていた。

このようななか、不人気だったブルボン朝が亡命を余儀なくされると、混乱のなかで一八七三年に第一共和国が成立した。これは、スペイン史上初めての共和政体であっただけでなく、全国を一五の州（ステイトを意味するエスタードと呼ばれた）に分け、それに高度な自治権を認める連邦共和国を目指すものだった。いわば、ステイトとしても、政治的な意味でのネイションとしても大転換を試みたものだったが、政情不安を抑えきれずに第一共和国はわずか一年で崩壊した。主導権を取り戻した自由主義者は、ブルボン朝の王政復古を宣言し、中央集権体制に戻したうえで、イギリス流の立憲王政と二大政党制による安定化を図った。一八九〇年には男性普通選挙が確立したが、実際には市町村の有力者による投票操作が横行し、ネイションの民意が反映されるシステムとは言い難いものだった。

このように十九世紀のスペインでは、ネイション共同体としての政治理念とそれを実現するためのステイトの形をめぐって混乱が続いた。更に、十九世紀後半にはスペインでも工業化が本格化すると、階級格差が広がるなかで社会主義者が影響力を伸ばした。しかしネイション形成にとっては、他地域に先駆けてカタルーニャとバスクで工業化が成し遂げられたことが大きな意味をもった。

移動・居住の自由が確立していくなかで、経済的に進んだ両地域には国内移民が流入することになる。ここで注意が必要なのは、両地域にはカタルーニャ語とバスク語という固有の言語が存在していた点である（扉地図）。というのも、英語がもともとはイングランド王国の言語であったのと同様に、カスティーリャ語とも呼ばれるスペイン語はそもそもカスティーリャ王国中央部の言語に過ぎず、近代スペインの領域内にはカタルーニャ語、バスク語、ガリシア語といった別個の言語が存在し続けていたのである。十九世紀にはスペインでも全国一律の初等教育で「スペイン語」の読み書きが教育されることになり、カタルーニャとバスクでも二言語併用状態が一般化していったが、スペイン語のみが話される地域から国内移民が入ってくることによって、かえって独自の言語をもつ文化共同体としての意識がカタルーニャとバスクで高揚していったのである。

そして、経済成長によって自信をつけた両地域のブルジョアジーは、十九世紀末以降、まず固有言語の復権という文化面の運動を起こし、次いで地域政党を立ち上げて政治的な自治権を要求するようになった。この運動は「地域ナショナリズム」と呼ばれる。近代のスペインでは、スペイン・ネイションの構築と並行して、カタルーニャ・ネイションやバスク・ネイションの存在が主張されるようになったのである。特にカタルーニャ地域ナショナリズムでは、一七一四年にスペイン継承戦争でカスティーリャ軍にバルセローナを攻め落とされた「九月一一日」が象徴的な日付として記憶された。

二十世紀になるとこの地域ナショナリズムが、スペイン全体での政治共同体としての路線対立と連動するようになった。一九三一年、ブルボン復古王政が最終的に行き詰まると、再びスペインは共和国になった。この第二共和国では左派（急進的な共和主義者、社会主義者、共産党など）と右派（立憲王政派、保守的な共和主義者、ファシストなど）が激しく対立したが、前者は共和国への支持をとりつけるために地域ナショナリズムに融和的な立場をとり、カタルーニャとバスクは自治州として特別な自治権が認められた。この対立は、左派政権の共和国政府に対する右派のフランコ将軍による反乱によってスペイン内戦（一九三六―三九年）へと発展したが、当然、二つの自治州政府は共和国に味方した。フランコを支援するナチス・ドイツ空軍による史上初の都市無差別空襲を糾弾するピカソの「ゲルニカ」が、バスクの町の名を題名としていることは偶然ではない。

四年にわたる内戦はフランコ軍の勝利で終わった。二つの自治州は廃止され、カタルーニャ語やバスク語などの固有言語を公の場で話すことも禁じられた。固有の言語をもつ地域の街角には、「お前がスペイン人なら、セルバンテスの言語を話せ！」というスペイン語を強要するポスターが貼られたという。フランコ独裁体制は、ネイションの単位としてスペイン以外の存在を認めず、その文化共同体としての基盤をカトリック教会とならんでスペイン語という言語の共通性に求め、スペイン・ナショナリズムを支柱としたのである。

そのフランコが一九七五年に死去すると、一転してスペインは急速に民主化を果たしていった。その成果である一九七八年憲法では、基本的人権を尊重する民主主義を国是とし、「スペイン国民（ナシオン＝ネイション）」の不可分性を強調し、カスティーリャ語（スペイン語）を「国家（エスタード＝ステイト）の公用スペイン語」としている。その一方で、スペイン各地の独自性も認めて全国に自治州を設けることとし、各自治州では国家公用語であるスペイン語とならんで固有言語を州内公用語に定めることができるとされた。つまり、スペインというステイトの枠組みを堅持し、政治・文化共同体としてのスペイン・ネイションの一体性を保ちつつも、そのなかに言語を核とする複数の文化共同体が重層的に存在することを肯定的に評価し、ステイトの内政上の権限もできるだけ自治州に移譲することによって、スペインという国民国家とそのなかでの複数の文化共同体を両立させるための体制が設計されたのである。ただし、カタルーニャなどの共同体はナシオナリダー（ナショナリティ）と表記されて、ナシオン（ネイション）とは区別されている。

その後、議会制民主主義が定着し、一九八六年にＥＣ（欧州共同体）に加盟すると、スペイン経済は成長をとげた。しかし、バブル気味であった景気は二〇〇〇年代後半に急速に悪化した。実は、本章の冒頭で触れたカタルーニャ独立論は、このようななかで二〇一〇年代に入ってから本格化した、ごく歴史の浅い現象である。憲法によって高度な自治権と文化共同体としての尊重を勝ち取っていたカタルーニャにとって、独立して新しい国民国家を樹立することは必ずしも宿願と呼べるほどのものではなかったが、不況下での税負担の不公平感が中央政府への反発を招いたことがこの運動が高揚する契機になった。しかし運動が一旦盛り上がると、ネイションとしてのカタルーニャの権利が主張され、毎年「九月一一日」にはバルセローナでの大規模デモが定例化した。民主化以降、カタルーニャ自治州では教育言語がカタルーニャ語とされたため、旧来からの住民や国内移民の子弟だけでなく、二十世紀末から急増したラテンアメリカや北アフリカからの移民の子弟もカタルーニャ語による教育の対象とされ、文化共同体としての凝集力が再構築されたことも、この二十一世紀の新しい地域ナショナリズムの背景になっている。

その一方で、独自の言語と文化、そして強い経済力をもつという意味ではカタルーニャと近い立場にあるバスクでは、フランコ時代には過激派によるテロが多発するほど独立論が盛んだったが、現在ではテロ組織は人々の支持を失って壊滅し、独立の要求も沈静化してきている。このように、国民国家を構築しようとするスペインの歴史的な歩みと、自らの権利を主張する地域ナショナリズムの変遷は複雑なものであり、しかも現在もそのあり方は変化し続けている。ステイトとしての枠組みはスペイン継承戦争を経て曲がりなりにも整えられたが、最終的にはスペイン内戦を引き起こしてしまった政治共同体としての理念をめぐる対立と、文化共同体としてのあり方をめぐるスペイン・ナショナリズムと地域ナショナリズムの間の葛藤は、概念あるいはイデオロギーとしての国民国家モデルのすっきりとした純粋性とは対照的な、複雑な歴史上の現実を教えてくれる。ただし、このような実相を何の媒介もなしに認識することはできないため、概念として図式化された国民国家モデルには「補助線」としての有用性があるだろう。

したがって、歴史的な構築物としての国民国家を考察するためには、モデルとしての国民国家の概念を理論的に整理してみる作業と、具体的な歴史のなかでの複雑な事象の展開を追う作業という、二つの作業場を行き来することが必要になる。そして、そのようにしながら古くて新しい問題系である国民国家について考えてみることは、国民国家の枠を越える動きに注目するグローバル・ヒストリーがもつ可能性を「逆照射」してより際立たせるためにも欠かせない歴史学としての営みになるだろう。

本章は、二〇一七年四月九日に脱稿された。

【注】

（1）スコットランド住民投票の結果は http://www.bbc.com/news/events/scotland-decides/results（最終閲覧二〇一七年七月一二日）、カタルーニャ住民投票結果は https://politica.elpais.com/politica/2014/11/09/actualidad/1415542400_466311.html（最終閲覧二〇一七年七月一二日）を参照。

◎文献案内

○国民国家をめぐる問題系についての導入として有益なのは、
・谷川稔『国民国家とナショナリズム』（山川出版社、一九九九年）
・塩川伸明『民族とネイション―ナショナリズムという難問』（岩波新書、二〇〇八年）
・佐藤成基「ナショナリズムの理論史」大澤真幸、姜尚中編『ナショナリズム論・入門』（有斐閣アルマ、二〇〇九年）、三九―六二頁
○ネイションに関する最も重要な研究書としては、
・ベネディクト・アンダーソン（白石隆、白石さや訳）『定本　想像の共同体―ナショナリズムの起源と流行』（書籍工房早山、二〇〇七年）
・アントニー・D・スミス（巣山靖司、高城和義ほか訳）『ネイションとエスニシティ―歴史社会学的考察』（名古屋大学出版会、一九九九年）
○日本の歴史学における国民国家に関する批判的考察の水準を知るには、
・歴史学研究会編『国民国家を問う』（青木書店、一九九四年）
○本章で依拠した、ネイションの政治／文化共同体としての側面の整理としては、

・鈴木董『オスマン帝国とイスラム世界』（東京大学出版会、一九九七年）特に六二―六四頁
○スペインの国民国家形成とそのなかでのカタルーニャなどの地域の歩みについては、
・立石博高、内村俊太編『スペインの歴史を知るための50章』（明石書店、二〇一六年）
・立石博高、奥野良知編『カタルーニャの歴史を知るための50章』（明石書店、二〇一三年）
・立石博高、中塚次郎編『スペインにおける国家と地域―ナショナリズムの相克』（国際書院、二〇〇二年）

Q ディスカッション・クエスチョン

① 国民国家という観点からすると、スペイン継承戦争、スペイン独立戦争、スペイン内戦という三つの出来事は、スペイン史とカタルーニャ史にとってどのような意味をもったでしょうか。

② 本章でみたステイト、ネイション、ナショナル・アイデンティティという「補助線」を用いると、スペイン以外の国民国家はどのように分析できるでしょうか。

コラム ドン・キホーテの「おしゃべり」は何語で？

スペイン語（カスティーリャ語）文学として思い浮かぶ作品の一つは、セルバンテス著『ドン・キホーテ』（一六〇五―一五年）ではないだろうか。同時代を舞台とするこの長編小説は、騎士として生きることを夢見るドン・キホーテと従士サンチョが旅をし、様々な人と出会うストーリーである。風車を巨人と思い込んで突撃する喜劇的なエピソードが有名だが、故牛島信明氏が述べたように、小説としての面白さは登場人物が繰り広げる軽妙な「おしゃべり」にあると言える。

さて、ドン・キホーテたちはカスティーリャ王国の内陸部出身のため、カスティーリャ語話者ということになる。ほとんどの登場人物も同じ言語を話しているのだが、別の言語を話すスペイン王国住民も登場する。例えば、ビスカーヤ（バスク地方）出身の男である。彼が母語とするバスク語は、カスティーリャ語などのロマンス系諸語とは全く系統が異なるため、彼が話すカスティーリャ語は「酷いカスティーリャ語と更に酷いビスカーヤ語が混ざった」ものと描写されている（前編八章）。

また、ドン・キホーテたちはバルセローナを目指してカタルーニャに入る。そこで最初に出会ったのは「カタルーニャ語で」呼びかけてきた盗賊たちであり、別の言語圏であることが明示される。ただし、貴族出身であることが示唆される首領や、バルセローナで交流する紳士淑女はドン・キホーテと直に会話をしており、カスティーリャ語も話せる設定になっている（後編六〇―六一章）。これは、既にエリート間のコミュニケーション手段としてカスティーリャ語がスペインで共有され始めていたという史実と符合する。

このように、スペイン語文学の最高峰である『ドン・キホーテ』は、カスティーリャ語での尽きせぬ「おしゃべり」の合間に、多言語社会としてのスペインの姿も垣間見せてくれるのである。

第二章

フランス共和国の創造とネイションの境界

高橋暁生

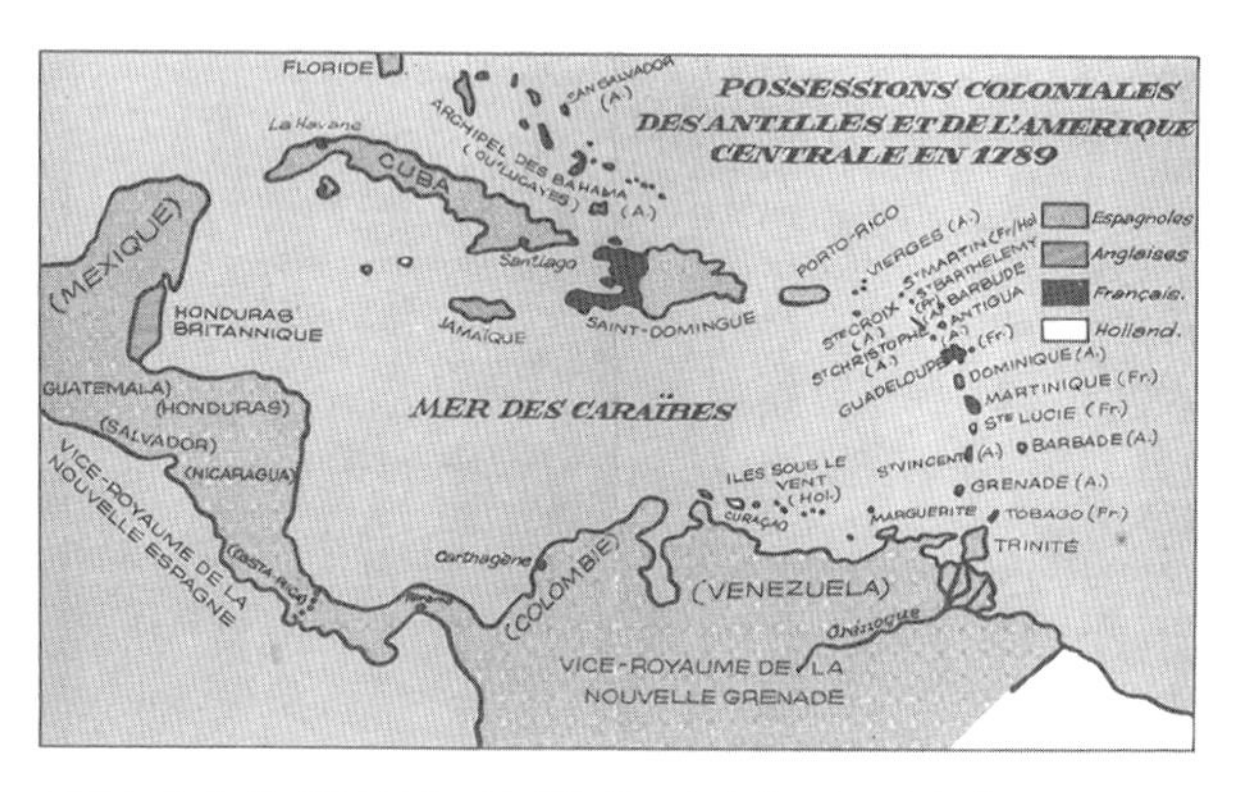

1789年のカリブ海地域。黒く塗りつぶされている当時のフランス領のなかに、セゼールの故郷マルティニクMARTINIQUEもある。

出典：Aimé Césaire, *Toussaint Louverture La Révolution française et le problème colonial* (Le club français du livre, 1960).

フランス革命と国民国家

ルイ一四世を頂点とする絶対王政のイメージも手伝って、フランスは相対的に中央集権的な性格の強い国家という印象をもたれることも多いが、革命前においては、依然としてその分権的性格を否定できない。例えば地方行政の最大の単位である「州」は、ノルマンディ、ブルゴーニュ、ギュイエンヌ、ドフィネなど六〇近くに及ぶが、これらの領域は中世の封建諸侯領にその起源をもち、十八世紀までに王権の支配下に入りはしたものの、それぞれ固有の伝統的な規則や慣習を特権として維持しており、国王の統治は、あくまでもこうした特権を法認することによって実現されていた。当然、全国一円的な支配からはほど遠く、州によって行政・司法制度、経済システム、税制、軍制などが異なるだけでなく、文化的・民族的特質も保存されていた。わかりやすいのはその言語的多様性である。離れた地方の住民が相互に意思疎通することは簡単ではなかったし、中央で出された王令は、各地域の地域語に翻訳されなければ実効性をもち得なかった。

一七八九年に起きたフランス革命は、こうした構造的分権性、多様性を一掃し、「単一にして不可分」の国民国家を創造しようとした。革命期議会は古い国家のかたちを根本から変革していく。州をはじめとする行政単位を廃止し、人口や経済規模を基準として全国を八三の県に分け、「県―区―郡―市町村」という中央集権的な行政システムを整え、これらを単位として税制や軍制、司法組織、教会組織を抜本的に再編成、統合した。一七八九年八月の「人間と市民の権利の宣言」は、その第三条において「全ての主権の淵源は国民にある」と謳い、国王一人が握っていた主権を、原理的には国民がもつことを宣言し、選挙制度を中心としたデモクラシーの整備も進めていった。

以上で述べたのは、国家の統治機構、前章の整理に従うなら、ネイション・ステイトのうちのステイトの構築である。問題はネイションをいかに創るかであった。それは単に主権者として必要な知識・教養の獲得に留まらない。「自由、平等、友愛」や「人権」といった革命が生んだ共和国の価値を共有し、フランスという国家への帰属意識（ナショナル・アイデンティティ）、ないし「祖国愛」を育てることが重要になる。革命家の一人は、「共和国の全成員は、共和主義の鋳型に流し込まれなければならない」と述べたが、「単一にして不可分の共和国」を構成し得る、極めて画一性の高い国民を創り出そうとしたのである。当然、言語的な多様性は問題視される。一七九三年九月のある報告では、二四〇〇万のフランス人のうち、六〇〇万人がフランス語を全く理解せず、正確なフランス語を操るのは三〇〇万人、正確な綴りでフランス語を書ける者は更に少ないとされた。こうした言語的側面をはじめとした多様性を解消する役割は教育に求められ、とりわけ学校教育制度の整備が重要課題となった。ところが、革命の一〇年は混乱の連続であったし、革命後も帝政、王政、共和政が入れ替わり、安定した教育制度の確立は困難だった。本格的な学校教育の実現は、一八七〇年の第三共和政樹立を待たなければならない。

国民を創る／国民になる

第三共和政期のフランスでは、当初からネイション創出への強い志向性を確認できる。フランス革命期に生まれた軍歌「ラ・マルセイェーズ」が正式に国歌とされたのは一八七九年である。翌一八八〇年には七月一四日が「国民の祝日」に定められた。そして一八八九年にはフランス革命一〇〇周年が大々的に祝われる。革命初期に「フランス国民の偉人廟」として造られたパリのパンテオンには、一八八五年に共和派の象徴ヴィクトル・ユゴが埋葬されたのを筆頭に、革命期の軍人、作家、政治家、科学者など多様な象徴性をもった人物が「偉人」として埋葬された。そもそも第三共和政は、ナポレオン三世が樹立した第二帝政が普仏戦争に敗北を喫した結果生まれた体制である。巨額の賠償金支払やアルザス、ロレーヌ地方割譲など、フランスにとっては大きな屈辱だった。この精神的外傷を癒し、ドイツにも対抗できる国家へと再生するための処方箋が、一体性を強化するフランス国民意識の涵養とされた。

一八八二年、ソルボンヌでの講演で、思想家エルネスト・ルナンは、国民とは、種族や言語、宗教などではなく、「豊かな記憶の遺産の共有」と「共に生活しようという……意志」によって生まれると述べた。民族的には「ドイツ的」とされたアルザス、ロレーヌを、にもかかわらずフランスのものだと主張するための政治的方便でもあるのだが、当時のフランスは現実にも、文化的、地域的な多様性を乗り越える必要があった。過去の記憶の共有と現在の共生の意志で同一のネイションを構成し得るというこの発想は、出身民族や出生地、身体的な形質といった生得的な諸特徴にかかわらず、原理的には万人に開かれた国民概念と言え、現在に至るまでフランスが掲げる共和主義理念である。前述の第三共和政初期の諸政策は、フランス革命以降の歴史を参照し、フランス人としての「集合記憶」を形成、共有しようとする動きと言えるだろう。この時期ようやく、学校でも歴史教育が本格的に行われるようになる。歴史家エルネスト・ラヴィスの歴史教科書『フランス史』は一八七六年に刊行され、わずか一〇年で七五版を数えるほど普及した。その一九一二年版の表紙には様々な草花、果物が描かれ、次のような子どもたちへのメッセージが記されている。

この本の表紙に、君はフランスの花々や果実を見出し、本のなかでは、フランスの歴史を学ぶ。君はフランスを愛さねばならない。自然がフランスを美しく作っているからであり、その歴史がフランスを偉大なものにしているからである。[1]

集合記憶とは過去についての共通理解であり、それがゆえに、「現在」を生きる人々共有のアイデンティティを形成する。ラヴィスの歴史教科書は、フランス史の教育を通じて、子どもたちにフランス国民として共有すべき記憶を植え付け、フランスという国民共同体への帰属意識、ひいては祖国愛を育もうと明確に企図されていた。ここではもう一つ、G・ブリュノの読本教科書『二人の子どものフランス巡歴—義務と祖国』（以下『巡歴』）を検討しよう。この本は一八七七年の初版で五万四千部、一八八一年には五九万部、第一次世界大戦前夜までの期間にトータルで七四〇万部が刊行された。当時の教科書は、一般的には生徒に貸し出されており、一八八〇年代を通して公立・私立小学校の生徒総数が五三〇万—五五〇万人であったことを考えると、『巡歴』がいかに多くの子どもに読まれたかが推測される。

物語は、まさに当時のフランス人にとっての「現在」、普仏戦争直後のロレーヌ地方の村ファルスブールから始まる。主人公はアンドレ（一四歳）とジュリアン（七歳）の兄弟。母を先に亡くし、父も普仏戦争で負った傷が原因で死ぬ。加えて、ロレーヌ地方がドイツ領になり、二人は独仏どちらかの国籍の選択を迫られる。フランスを選んだ二人は、国籍取得のため生まれ故郷の村を出て、身元引受人の叔父を探してフランス中をめぐる旅に出る。ヴォジュ山脈を越えてフランス領に入った二人は、ブザンソン、リヨン、トゥルーズなど、フランスの南東部・南部の代表的な都市を移動していく。ボルドーで叔父と会ったのち、海路からブルターニュ半島を経由して北海を横断、北部の町ダンケルクで再びフランスに上陸する。更にフランドル地方、ピカルディ地方を経由して故郷ファルスブールへ戻り、めでたくフランス国籍を獲得する。

彼らが立ち寄るフランスの諸地方の山河や海洋、特徴的な動植物、気候、農産物、家畜、産業、食文化などについて、それぞれ説明がなされる。また、その地方由来の歴史上の人物が紹介され、子どもたちは、祖国の礎を作ってきた偉人たちの事績とともに、彼らがそれぞれに象徴する道徳的規範―勇気、知性、献身、忍耐、誠実、寛容、法の遵守など―も学ぶ。また二人の旅路は、ノルマンディ、プロヴァンス、コルシカ島など様々な地方の出身者との交流によって彩られている。つまり兄弟の旅は、この国がもつ多種多様の地方的特性との出会いとして描かれるのだが、この多様性はそのまま放っておかれることはない。ダンケルクへと向かう船上で印象的な場面が描かれる。各地の「お国自慢」を聞かされたジュリアンが「これじゃどの地方が一番かなんて決められない」と訴える。ノルマンディ出身の船乗りギヨムは、笑いながら次のように答えている。

庭師にどの花が一番美しいか訊いてごらん。とても困ってしまうと思うよ。逆におまえに言うだろうさ。最も美しい庭は、美しいありとあらゆる花が集まっている庭だってね。要するに、フランスはこういう庭なんだ。花と同じように、どこか一つの地方を選び出すのは難しい。それらが全て集まったことで、この最も美しい国、住みやすい国、おれたちの愛すべき祖国が作られているんだ。(2)

地方的多様性を踏まえたうえで、その総合こそが美しいフランスを作っているという認識である。地方的差異をより上位のレベルで統合する「祖国フランス」。兄弟が出会うのは地理的な多様性ばかりではない。南仏ドフィネの町ヴァランスの宿で、宿の主人や土着の人々が地域語であるプロヴァンス語で会話しており、兄弟は彼らの言葉が理解できずに困惑する。ジュリアンの「どうしてこの地方の人たちはみなフランス語で話さないの」との質問に、兄アンドレが「誰もが小学校に行けたわけではないからだよ。でも何年もしないうちにもうこんなことはなくなって、フランス中どこでも祖国の言葉が話せるようになるよ」と答える。このあと、宿の主人の子どもたちが学校から帰ってくる。兄弟は、学校でフランス語を学ぶ彼らと会話できることを喜ぶのである。十九世紀後半に至ってなお、フランスの言語状況は先に紹介した革命期と比較しても、大きな変化はみられなかった。初期第三共和政の象徴的人物の一人ジュール・フェリは、公教育を「義務・無償・非宗教」としたが、彼は教育言語としてフランス語以外の使用を禁じてもいる。本来は等価であるはずの言語に優劣の基準がもち込まれ、フランス語だけが唯一正しい「祖国の言葉」とされるようになる。

十九世紀後半から二十世紀にかけて、『巡歴』は多くの子どもたちに読まれた。「九月の濃い霧のなか、二人の子どもの兄弟がロレーヌ地方のファルスブールの町をあとにした」という冒頭の一節は、世紀転換期のフランス人のほとんどが諳んじたとも言われる。『巡歴』を読みながら、アンドレやジュリアンと共にフランス中を擬似的に旅する同世代の子どもたちは、「自分の祖国フランス」の輪郭をなぞり、兄弟と共に「フランス人になる」ことが企図された。ブリュノは本書の冒頭で、「子どもたちが自分の国をもっと知れば、この国を今よりももっと愛し、より良くこの国のために奉仕できるようになるだろう」と書いている。自らが属する国民共同体についての知識の獲得が、その共同体への帰属意識、愛着を育てるという、まことに明瞭な戦略が本書には貫かれている。都市を起点として移動する海陸の旅を通じて空間的に、時には各地の歴史や偉人たちについて学ぶことを通じて時間的に、子どもたちはそれらの総体として「フランス」を認識する。初版本三〇四ページのなかで実に二〇〇葉に及ぶ挿絵や地図が使用されているが、これは子どもたちのなかにフランスのイメージをより効果的に作り出すためである。現実に、それぞれ多様な民族的、文化的特質をもった諸地方で生まれ、フランス語を解せず、フランスについて何も知らない子どもたちを、「単一にして不可分」のフランス共和国のネイションとして同化していこうとする明確な意図が、この時期の教育に確認できるのである。

二人の兄弟は、ロレーヌという民族的、文化的特質を保持した地方を離れ、「フランス人になる」と決め、ヴォジュ山脈を越えた。父は既に亡く、それ以前に死んだ母の存在感は物語を通して薄い。兄弟は最終的にフランスの中心に位置するオルレアネ地方、ボース近くの丘陵地帯で、プロヴァンスに滞在していた叔父フランツ、ノルマンディ出身のギヨム、オヴェルニュ出身のやはり孤児であるジャン＝ジョゼフらと共に大地を耕して生きていくことを決める。血縁や地縁といった生得的な特質を切り離し、そこに参与しようとする人の意志が主体的に構築していく共同体。フランスにおける本格的な国民国家建設の直接的な契機は、対独敗戦とその屈辱の経験であった。自然、その「国民を創る」作業は、革命期の「鋳型に流し込む」という発想を、より具体的に、徹底して行うプロセスとなった。そこで目指されたのは、端的に言って、共和国の諸理念の共有と、言語なども含む多様性の解消であり、これらを通じた同化である。ただ同時に、次のことも指摘できよう。つまり、この物語に通底する発想の一つは、フランス共和国とは、これを構成しようとする主体的意志をもった個人が、文化的・民族的差異を乗り越え、共生しようとする共同体であるという点である。共和国の成員である以上、こうした差異は捨象され、フランス人として平等に扱われ、自由を享受し、友愛で結ばれるはずである。しかし、革命由来のこの理想は、現実を、とりわけ十九世紀から二十世紀に本格的に表面化する植民地問題を前にして、大きな困難に直面することになる。

エメ・セゼールと「ネグリチュード」

二〇〇八年四月一七日、ある「フランス人」が九四歳で死去した。名をエメ・セゼール。その死の三日後、当時のフランス大統領ニコラ・サルコジも出席する国葬が、セゼールの生まれ故郷マルティニク島のフォール＝ド＝フランスで挙行された。彼は学校教師にして政治家でもあったが、何よりも詩人、劇作家であった。国葬で送られた文学者は、ヴィクトル・ユゴを含め、フランス史上わずか六名しかいない。

　フランスはヨーロッパ域外、太平洋やインド洋、またカリブ海地域にも領土をもっている。パリからおよそ七千キロ近く離れたカリブ海に浮かぶマルティニクも、「海外県」の一つとしてフランスの施政下にある。一六三五年にフランス領となって以来、この島は、サン＝ドマング、グアドループなどと共に「フランス領西インド」として、いわゆる三角貿易のシステムに組み込まれ、タバコ、綿花、インディゴ、コーヒー、とりわけ砂糖の生産を通じて、フランスに莫大な利益をもたらす。周知のように、こうした産品のプランテーション栽培を支えたのが、アフリカ諸地域から強制的に連行され、苛酷な労働に奴隷として従事させられた黒人たちであった。一七八八年の時点で、マルティニクには一万人余りの白人、奴隷身分から解放された五千人弱の「自由有色人」に対し、実に七万三千人余りの黒人奴隷がいた。一七九四年二月にフランス革命政府は奴隷制を廃止するものの、ナポレオンがこれを復活させ、最終的に奴隷たちが解放されるのは、第二共和政下の一八四八年四月を待たなければならない。この時、奴隷制廃止を主導した共和主義者ヴィクトル・シェルシェールは、「この不幸な人々に対し、かつて彼らからその祖先と祖国とを奪ったこの犯罪を償い、祖国としてフランスを、世襲財産としてフランス市民がもつ全ての権利を、与える。（中略）共和国はいかなる人に対しても、その永遠なるモットー『自由、平等、友愛』を奪うことはない」と宣言している。

フランス共和国の国民は、個々の文化的、民族的特質を捨象し、「単一にして不可分」のネイションであることが求められる一方、成員である以上、いかなる文化的、民族的特質とも関わりなく、平等に権利が保障される。同じ共和国の施政下で奴隷制が存続し得ないのは理の当然であり、マルティニクの住民も、その肌の色にかかわらず本土と同じ制度下で平等に扱われなければならない。実際、この第二共和政下のフランス領カリブ海地域では、黒人にも普通選挙法が適用されている。続く第二帝政でこの動きは一時後退するが、第三共和政下の一八七一年には普通選挙が復活する。島の人々が期待したのは、当然のことながら、制度的な同化を通した本土との政治的、社会経済的な平等であった。しかし、実際の黒人たちの生活はその後も根本的には改善されない。十七世紀以来ヨーロッパ出身のプランターとして奴隷を酷使し巨万の富を築いてきた白人資本家層は「べケ」と呼ばれ、第三共和政になっても島の経済をほぼ独占し続け、中間層から下層を占める圧倒的多数の黒人労働者を社会経済的に、また人種的にも劣位に据え置く支配のシステムは変わらなかった。

一九一三年六月二六日、エメ・セゼールが生まれたのは、このような状況にあったマルティニクである。教育熱心な両親の下で育ったセゼールは、初等教育を優秀な成績で修了し、中心都市フォール＝ド＝フランスのシェルシェール高等中学校に進学する。前節で取り上げた『巡歴』がマルティニクでも使用されていたかどうかはわからない。しかし、少なくとも教育は早くから「同化」が進んだ分野であり、セゼールが通った学校でも、フランス語や、愛国主義に基づいた歴史が教えられ、「有色」の肌をした彼らが、フランス国歌「ラ・マルセイェーズ」を歌い、「我らの祖先ガリア人は青い目と金色の髪の毛を持ち……」と暗唱したのである。

ここでも抜群の成績を収めたセゼールは、奨学金を得て、本土パリのエリート校ルイ＝ル＝グランで学ぶことになる。つまり、彼はある面では、「フランス人になる」ための知識と教養を誰よりも十分に身につけていた。しかし一九三一年、セゼールが辿り着いた憧れの都パリは、レイシズムが横溢する空間だった。この年、首都では「国際植民地博覧会」が開催されていた。パリ南東ヴァンセンヌの森には、フランスが支配する世界各地の植民地のパビリオンが建設され、「フランスの栄光」を内外に誇示する広大な空間が作られた。各地域の特徴的な建物や産物と共に、各地から連れて来られた現地住民が「展示」された。いわゆる「人間動物園」である。ニューカレドニアから連れて来られた先住民カナクは、観客の前で生肉を食べ、踊ることすら強いられたのである。同時期に「反帝国主義展」も開催されたが、来場者は数千人。延べ三三〇〇万人が訪れた植民地博覧会とは比べようもない。セゼールがこの博覧会に来場したのか、また個人としていかなる差別的体験をしたかも明らかではないが、こうしたパリで、彼はその名を不朽のものとする「ネグリチュード」を創造するのである。

ネグリチュードは日本語に訳すことが難しい。フランス語の「ネグル」nègreとは英語の「ニグロ」に当たる差別語であり、あえて訳せば、「ニグロ性」「ニグロであること」となろうか。ネグリチュードとは、ヨーロッパによってアフリカから引き離され、数百年にわたって差別、蹂躙され、自己を主体として語ることを禁じられてきた「ニグロ」の悲惨な歴史、「負の記憶」をむしろ積極的に自らのアイデンティティの基盤としてもつことの宣言なのである。誰よりもヨーロッパ的価値規範を身につけたセゼールがパリで目の当たりにしたのは、白人社会の露骨な人種差別だった。それならば、選択すべきは「肌を脱色」することではない。黒人奴隷の末裔であることをむしろ足場に、「同化」を拒否して主体性を取り戻そうとしたのである。ただし、この時点では、「ニグロであること」と対置されるのは「白人」や「ヨーロッパ」であって、依然として「フランス」は対象化されていない。

「マルティニク人」意識の誕生

セゼールは一九三九年八月、ネグリチュードの精神を表現した詩「帰郷ノート」を発表する。

そして故郷マルティニクに帰り、母校シェルシェール高等中学校でフランス語とラテン語の教師になる。しかし一九四五年五月、フォール＝ド＝フランス市長に選出され、同年一〇月には、国民議会選挙において議員として当選し、再びパリへと向かうのである。それ以来、国民議会議員としては一九九三年まで、市長としては二〇〇一年までの半世紀以上にわたって政治の世界に関わり続ける。

セゼールは、国民議会議員として就任早々の一九四六年二月、一般に「県化法」と呼ばれる法律を議会に提案する。マルティニク、グアドルプ、レユニオンと仏領ギアナをそれぞれ「県」とする法律である。奴隷制廃止、第三共和政開始以降も、マルティニクをはじめとするこれらの地域は本土と比較して著しく差別されていた。この状況から脱する方策は、これらの地域を植民地ではなく、本土と同じ県制下に置き、あらゆる点で同等の権利を獲得することであるとセゼールは考えたのである。

しかし、これはいわば制度的な「同化」である。ネグリチュードを基盤として同化を拒否したセゼールが、なぜフランスにより強く統合されるこの法律を主導したのだろう。実際、この県化法は、より若い世代のカリブ海知識人たちからは批判されることが多い。しかし彼は、「当時は他に選択の余地はなかった」と回想する。当時のマルティニクは、生活必需品の七割を本土に依存していたため、物価は本土より五割程度も高く、一方で島の産業はサトウキビ、バナナ、パイナップル生産と観光に限られ、そこからあがる利益のほとんどをベケたちが握っていた。一般の黒人労働者の賃金は極限まで低く抑えられ、失業率も三五％に達していた。第二次世界大戦終結直後の段階では、政治的、法的に、何よりも社会政策上平等な扱いを求め、本土と同等の生活レベルを確保することが、フランス共和国の国民議会へのマルティニク代表であったセゼールにとって、唯一の現実的な選択だったのである。

実際、この時点では、マルティニクの住民の大半が県化法を熱烈に支持しており、彼らのフランス共和国への期待は明らかだった。セゼール自身についてもこれは同様だろう。彼は国民議会の壇上で「議会がこれらの新しい地域の住民をナショナルな連帯から除外することがないよう要求する」と述べている。しかし、晴れて公式にもフランス共和国の一員となったこれらの地域の境遇は、遅々として改善しなかった。全産業に共通の最低賃金の保障、家族手当・労災保険・健康保険・失業保険の導入など、セゼールが特に強調してきた社会保障制度の本土と同等の扱いは、制度上に限っても実に一九八〇年代後半まで実現しない。それどころか選挙違反、抗議運動の苛烈な鎮圧、検閲、現地文化の蔑視が、フランス政府によって露骨に容認されていた。一九五〇年三月一五日、国民議会において、この現状に苛立つセゼールが直面したのは、本土のフランス人たちのあからさまな帝国意識とレイシズムである。

セゼール「現実には、我々のところでは、貧困、弾圧、無知、人種差別が当たり前になっていて、日に日に憲法の精神は無視され、みなさんはフランス連合を紐帯にするのではなく、実際には、人民の監獄にしてしまおうとしているのです。」
ポール・カロン「フランス連合の存在はありがたいことだろう！」
マルセル・ポワンプフ「フランスがなければ、あなたはどうなっていたと思うのか。」
セゼール「誰にも自由を奪われることのなかった人間だったでしょう。」
ポール・テタン「ばかばかしい！」
カロン「あなたは祖国を侮辱している！」
モリス・ベイル「読み書きを教えてもらってありがたいとは思わないのか！」
セゼール「ベイル議員、私に読み書きを教えたのはあなたではありません。私が読み書きを学ぶことができたのは、息子たちが教育を受けることができるように、またいつの日か自分たちのために立ち上がることができるようにと、血を流してきた幾千幾万のマルティニク人の犠牲のおかげなのです。[3]」

セゼールは日々、こうしたなかで戦っていた。そして徐々に、フランス自体を他者化し、同時に「マルティニク人」「マルティニクの文化」といったマルティニク・ナショナリズムへの意識が現れ始めるのである。

県化法が成立した時点では、セゼールは、マルティニクを固有のネイションとは考えていない。国民国家の枠組みを大きく超越するネグリチュードを、自分たち奴隷の子孫の文化的アイデンティティの基盤としつつ、自分たちが帰属するネイションとしてのフランス共和国を否定しないというのがセゼールの立場だった。しかし、県化法がもたらす結果への失望を早くも感じていた一九四九年七月、彼は次のように述べている。

あなた方はマルティニク、レユニオン、グアドループの人々の心のなかに、ある新しい感情、彼らが知らなかった感情、歴史を眼前にその責任をあなた方が負っている感情、その結果が予測不能なある感情を、生み出すことになるだろう。すなわち、マルティニク人、グアドループ人、あるいはレユニオン人のナショナルな感情である。(4)

十九世紀以来の徹底した同化教育によって、マルティニクには、そもそも「マルティニク人」という意識は存在しなかったという。本土による植民地主義的な差別、度重なる期待への裏切りによって初めて、いわばフランスを他者としてみる固有のネイションとしての意識が生まれるというのである。

一九六〇年代以降になると、県化法への失望は、セゼールの思惑を超えて、マルティニクに「フランスからの独立」という選択を掲げる若い世代の運動を生み出す。彼もまた、マルティニク、あるいはマルティニク島を含む「アンティル諸島」地域固有の文化とは何か、フランス共和国とは別のネイションの構築はいかにして可能かといった問題を、恐らく「独立」への志向性を含みながら、とりわけ文筆活動を通して追求していく。特に彼が注目したのが、同じカリブ海にあるかつてのフランス領サン＝ドマング、現在のハイチ共和国の歴史である。膨大な砂糖生産で十八世紀フランスを支える最大の経済基盤であった植民地サン＝ドマングは、一七九一年八月、苛烈な抑圧に抗して黒人奴隷たちが蜂起、一八〇四年一月、ハイチ共和国として独立する。セゼールは、ハイチ独立を題材とした著作をいくつか残しているが、独立の指導者を描いた一九六〇年刊行の歴史書『トゥサン・ルヴェルテュール』で、次のように述べる。

サン＝ドマングの革命を純粋に、単純に、フランス革命の一部分として捉えることは、最悪の過ちである。（中略）フランスの植民地に「フランス革命」は存在しない。それぞれの植民地には、それぞれ固有の革命があるのだ。これらはフランス革命と同時期に起きたし、関係性もある。しかし、それぞれ固有の法則に従い、それぞれに特殊な目的をもって進行した。[5]

セゼールは、フランス共和国のルーツであるフランス革命に対する強い共感をたびたび表明してきた。ところがここでは、サン＝ドマング独立を、社会、経済、人種といった点で植民地的抑圧に苦しむ人々が顧みるべき歴史的事件としたうえで、そこからフランス革命を明確に切り離している。その意図を、セゼールによるフランスの他者化、あるいは精神的な意味でのフランス共和国への決別と考えることはできないだろうか。

セゼールのパンテオン埋葬

二〇〇八年四月の死の直後から、セゼールをパンテオンに埋葬すべきかどうかという議論が起きた。ある政治家はセゼールを「混血のフランスの象徴」と呼び、パンテオン埋葬を主張したが、全体では慎重な意見が目立った。海外県担当相イヴ・ジェゴは「父が（パリの）五区に埋葬されることを想像できますか」というセゼールの息子の言葉を紹介し、「セゼールのパンテオン埋葬を望むことは、マルティニク人たちの魂への完全なる無理解の証である。ネオ・コロニアリズムの腐臭漂うヨーロッパによって、エメ・セゼールの遺産を回収してしまうに等しい」と述べている。結果として、セゼールは今でもマルティニクに眠っている。

しかし二〇一一年四月、セゼールの業績を記念した石碑がパンテオン内に設置され、その式典に際しては、写真をもとに作られたフレスコ画が身廊の中心の床を飾った。現在のフランスでは、ムスリムをはじめ、文化的・民族的に多様な背景をもつ人々の社会への統合が重要な課題となっている。セゼールを「フランス国民の偉人」として「回収」することが、死後三年経ってなお強く求められた理由だろう。しかし、生きた生身のセゼールは、どのような意味で「フランス国民」であり得たのだろうか。彼は、フランス式同化教育の優等生であり、フランスの歴史、哲学に精通し、詩や戯曲を数多く残したフランス語の達人であった。しかし、彼がフランス本土で感じたのは、むしろいかんともしがたい疎外感ではなかったか。フランス型共和主義への希望を捨てず、海外県の人々の生活改善のために、本土と平等な扱いを求め続けたものの、それは遂に実現しない。仮に、彼の希望が実現していたなら、セゼールを「混血のフランスの象徴」として、「フランス国民の偉人廟」に埋葬することも許されたかもしれない。しかし、セゼールが亡くなって一年もしない二〇〇九年一月にグアドループで、続いてマルティニクで、燃料費をはじめとする生活必需品の値下げと賃上げを求めた極めて大規模なゼネストが勃発、実に一ヵ月以上にわたって抗議行動が続いた。セゼールが倦むことなく求めてきた本土と海外県との平等は、いまだ達成されていない。その苦闘の末、フランスというネイションとは別の「マルティニク人」を構想せざるを得なくなったセゼールを、パンテオンに祀ろうとすることが、フランスという国民国家の欺瞞でなくて何だろうか。革命以来のフランス共和国の理念、すなわち本質主義を廃し、生得的な特質にかかわらず、「フランス人になる」という主体的意志によってネイションの成員たり得るという理念への、セゼールのナイーブな期待は、端的に言って、現実のフランスによる差別、レイシズムによって砕かれたのである。『巡歴』の物語に通底す

エメ・セゼール　©SIPA/amanaimages

る多様性の総合としてのフランス共和国という理想は、植民地主義的な差別を今に至ってなお、乗り越えられてはいない。

グローバル・ヒストリーとは一面、世界の境界への新たな認識を促す一つの視座である。一七八九年に起きたフランス革命は、国境の内にあった多様な境界を解消し、「単一にして不可分な共和国」というネイション・ステイトを創造しようとする長い試みの開始を告げた。十九世紀後半の二人の子どもの旅路は、国境内の多様性を編み合わせて「フランス人」を創り出すプロセスだった。しかし、大洋を隔てて数千キロ彼方の、やはり同じ「国境」の内側に住むマルティニクの人々を、フランスは同じネイションとして包摂することができないでいる。グローバル・ヒストリーという視座からみることで、例えば「国境」という枠組みのフィクション性あるいはその恣意性が明らかになる。セゼールのアイデンティティは、その境界上で引き裂かれたのだろうか。それとも、この境界を超越することができたのだろうか。

【注】

（1）Ernest Lavisse, *Histoire de France, cours moyen* (Paris, Librairie Armand Colin, 1912).

（2）G. Bruno, *Le Tour de la France par deux enfants* (Belin, Paris, 1877), p. 248.

（3）*Extrait du Journal officiel de la République française, Annales de l' Assemblée nationale*, le 15 mars 1950, p. 2078.

（4）Ernest Moutoussamy, *Aimé Césaire Député à l'Assemblée nationale 1945-1993* (L'Harmattan, 1993), p. 41.

（5）Aimé Césaire, *Toussant Louverture La Révolution française et le problème colonial* (Le club français du livre, 1960), p. 6.

◎文献案内

○フランス革命前夜から十九、二十世紀に至る時期のフランスの言語問題

・田中克彦『ことばと国家』（岩波新書、一九八一年）

○国民国家と集合記憶の問題

・阿部安成、小関隆他編著『記憶のかたち―コメモレイションの文化史』（柏書房、一九九九年）の序章「コメモレイションの文化史のために」（小関隆）がわかりやすい。

・長井伸仁『歴史がつくった偉人たち—近代フランスとパンテオン』（山川出版社、二〇〇七年）は、記憶の問題、とりわけパンテオンを軸にして検討している良書。
・『巡歴』については、谷川稔他編著『規範としての文化—文化統合の近代史』（平凡社、一九九〇年）所収の田中正人「『二人の子供のフランス巡歴』とその時代—第三共和政初期の初等教育イデオロギー」を参考にした。
○革命前から十九世紀のフランスの学校教育について
・小山勉『教育闘争と知のヘゲモニー—フランス革命後の学校・教会・国家』（御茶の水書房、一九九八年）
・天野知恵子『子どもと学校の世紀—18世紀フランスの社会文化史』（岩波書店、二〇〇七年）
○エメ・セゼールとフランスの植民地問題について
・中村隆之『カリブ—世界論』（人文書院、二〇一三年）
・エメ・セゼール（立花英裕・中村隆之訳）『ニグロとして生きる』（法政大学出版局、二〇一一年）
・エメ・セゼール（砂野幸稔訳）『帰郷ノート／植民地主義論』（平凡社、二〇〇四年）
・未刊行だが、本章第三節、第四節では以下の博士論文も参照した。尾崎文太「エメ・セゼールの戯曲作品と政治思想—１９４０年代から１９６０年代まで」（一橋大学言語社会研究科博士論

文）、http://hdl.handle.net/10086/17459

Q ディスカッション・クエスチョン

① 一八七三年刊行のアルフォンス・ドーデ『月曜物語』の一編「最後の授業」を読んで、十九世紀フランスの学校教育がネイションの創造にどのように関わったのか、フランスのアルザス地方における当時の言語問題を媒介に考えてみましょう。

② 制度上は一つのネイション・ステイトの成員でありながら、差別に直面し、一つのステイトのなかで別のネイションとしての意識が生み出されるケースは、他にどういう事例があるでしょうか。

第三章

ドイツのベトナム移民
―分断国家の再統一がもたらしたもの、祖国と移住国にて

米山かおる

南北ベトナム
出所：筆者作成

一九八九年一一月九日、ドイツのベルリンの壁が崩壊し、歴史に新たな一ページが刻まれた。分断国家ドイツにおいて東西に引き裂かれていた人々が、ベルリンの壁を越えて再会し歓喜する様子は、瞬く間に世界中で報道され、人々に冷戦の終結と新しい時代への幕開けを予感させた。

東西ドイツ人の再会と喜びの陰で、全くと言っていいほど注目されることはなかったが、実は他にも、ドイツ人と同様に冷戦の大きな煽りにより祖国の分断と再統一を経験し、別々の運命を辿ることになった人々が、ドイツの東西に暮らし、壁崩壊によって再び引き合わせられた。ベトナム人である。

ベルリンの壁崩壊

当時、西ドイツには約四万六千人のベトナム人が、東ドイツには約六万人のベトナム人が生活していた。西ドイツ側のベトナム人は、その時点では既に消滅していた南ベトナム（ベトナム共和国）出身の人々であり、東ドイツ側のベトナム人は、北ベトナムの国家体制を引き継いだ再統一後のベトナム（ベトナム社会主義共和国）出身の人々だった。彼らは思いもしないドイツ再統一という歴史的瞬間に遭遇し、更に、思いもよらず、祖国において分断された人々と再会したのである。

当初、東西統一は、ドイツに歓喜と希望をもたらしたが、西が東を編入する吸収合併はドイツ財政を逼迫させ、同時に、東西格差という深刻な現実が時を追うごとに露呈すると、歓迎ムードは一変、格差是正への課題が山積みとなった。異なる国家体制下でそれぞれが歩んできた四〇年という歳月は、東西ドイツの人々を、経済的格差だけではなく、価値観や文化等に至るまで予想以上に大きく隔てており、ドイツは、国家の枠組みとしては一つになったものの内部における東西の二分化を引き起こす。この二分化を象徴するのが、愛称として、時には、皮肉や軽蔑を込めて旧東ドイツ出身の人を「オッシー（Ossi）」、旧西ドイツ出身の人を「ヴェッシー（Wessi）」と呼ぶ俗語である。

このドイツの二分化は、主流社会にいるドイツ人だけではなく、東西を隔てて生活をしていた在独ベトナム人の間にも同じような格差構造をもたらし、「オッシー」と「ヴェッシー」を生み出した。移住先ドイツにおける再統一後のこうした状況や、それに乗じた混乱、また、祖国ベトナムの分断と再統一の歴史的な互いの立ち位置の違いから、南北ベトナム人の再会は、彼らにとって大きな試練として降りかかることとなった。

本章では、このドイツ再統一期に在独したベトナム人に光を当て、国家の分断と再統一が彼らにどのような影響を及ぼしたのか、南北ベトナム人の渡独の経緯とその後の生活への影響を比較するとともに、ドイツ主流社会と在独ベトナム人の関係性、更にベトナム人同士の関係性にも言及する。また、こうしてドイツのベトナム人を歴史の表舞台へといざなうことで、一国史観のみで語られがちな国家の分断と再統一をグローバル・ヒストリーの文脈に据え、ドイツ再統一で再会した南北ベトナム人が、様々なレベルにおける「境界」に対峙し、克服してきた軌跡を明らかにするすべとしたい。

冷戦と国家の分断

在独ベトナム人について詳しく述べる前に、彼らの渡独の経緯に大きく影響する第二次世界大戦を経て分断に至ったドイツとベトナムの歴史的背景について、世界史のおさらいも兼ねて、少しだけ触れておこう。

・ドイツ東西分断

第二次世界大戦においてナチス・ドイツが降伏をすると、ポツダム協定が結ばれ、完全な非

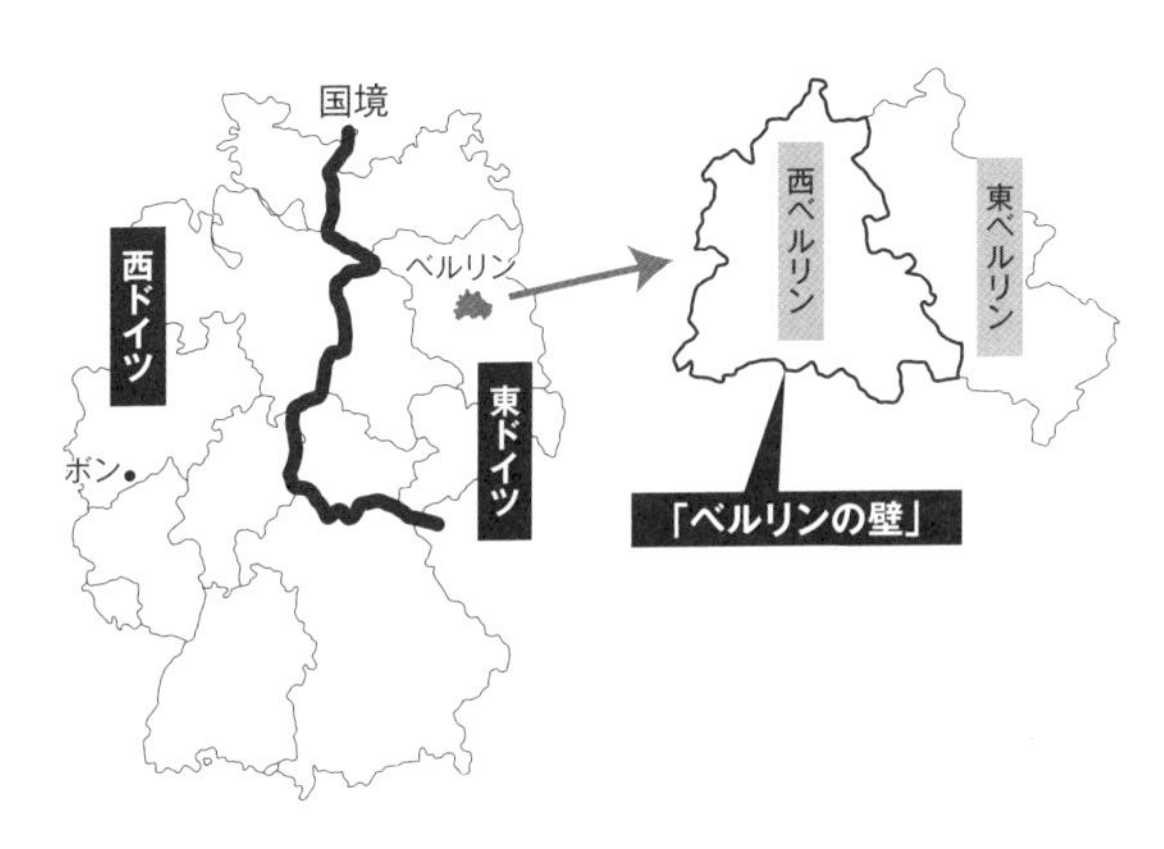

地図①　東西ベルリン
出所：筆者作成

ナチ化、民主化がなされるまで戦勝国アメリカ、イギリス、フランス、ソ連によるドイツの四ヵ国分割占領が確定した。それによりドイツの西側が米英仏の、東側がソビエト連邦の占領地域となった。

その後、東欧諸国をはじめ共産主義の勢力圏を拡大するスターリン主導のソ連に対して、自由主義を掲げるアメリカが不信感を強めると、ソ連に対する封じ込め政策を展開し、米ソ対立は深刻化する。ソ連はこれに対して各国共産党の連携強化を図って対抗し、ヨーロッパは資本主義・自由主義の西側諸国と、共産主義・社会主義の東側諸国とに、所謂「鉄のカーテン」で分断され、冷戦体制が確立された（地図①）。

一九四八年、西側諸国が西ドイツにおいて自由主義経済に基づく復興の切り札となる通貨改革に踏み切ると、ソ連はベルリン封鎖で対抗した。ベルリンは、それ自体も四ヵ国に分割されていたが、ドイツの東側に位置し、ソ連占領地域内にあった。そのため、封鎖後は、西ドイツ側から米英仏の占領下にある西ベルリンへは陸路で辿り着くことができなくなった。西ベルリンは、こうして「陸の孤島」と化し、ドイツの東西分裂が事実上決定的となった。

翌一九四九年五月には、ベルリン封鎖が解除されるが、ドイツは分裂したまま、西側占領地域にドイツ連邦共和国（西ドイツ、BRD）が成立し、同年一〇月にはソ連占領地域にドイツ民主共和国（東ドイツ、DDR）が成立する。こうしてドイツは、東西に異なったイデオロギーを掲げる分断国家となり、同時に、その後、世界を二分する冷戦の最前線に立たされた。

・ベトナム南北分断

ヨーロッパの東西分裂と冷戦構造は、植民地支配からの解放と独立に動き出したアジア諸国にも飛び火し、米ソの対立は、その「代理戦争」という形で表面化していく。

ベトナムにおいては第二次世界大戦終了直後、ホー・チ・ミン率いる新ベトナム政府が独立を宣言した。しかしながら、フランス軍が再び進駐し植民地支配を復活させようとすると、それを阻止するため、新政ベトナム軍とフランス軍との間でインドシナ戦争が始まった。

一九四九年六月、フランスの傀儡国家となるベトナム国が樹立すると、一〇月には、中国において中華人民共和国が成立した。アジアの共産主義化を恐れたアメリカは、ベトナムのフランス軍を全面支援し、インドシナ戦争に介入する。

ベトナムは、ホー・チ・ミンのベトナム独立同盟（ベトミン）がゲリラ戦術でフランス・アメリカ軍に抵抗し、一九五四年ディエンビエンフーの戦いで勝利する。フランス軍の壊滅が決定的になると同年七月、ジュネーヴ協定が締結され、第一次インドシナ戦争の停戦、並びにベトナム民主共和国の独立が承認された。ただし、北緯一七度を暫定的軍事境界線とし、ベトナムの国土は南北に分割され、北ベトナムをベトナム民主共和国が、南ベトナムをベトナム国が統治することになった。

翌年、南ベトナムでは、国民投票で共和制が支持され、ベトナム国に代わりベトナム共和国が成立する。ベトナム共和国は、今度はアメリカの傀儡国家として、東南アジアにおける反共防波堤の役割を担い、ベトナムでは、ベトナム戦争終結の一九七五年まで分断国家の状態が続いた（地図②）。

ベトナム人の渡独の流れ
・留学生・研修生

このような国家の分断を背景に、南ベトナムは国交と援助により同じ反共産主義の西側諸国との関係を強化し、同様に北ベトナムは反資本主義の東側諸国との連帯を高めた。そうしたなか、ベトナム人の最初の渡独への流れは、西ドイツが南ベトナムから、東ドイツが北ベトナムから留学や職業訓練を目的とした学生や研修生を受け入れ、ベトナム支援の一環としてスタートした。本国で、アメリカ軍介入によるベトナム戦争が続く最中も、留学生や研修生の渡独は絶えることなく、ベトナム戦争終結時には東西ドイツ合わせて数千人のベトナム人が滞在していた。

地図②　南北ベトナム

南北ベトナム再統一によって、その後の渡独の流れは、形を変えて加速する。まず、西ドイツに滞在していた南ベトナムの留学生は、ベトナム再統一により祖国が消滅した形になり、難民として認められ、ほとんどが西ドイツに残ることとなった。これらの留学生に加え、西ドイツには、「ボートピープル（boat people）」と呼ばれる難民が定住することになる。東西ドイツ統一時に、西ドイツ側に暮らしていたベトナム人の大多数を占めていたのが、ボートピープルとして来た人々だった。

・ボートピープル

一九七五年四月三〇日、サイゴン陥落をもってベトナム戦争が終結したが、ベトナムの人々の苦悩がここで終わったわけではなかった。戦争によって約二〇〇万人が殺され、三〇〇万人が負傷し、一千万人の子どもたちが孤児となった。アメリカ軍による爆撃と枯葉剤の散布は南ベトナムの広域を焦土と化し、枯葉剤の汚染は直接の被害者だけでなく、今なおその子どもや孫世代にも先天障害等の被害をもたらしている。こうした甚大な戦争の被害に加えて、ベトナム戦争終結の翌年にもたらされたベトナム南北統一は、大量のベトナム難民を生み出す幕開けともなった。

ベトナム社会主義共和国が樹立すると、旧南ベトナム人を中心に、社会主義体制に対する不信や嫌悪、経済的・社会的な制裁と迫害への恐怖が募り、国外へ脱出する人々が大量に発生した。なかでも、脱出手段にボートを使用した人々がボートピープルと呼ばれる難民である。

　実際に、南ベトナム時代の政府や軍関係者をはじめ、資本主義的人物とみなされた者は、「再教育キャンプ」で拷問を受けたり、「新経済区」と呼ばれるジャングルの奥地で強制労働に就かされるなどして、大勢が死に追いやられた。更に、隣国カンボジアをめぐって中越関係が悪化すると、ベトナム新政府は、七八年に華僑追放令を出し、南北両方の地域に存在する中国系ベトナム人、又はベトナム華僑に国外脱出を余儀なくさせた。加えて、カンボジア、中国との戦争は、陸路での国外脱出を困難にさせており、七九年にボートピープル難民数はピークを迎える。八〇年代後半、ベトナムにおける政治的迫害が基本的になくなった後も、実質出稼ぎを目的とする「経済難民」が流出し、七五年から九二年までの間、ベトナムからの難民は一六〇万人にのぼった[1]。

　ベトナムのボートピープルは、七八年から七九年の初めまで、華僑・華人を中心として大型船での出国が続いたが、八〇年代になると二〇人、三〇人の規模が乗れる漁船が主流となった。南シナ海におけるボートでの避難では、海賊の襲撃、荒波をはじめとする自然の脅威、飲まず食わずの航海・漂流によって、四〇から五〇万人が命を落としたとされる[2]。運よくＡＳＥＡＮ諸国や香港の難民キャンプに辿り着いた人々は、アメリカ、カナダ、オーストラリア等の定住地へと送られ、一九八二年までに、約一二二万人のベトナム人が難民として一六ヵ国に受け入れられた。

西ドイツも難民条約の批准国として、既に七九年ジュネーヴでの難民問題国際会議において一万人のボートピープルの受入れを表明したが、その後、ボートピープルの増加を受けて、受入れ総数を約三万八千人まで増やした[3]。西ドイツ国内ではメディアを通して伝えられるボートピープルに対しての関心が強く、過酷な戦争と迫害を受けてきたベトナム人に同情が集まっていた。増加するボートピープルの受入れも多くの国民の賛同を得て、ことのほか温かく迎えられた。即座に難民認定が下り、法的に滞在が保障され、住居も含め生活に必要な物資から、語学学校費や職業訓練の援助、援助団体や地域による生活援助・相談窓口等、ドイツ社会にできるだけ早く溶け込めるような様々なサポートが提供された。また、これらの法的保護とサポートは、後から呼び寄せられた難民の家族にも適用された。こうした手厚い支援の下で、ドイツ再統一時の一九九〇年には、呼び寄せられた離散家族も合わせ約四万六千のベトナム人が西ドイツを新たな故郷として次々と自立した生活を手に入れていた。

・東ドイツの契約労働者

一方、東ドイツには南北ベトナム再統一後、ベトナム人が全く違った条件下でやって来ることになった。その背景にあったのは、東ドイツの深刻な労働力不足である。東ドイツでは、一九六一年にベルリンの壁が建設されるまで、東西で往来の自由があった西ベルリンを経由して西ドイツへと流出する東ドイツ市民が三四〇万人もおり、大きな労働力不足を引き起こしていた。この労働力不足は、六〇年代半ばから、まずは、ベトナム以外の「社会主義の兄弟国」、ポーランドやハンガリー、モザンビーク、アルジェリアなどからの契約労働者によって補われていた。奇しくも、西ドイツに最初のボートピープルが到着した一九七九年から八〇年にかけて、東ドイツでは、ベトナムに対する契約労働者派遣への働きかけが実を結び、一九八〇年四月にベトナムと国家協定が結ばれると、同年一一月には早くも一五四〇人のベトナム人契約労働者が迎えられた。その後、ベトナム人契約労働者の受入れは増加の一途を辿り、一九八九年のベルリンの壁崩壊時には、東ドイツの海外労働者として約六万人のベトナム人契約労働者が一番大きな集団を形成していた。

長期滞在を前提に手厚いサポートがなされた西ドイツのボートピープルに対して、東ドイツの契約労働者たちは、あくまで「労働力」としてしかみなされず、彼らの労働生活条件は、ボートピープルとは比較にならないほど劣悪だった。

ベトナム人契約労働者をめぐる雇用及び生活全般に関する規定は、二国間協定において事細かに取り決められていた。その労働条件を幾つか挙げると、まず、通常の労働期間は五年。家族での渡独はできず、同じ家族からは一人だけしか契約労働者になれなかった。生産性の高い若い労働力が望まれ、年齢制限がなされた。職種はほぼ生産分野に限られ、繊維・建設・金属産業が中心で、多くはベルトコンベアの前で行うライン作業だった。通常二四時間体制で、早朝・日中・夜間の三つのシフトを交代しながら昼夜を問わず作業が行われた。基本的には、東ドイツ国民と同じ労働者の権利が与えられ、賃金の支払いも東ドイツ労働法の規定に則ったものであったが、最初の研修期間三ヵ月は、最低賃金しか支払われなかった。また、病気やケガで就労できなくなった場合は、ベトナムへ送り返された。この病気というのには妊娠も含まれ、妊娠した女性は本国送還か、中絶を迫られた。

こうした労働条件に輪をかけて、厳しい生活条件も守らねばならなかった。住まいは多くの場合、共同宿舎の一室をあてがわれた。男女別で、学生寮、或いは監獄を思わせるような厳しいルールが幾つもあった。例えば、訪問者がある場合は、宿舎の責任者に事前に申し出る必要があり、決まった面会時間にしか呼べなかった。また、他で宿泊する際にも事前に許可を得なければならず、「違法」な宿泊を取り締まるため、抜き打ち検査もあった。加えて、ベトナム人契約労働者が現地ドイツ人と接する機会は、事業所における業務や文化イベント等のみに極力制限された。というのも、東ドイツ、ベトナム両国とも、表向きの社会主義の団結と友好とは裏腹に、東ドイツ人とベトナム人が個人的に会うことは望んでいなかった。ベトナム人契約労働者と東ドイツ人の国際結婚も、そうした理由であまり例はなかったが、たとえ互いが国際結婚を望んでも、東ドイツ政府とベトナム大使館の同意が前提にあり、結婚手続きは困難を極め、多額の罰金も科せられた。

これらの厳しい非人道的な労働環境と様々な制約は、事業所やグループリーダーと呼ばれるエリート階級のベトナム人の見張りに加え、シュタージ（国家安全保安省）と人民警察及びベトナム大使館が連携する徹底した監視体制の下、ベトナム人契約労働者に非常に窮屈な生活を強いていた。

こうした劣悪な労働生活は本国でも噂になったが、それでも東ドイツへ渡るベトナム人契約労働者が後を絶たなかった。それはなぜだろうか。その一番の理由は、家族の貧困である。

再統一後のベトナム経済はまさしく最悪な状況にあった。ベトナム戦争が終結し、再統一を果たした直後にカンボジアと中国との戦争が勃発し、国庫金は、長い間戦争と国防につぎ込まれていた。戦争による動乱状態のなか、社会主義体制に組み込まれた南ベトナム地域では、失業者が三〇〇万人以上おり、八〇年代に入っても尚、自然災害と凶作による食糧不足のため、人々は飢餓に苦しみ生活は困窮した。更に一九八六年のドイ・モイ政策で引き起こされたハイパーインフレがそれに追い打ちをかけた。ベトナムの多くの家族にとって、家族の一員の海外出稼ぎ労働が、唯一残された生き残りのチャンスだった。ベトナム人契約労働者は、家族を貧困から救い出すためにも、単独で祖国を離れ見知らぬ海外で働くという選択をせざるを得なかった。

故国への送金は二国間協定によって、純月収の六〇%までは許されていた。ただし、彼らは、現金は両替で損失が出ること、また、DDRマルク自体に外貨としての流通性がないことから、家庭用品・電化製品などの物資を送ることを好んだ。条件を満たせば、無税での物資の郵送が認められており、例えば、モペット二台、自転車五台、ミシン二台などがその対象となっていた。本帰国となる引越しの際には、最大二立方メートルの木箱に最大重量二トンまで持って行くことができた。こうした取り決めを活用し、必死に働いて手にしたお金は次々と物資の購入につぎ込まれ、それらの物資は本国へと郵送されたのだった。

契約労働者の東ドイツからの物資輸送は、ベトナム政府にとっても有益であり、彼らが政府にもたらす利益はそれだけではなかった。まず、東ドイツから契約労働者一人につき社会保障として年間一八〇ＤＤＲマルクが支払われたが、これは個人ではなくベトナム政府に一括で支払われた。また、労働者の純収入の一二％が「ベトナム祖国の建設と防衛のため」という名目で差し引かれ、直接ベトナム国庫に納められた。更に協定の改正された一九八六年以降は、ベトナムからの契約労働者一人当たり一五〇〇ＤＤＲマルクがベトナム政府の懐へ入ることとなった。[4] こうして政府に支払われたお金は、建設、国防のためにだけではなく、戦中・戦後に東ドイツを含む他の社会主義国家からの援助に対する負債支払にも充てられた。

このように、改めて国家レベルに目を向けると、ベトナムでは、東ドイツからの物資確保と国家建設・負債返済への資金、失業率の抑制、東ドイツでは、労働力不足の解消、生産性の向上、ベトナムへの援助資金貸付の返済という両国の利害の一致がみられる。このことが、ベトナム人契約労働者の個人レベルでの、貧困からの脱出や貧困に苦しむ家族を支えるという、多くの場合やむを得ず下された渡独への決断を大いに奨励し、送り出しに導いていた。その一方で、国の利益が労働や生活条件の改善という形で、契約労働者個人に還元されることは、無いに等しかった。

東西ベトナム人にとってのWende（転換期）

一九八九年の東ドイツにおける民主化への動きとベルリンの壁崩壊、翌年の東西ドイツ統一を経て、旧東西ドイツが一つの民主主義の国として転換していく時期をドイツでは「ヴェンデ（Wende）」と呼んでいる。この国家レベルでの転換と国境の撤廃は、南ベトナム出身のボートピープルを中心とする「西ベトナム人」と北ベトナムを出身とする契約労働者からなる「東ベトナム人」にそれぞれどのような影響を与えたのだろう。

まず、転換期に誰よりも過酷な運命を背負うことになったのが、東ドイツのベトナム人契約労働者だったと言っても過言でないだろう。

多くのベトナム人元契約労働者の「東ドイツでの労働生活は辛いことも多かったが、再統一後のドイツでの生活に比べれば安定があった分良かった」「少なくとも東ドイツ人と同等に扱われていた」「東ドイツでは仲間がいたから乗り越えられたが、転換期後は一人で戦わなければならなかった」[5]などの証言からも、再統一後の苦難がどれほどのものであったか想像に難くない。

東西統一によって東ドイツが西ドイツに吸収されると、競争力のない東側の企業は次々と閉鎖へ追い込まれるが、最初に解雇されたのが契約労働者たちだった。急な契約の打ち切りと同時に共同宿舎も出ていかねばならず、路頭に迷うか、帰国を余儀なくされた。一九九〇年東ドイツ最後の政権下において、期限前解雇を受け入れて帰国する者には一時金として三千DDRマルク（統一後、等価でドイツマルクに交換）が支払われることが定められ、六万人ほどいたベトナム人契約労働者は、四万人ほどが帰国し、同年末には二万一千人まで減少した[6]。残ったベトナム人契約労働者たちは、期限前解雇と一時金の額を不服とした者、体制転換を自身の力で人生を切り開くチャンスとみた者、同じ事業所の仲間に感化された者、故郷へ錦を飾れず負い目を感じていた者、自由を手にできると信じた者と、各々の動機やきっかけから、厳しい貧困が待ち受けるベトナムには帰国せず、新しいドイツでの生き残りに賭けたのだった。しかし、この生き残りの戦いは、長く非常に険しいものとなった。

例えば、滞在権をめぐっては、一番の苦難を強いられた。統一ドイツにおける東ドイツ時代の契約労働者の扱いは、出身国への「帰国」が前提とされた。ベトナム人契約労働者たちの多くは難民申請を行ったが、政治的迫害による難民ではないという理由でほぼ認定を拒否され、国外退去までの一時滞在状態（Duldung）となっていた。ドイツは、彼らの強制送還を試みるも、今度はベトナム側が、資本主義に寝返った者として受入れを拒否する事態となり、ベトナム人契約労働者たちは、ドイツからもベトナムからもお荷物扱いだったのである。

一九九三年になってやっと東ドイツ時代の契約労働者を対象とする滞在資格条件が明らかにされ、「就労による生計維持」をはじめとする幾つかの条件を満たせば、二年の滞在が認められた。ドイツの外国人法では、八年の合法的滞在が無期限滞在権申請資格の一つの条件となっているが、その後、契約労働者たちが東ドイツ時代の滞在期間もその八年に含めることができるようになり、最終的に旧西ドイツのガストアルバイター（出稼ぎ労働者）と同じ権利を勝ち取ったのは一九九七年になってからだった。しかしながら、もちろん期限付きであっても無期限であっても滞在権の取得には、就労と生計維持を証明できなければならず、何らかの職に就けるよう奔走する状況は、体制転換直後と大きな違いはなかった。

・ドイツ国内の変容

再統一以降、旧東ドイツ地域の新体制への移行と経済の立て直しに想像以上の出費を要し、加えて、同地域にみられる高い失業率がなかなか改善されず、ドイツ社会には暗雲が立ち込めていた。そんななか、ドイツ国内に渦巻く不満の矛先が向けられたのもベトナム人たちだった。

特に旧東ドイツ地域では、東ドイツ人も次々に職を失い、同じ職場で働いていたベトナム人契約労働者たちは、忽ち自分たちの職の機会を奪う者として目の敵にされた。実は、東ドイツ時代にも、八〇年代後半になると物資の不足が顕著となり、大量に品物を買い込むベトナム人契約労働者に対して非難の声が上がったが、社会主義国同士の団結という大義名分により、表立った外国人敵視は押し込められていた。それが東西統一後、一気に噴き出して、ドイツ社会全体に拡散されたのだった。

九〇年代に入ってから難民収容施設への放火や攻撃、外国人に対する殺人が立て続けに何件も起こり、外国人敵視や外国人嫌悪という風潮がドイツに蔓延した。そうした折に、生活に困ったベトナム人契約労働者の一部がソ連崩壊後に東欧で組織化したベトナム人タバコマフィアのグループに接触し、タバコの違法販売に手を染めるようになった。売人同士の抗争もあり、それが大きくメディアで報じられると、ベトナム人＝違法タバコの売人＝犯罪者というイメージが強く社会に定着してしまった。こうしてドイツ社会においてベトナム人は、嫌悪の対象となり、警察すらもベトナム人というだけで犯罪者扱いをする始末だった。

東西統一後の社会の変容を、長年ベルリンを拠点にボートピープル支援、後にベトナム人契約労働者の権利獲得に尽力してきたベトナム出身のトゥイ・ノネマン氏もこう語っている。

「ボートピープルが七〇年代の終わりにベルリンへ来た時は、多くのドイツ人が自分たちの戦中や戦後の避難生活を思い出して、……私が通訳や手伝いをしていた難民収容施設にやって来て、支援や寄付を申し出てくれました。……壁崩壊後のドイツでは違っていました。そこではタバコの売人の話でもちきりでした。毎日、殺し合いや似たような事件があって新聞を開くのもためらうほどでした。道端で立ってると人が寄って来て、タバコはあるかと聞くんです。ひどく腹が立ちました。ドイツ人の態度にも良くない変化を感じていました。私の相談窓口には、極右による暴力事件や警察による暴行の被害者たちが次々にやって来ました。……被害者が警察に襲われた場合は、とても不利な状況に立たされます。警察は、常に有利ですし、犠牲者が被害届を出しても、申し合わせて本気で捜査をしませんから、私たちは、なすすべがないのです。(7)」

・「西ベトナム人」と「東ベトナム人」の関係性

ドイツ主流社会のベトナム人契約労働者への侮蔑は、周辺社会にも感染し、西ドイツに暮らす南ベトナム出身の元ボートピープルとその家族、所謂「西ベトナム人」も同じような感情に駆られていた。

彼らの移住の経緯からもわかるように、もともと、「西ベトナム人」は再統一後のベトナム共産主義に反対しており、北ベトナム人にされた仕打ちを忘れたわけでもなかった。辛い戦争の記憶とその後の生死をかけたボートでの亡命によりトラウマを抱えている者もおり、ドイツ再統一後に急に現れたベトナム人契約労働者に対して大きなわだかまりを感じていた。

それに加えて、西ドイツで平穏に暮らし、上手くドイツ社会に溶け込んでいた自分たちまでも、街中で怒鳴られ、襲われることさえあり、外を歩くのも不安となるような、この社会変容の原因を「東ベトナム人」に直結させる者も少なくなかった。これまでドイツでまじめに働き、ベトナム人の良いイメージを築いてきた自分たちの努力を、ベトナム人契約労働者が踏みにじったという気持ちが、もともとの北ベトナム人に対する反感や憎しみと相まって、否定的な気持ちを膨らませてしまったのだ。

結局のところ、東西統一を果たしたドイツにおいて内部に生じた歪みは、その当時一番弱い立場に置かれたベトナム人契約労働者をスケープゴートに仕立て上げ、在独ベトナム人の間の「西ベトナム人」vs.「東ベトナム人」という対立構造を確固たるものにしてしまった。

・境界の克服

元ボートピープルと元契約労働者の間にある境界は越えられることはないのだろうか。

二〇一六年のＧＩＺの報告によれば、ドイツ全体で正式に登録されているだけでも一三三のベトナム人団体が存在しているが、ここにも東西の違いが浮かび上がる[8]。ベルリンを除けば、九〇％の団体が旧西ドイツ地域に分布しており、これらの団体は、最初に西ドイツにやって来た留学生やボートピープル・コミュニティによって設立されている。特にボートピープルの団体は、互いのネットワークを重視し、反共産主義という政治的スタンスが特徴的だ。また、仏教やキリスト教などの宗教団体も多く存在している。

一方、旧東ドイツ地域の団体は、契約労働者の抱える滞在権の問題や外国人差別問題に対処するために、ベトナム人契約労働者とドイツ人協力者によって設立されたものが多い。また、滞在権の問題が解消されていくと、活動目的を故国ベトナム支援とするものも増え、これらは、在独ベトナム大使館や、ベトナムの地域政府と密接な協力関係にある。

大多数のボートピープル・コミュニティは、ベトナム政府や政府関連組織、それら組織と繋がりのあるベトナム人団体との一切の協力を拒否している。反対に、ベトナム人契約労働者は、あまり反共産主義色の強いボートピープル団体との結び付きは、本国ベトナムへの密告及び、国の家族や親族にマイナスの影響を与える可能性もあり、慎重にならざるを得ない。

そうした分断の関係性が色濃いベトナム人団体ではあるが、なかには、南ベトナム人vs.北ベトナム人、ボートピープルvs.契約労働者、反共産主義vs.共産主義、ヴェッシーvs.オッシーといった互いを隔てる対立軸を越えて、和解への一歩を踏み出す団体もある。

ハノーファーにあるベトナムセンターは、在独ベトナム人のストーリーをベトナム人自身に語ってもらい、様々な背景をもつ人々を繋げながら、二〇一〇年に「ドイツのベトナム人」という展示会を開いた。「和解」というタイトルで紹介された二人の元兵士のストーリーはひときわ注目を浴びた。かつて二人はベトナム戦争で、一人は南ベトナムのために、一人は北ベトナムのために、同じ戦場で敵として対峙した。戦争に生き残った二人は、それぞれボートピープル、契約労働者として西ドイツと東ドイツに渡り、ドイツ再統一を経て、ハノーファーで出会った。互いの趣味である音楽が二人を引き合わせ、友情が生まれた。今は、ベトナムセンターで積極的に活動し、歌を通して戦争の悲惨さや平和への願いを訴えているという。

ベルリンの西の中心地シュパンダウ地域にある仏教の寺（Linh Thuu Pagode）は、元ボートピープルの仏教徒が中心となり寄付を呼びかけ、二〇〇九年に建立された。この寺には当初、南ベトナムの赤い三本線が横に入った黄色い国旗が掲げられていた。この旗は今も尚、政治的意味合いが強く、南ベトナム人にとっては自由と独立の象徴であるとともに、共産主義のベトナムへの拒絶を表し、北ベトナム人にとっては国家への裏切りを示す。北ベトナム人にとって

南北ベトナム国旗

ベトナムの旗は、再統一前も後も変わらず、黄色の星が中央にある赤い旗だ。元ボートピープルは赤い旗を、元契約労働者たちは黄色い旗をそれぞれ嫌厭する。数年前から、東側のベトナム人、つまり北ベトナム人たちも気軽に寺に来られるように、黄色い旗は掲げられなくなった。それ以来、東側からの訪問も増え、二つのコミュニティが仏教を通して歩み寄っている。

ベルリン・ブランデンブルク・ベトナム人連盟のソーシャルワーカー、タン氏は、それでも、東西のベトナム人が互いに歩み寄る難しさを次のように語っている。

タン氏「寺に南ベトナムの旗が掲げられなくなって、元契約労働者が増えた代わりに、今度は、政治的信念を曲げることのできない南ベトナム人が寺を避けるようになっています。やはり南ベトナム人は、北に故郷を奪われたという気持ちが強く残っているので、歩み寄るのは難しい。だから我々（元契約労働者）は政治の話はしないんです。できるだけしない。とても慎重です。いざこざが起きてしまいますから。」
筆者「西ベトナム人と東ベトナム人に再統一の日は訪れないでしょうか。」
タン氏「それぞれの曲げられない考えがありますから、現実的には難しいと思います。もちろん個人レベルでは、友人関係にある人たちもいます。しかし、なかなか私たちの世代では難しいでしょう。第二世代、第三世代になれば状況は変わってくると思います。実際、彼らは西（ドイツ）とか東（ドイツ）とか南ベトナム人とか北ベトナム人とか第一世代のような問題は抱えていませんから。」

（二〇一六年筆者実施インタビューより和訳）

確かに、今ある在独ベトナム人同士の分断は、元ボートピープルや元契約労働者の子どもや孫の世代になれば解消されるかもしれない。

ドイツで産まれ育った二世のベトナム人たちは、親世代からの影響を少なからず受けながらも、親世代とはまた違った問題に直面し、明らかに違う視点でドイツ社会やベトナム人コミュニティをみつめている。それは、ベトナム系、或いはアジア系ドイツ人という新たなアイデンティティを育み、その存在はドイツ社会での地位を確実に築き上げている。

【注】

（1）長谷川啓之監修、上原秀樹・川上高司・谷口洋志・辻忠博・堀井弘一郎・松金公正編『現代アジア事典』（文眞堂、二〇〇九年）、一〇九六頁

（2）Beth Uta and Anja Tuckermann, „Geschichte, Arbeit Und Alltag Vietnamesischer Migrant_innen,“ *Asiatische Deutsche: Vietnamesische Diaspora and Beyond*, ed. Ha Kien Nghi (Berlin, Hamburg: Assoziation A, 2012), p. 99.

（3）Martin Baumann, *Migration – Religion – Integration: Buddhistische Vietnamesen und hinduistische Tamilen in Deutschland* (Marburg: Diagonal-Verlag, 2000), p. 31.

（4）Beth and Tuckermann, „Geschichte, Arbeit Und Alltag Vietnamesischer Migrant_innen,“ p. 109.

（5）Eva Kolinsky, „'Paradies Deutschland': Migrationserwartungen und Migrationserfahrungen ehemaliger Vertragsarbeiter und Vertragsarbeiterinnen aus Vietnam,“ *Erfolg in der Nische? : die Vietnamesen in der DDR und in Ostdeutschland*, ed. Karin Weiss and Mike Deniss (Münster: Lit, 2005), p. 100.（筆者和訳）

（6）Karin Weiss, „Nach der Wende: Vietnamesische Vertragsarbeiter und Vertragsarbeiterinnen in Ostdeutschland heute,“ *Erfolg in der Nische?*, p. 80.

（7）Ha Kien Nghi, „Eine Intergrtionsdebatte der anderen Art: Von der illegalisierten 'Zigarettenmafia' zum 'Musterschüler'?,“ *Asiatische Deutsche*, pp. 144-45.（筆者和訳）

（8）Deutsche Gesellschaft für Internationale Zusammenarbeit (GIZ) *Die vietnamesische Diaspora in Deutschland*, (Eschborn, 2016), pp. 15-16.

◎文献案内

○ドイツ移民問題の現代史
・近藤潤三『ドイツ移民問題の現代史―移民国への道程』（木鐸社、二〇一三年）
○日本に暮らす元ベトナム難民とコミュニティ形成
・戸田佳子『日本のベトナム人コミュニティ―一世の時代、そして今』（暁印書館、二〇〇一年）
○ドイツ再統一と外国人労働者
・内藤正典・一橋大学社会地理学ゼミナール編『ドイツ再統一とトルコ人移民労働者（シリーズ外国人労働者２）』（明石書店、一九九一年）

Q ディスカッション・クエスチョン

① ドイツ体制転換期に、ベトナム人契約労働者がスケープゴートにされてしまったのはどうしてなのでしょう。

② 世界では国境線が誰によって、どのように引かれ、又は引き直されてきたのでしょうか。そして、その国の人々は、どのような影響を受けたのでしょうか。調べてみてください。

コラム

『グッバイ、レーニン！』

東西ドイツ統一という時代の大きな転換期を東ドイツの人々はどのように過ごしたのだろう。その当時を垣間見られる映画として『グッバイ、レーニン！』を紹介する。

舞台は、一九八九年東ベルリン。青年アレックスには、家族を捨て西側に亡命した音信不通の父、その反動で愛国心を強め社会主義を熱烈に信望する母がいる。ある日、アレックスは内緒で反社会主義デモに参加する。警察と激しくもみ合う彼の姿を母は偶然目撃し、ショックで心臓発作を起こしてしまう。そのまま昏睡状態に陥ると、その間に、ベルリンの壁が崩壊し、東ドイツには資本主義が押し寄せた。幸い母は意識を取り戻すが、社会主義体制が崩壊したと知れば、衝撃で今度こそ命を落としかねない。息子アレックスは絶対安静の母を引き取り、消滅寸前の東ドイツで何一つ変わらない東ドイツの演出に奔走する……こんな主人公の奮闘を中心に、時代の波に翻弄される人々の悲喜劇を涙あり笑いありで綴った作品だ。

この映画は二〇〇三年にドイツで公開され、たちまち人気を博した。映画に描かれた東ドイツの日常や当時の「あるある」エピソードは、特に旧東ドイツ人を強い郷愁「オスタルギー」に浸らせた。オスタルギーは、オスト（東）とノスタルギー（郷愁）の合成語である。再統一後、旧東ドイツ人は、新体制下で事あるごとに肩身の狭い思いをしていた。優位に立つ西ドイツ人に東ドイツ時代の全てが否定され、自分までもが否定されたかのようだった。そんななか、「東ドイツ時代だって、悪いことばかりじゃなかった」という思いが強まり、オスタルギーという郷愁に繋がったのだ。

『グッバイ、レーニン！』は、そんな彼らのオスタルギーを激しく揺さぶる作品だった。

因みに東ドイツで契約労働者として働いていたベトナム人たちも、再統一後に様々な苦境に立たされたため、東ドイツを懐かしみ、あの頃の方が良かったと郷愁に浸る人も多い。映画は当時の外国人の存在には触れていないが、彼らもまた、旧東ドイツ人とオスタルギーを共有する人々なのだ。

ヴォルフガング・ベッカー（監督）『グッバイ、レーニン！（Good Bye Lenin!)』（二〇〇三年）

第四章

エジプト・西部砂漠（リビア砂漠）の村からグローバル・イシュー「水」を考える

岩崎えり奈

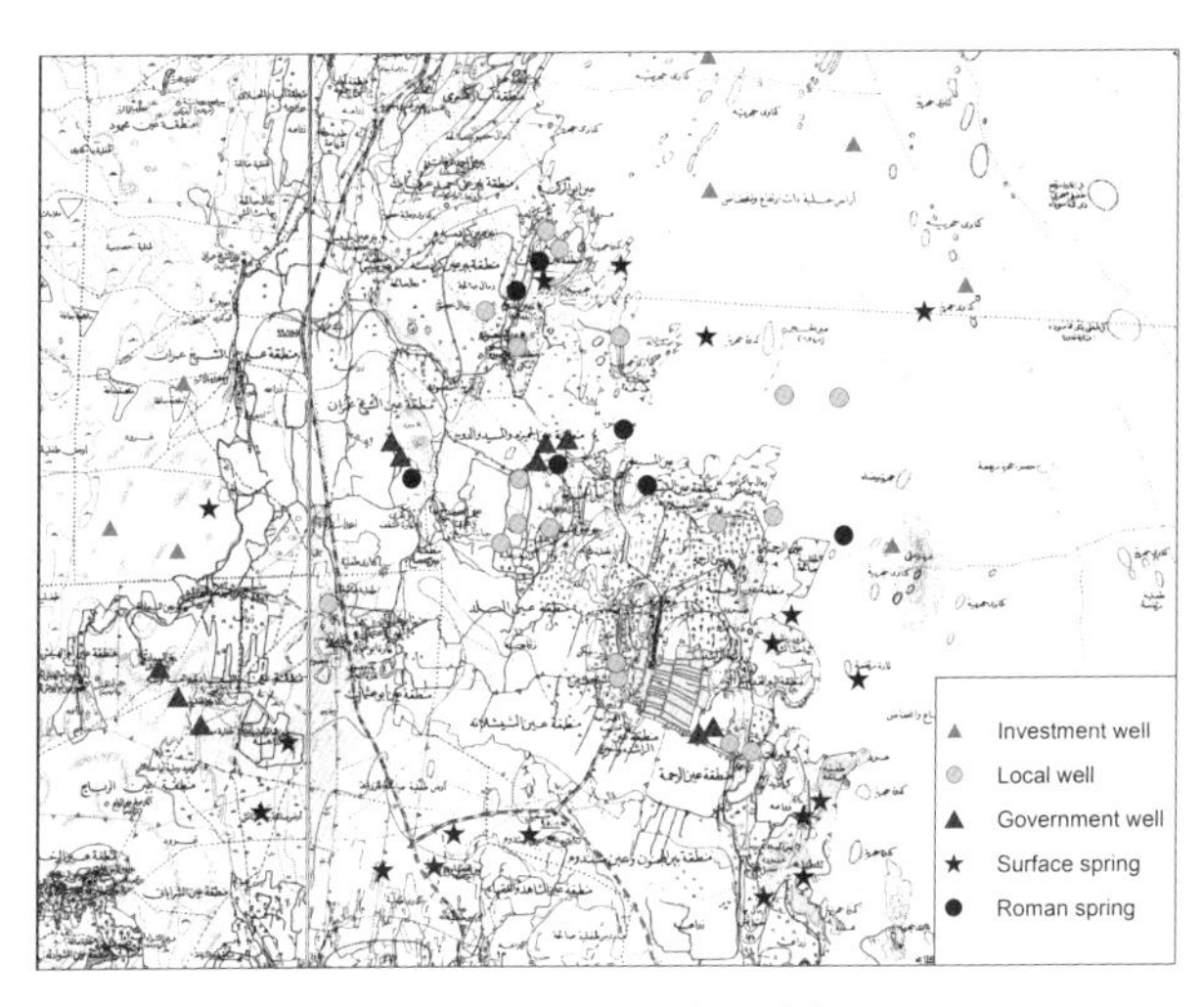

ラシュダ村における井戸・泉の立地（2007年）

出典：Hiroshi Kato and Erina Iwasaki, *Rashda: The Birth and Growth of an Egyptian Oasis Village* (Leiden & Boston: Brill, 2016), p. 195.

二十一世紀の水資源危機

水資源危機は二十一世紀のグローバル・イシューとして語られる。人は多様な水利用を行い、今日までその文明を発展させてきた。ところが、生命の維持に不可欠なこの水資源が世界各地で需給逼迫している。その主な原因は水資源の絶対的な不足と水資源の過剰な利用にある。このため、人と水との新たな付き合い方が根底から問われている。

特に中東北アフリカは、この困難な課題に世界で最も深刻に直面する地域である。同地域は降雨量が極度に少ない乾燥地域にあり、必要な水の多くを再生不可能な地下水資源に依存せざるを得ない。ところが地下水は、雨水などが地下に浸透（涵養）して長い時間をかけて蓄積されたものであり、涵養による供給量を上回る部分に関しては石油などと同様の枯渇性資源である。つまり乾燥地域の場合、降雨による涵養は望めないため、水量の多くが再生不可能な資源であり、使用した分は確実に減っていく。

乾燥地に位置する国のなかでは例外的にナイル川に恵まれているとはいえ、エジプトにとっても地下水資源の問題は重要なイシューである。地図をみてほしい（地図①）。ヴィクトリア湖を源流とする世界最長のナイル川は、砂漠を南から北へと縦断し、地中海に注ぐ。このナイル川沿いの、国土のたった五％に過ぎない狭く細い空間にエジプトの農地と人口が集中してい

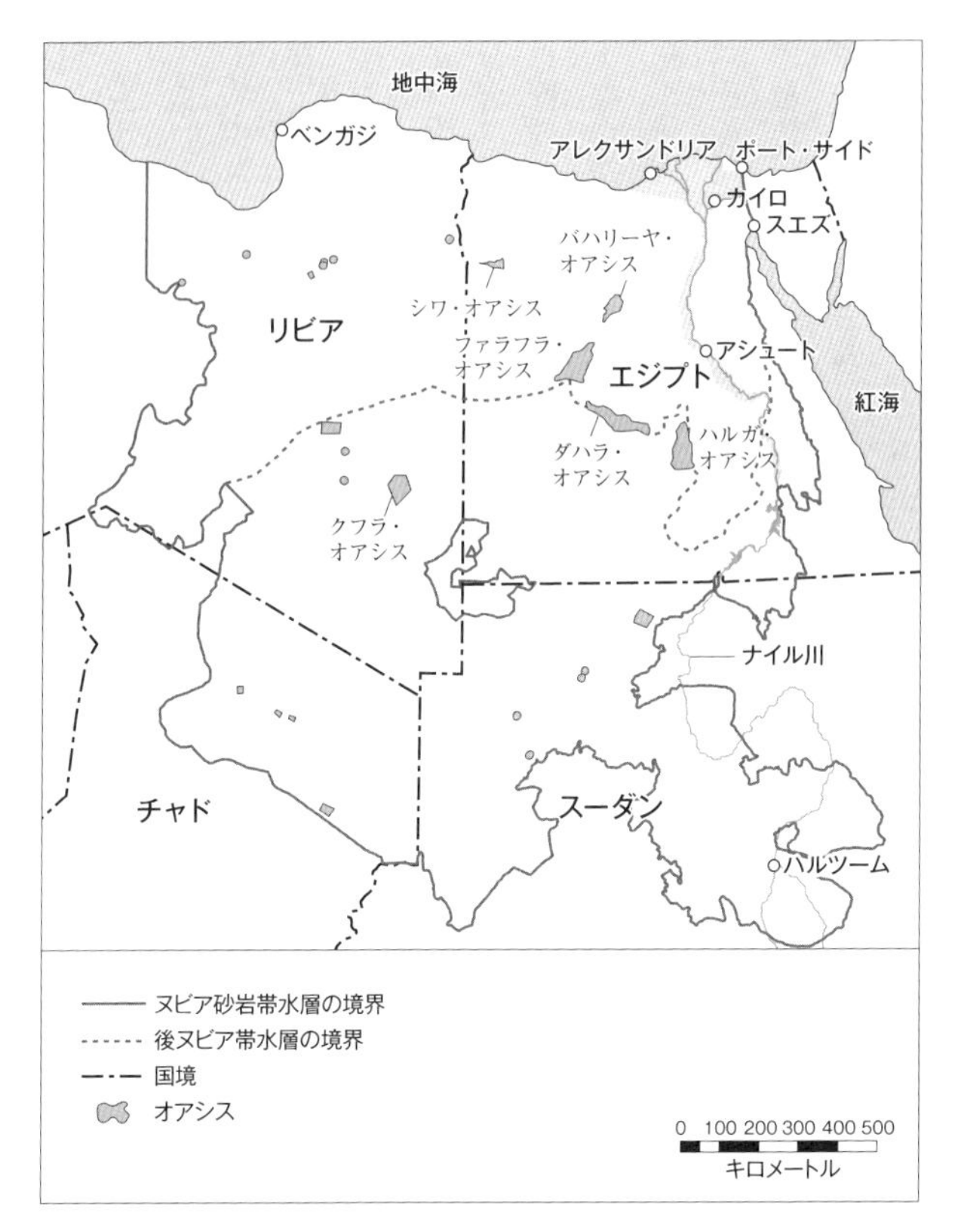

地図①　ヌビア砂岩帯水層とナイル川

出所：International Atomic Energy Agency (IAEA), Regional Strategic Action Programme for the Nubian Sandstone Aquifer System, Final Report, January 1, 2016 (http://iwlearn.net/resources/documents/11743) より筆者作成

る。

古代エジプト人はこのナイル峡谷を豊かな土壌の「黒い土地」と呼び、不毛の砂漠の「赤い土地」と対比した。「黒い土地」は、人間が住むことができる空間と同義である。つまり、古代ギリシアの歴史家ヘロドトスが「ナイルの賜物」と称したように、エジプトはナイル川に依存する社会であり、それは二十一世紀においても変わらない。四千年以上の昔から文明を育んできたナイル川は、現在もエジプト社会を支えている。

しかし、ナイル川に水を依存し続けているものの、二十世紀に水と人間の関係は変貌した。ナイル川の氾濫を利用した従来の水利用技術を捨て去り、大規模な水利土木事業によって流水を管理し統御する「自然征服」の道へと進んでいったのである。更にナイル川だけでは耕地の大幅な空間的拡大は望めないことから、二十世紀後半からは西部砂漠（リビア砂漠）において地下水開発と砂漠の開墾にも乗り出していった。

その結果が、過剰揚水による地下水位の低下や塩害など環境問題の増加である。筆者は、ここ数年、村民の水利用・管理について、社会科学者と自然科学者とが協働した学際的な調査をラシュダ村という西部砂漠（リビア砂漠）のオアシス村で実施してきた[1]。同村でも、様々な水をめぐる環境問題が生じている。かくして、砂漠のオアシスにおいても、水利用の新しい仕組みの構築は大きな課題である。

本章では、まず世界最大の地下水層であるヌビア砂岩帯水層における水事情を概観した後、このヌビア砂岩帯水層に水を依存するラシュダ村における人間と水との付き合い方を取り上げる。歴史と政治・経済を反映して、水利用は地域的に多様なやり方で展開している。しかし、水問題の根底は世界共通である。この章ではグローバル・ヒストリーの一試論として、実際に水を利用する主体である農民と彼らが生きる村社会を研究対象に据えつつ、水と人間の関係という普遍的な問題を考えたい。

ヌビア砂岩帯水層と技術の進歩

ヌビア砂岩帯水層はチャド、エジプト、リビア、スーダンにまたがる約二〇〇万平方キロメートルの広がりを有する世界最大の地下水層である。この帯水層が位置する地域は極乾燥地域で、年平均降水量は五ミリ以下であることから、直接降水による地下水涵養は皆無である。地下水の大部分は、第四紀後期（更新世—完新世）の多雨期であった一〇万年以上前に涵養された化石水である。水の一部はチャドとの国境及びダルフールの山岳地域に雨季に降る雨水により涵養される。しかし、その雨水流入による涵養量は、正確な見積もりが得られていないが、ごくわずかであるとの認識が主流になっている。

ヌビア砂岩帯水層は、リビア砂漠の東側にあるリビア系、リビア砂漠の西側にあるエジプト系、南側のスーダン系の三つの地下水系からなる。エジプトでは、リビア砂漠の西側はナイル川の西側にあることから、西部砂漠と呼ばれる。そこには、五つの窪地（オアシス群）があり、古代の時代から地下水を農業・生活用水に利用して人々が生活を営んでいた（地図①）。

地下水を取水する古代からの方法は、泉や手で掘る井戸からの取水である。しかし人力で穴を掘る技術には限界があり、井戸の深さはせいぜい二〇―三〇メートル程度に留まった。そのため、地下水層の表面に近い層からの取水で、水位の低下や水質に影響を与えるものではなかったと考えられる。

井戸が深く掘られるようになったのは、十九世紀半ばからとされる。井戸を掘る工法には、主に、金属製の刃を回転させながら地面を掘り進むロータリー式と、重りをウィンチやロープで吊り上げては落とす作業を繰り返しながら、地盤を砕いては掘っていく工法がある。[2] ハルガ・オアシスやダハラ・オアシスでは、後者の種類の一つである「ビーム式」と呼ばれる棒の一端に重りをつけ、ビームを動かすことで重りを上下させる工法が古くからあったとされる。地質学者のビードネルは、一八六〇年頃にアカシアやナツメヤシの木で作られたパーカッション式の掘削機を利用し、およそ一四〇―二〇〇メートルの深さをもつ井戸が掘られていたことを確認している。更に二十世紀初頭には、蒸気動力を利用して、鉄管を二〇〇―三〇〇メートルの深さまで掘り入れることのできるアメリカ製の蒸気掘削機が導入され、より早く深く井戸を掘ることが可能になった(3)。しかし、こうした掘削機はコストがかかるうえに掘削した井戸の維持・修理が難しかったようで、実際に二十世紀半ばに掘られた深度二〇〇―五〇〇メートルの井戸は鉄の腐食が大きな問題であったことが報告されている(4)。

深井戸が飛躍的に増加したのは二十世紀半ば以降であり、技術の進歩によってもたらされた。大深度掘削機の導入により千メートル以上の深さをもつ井戸の掘削が可能になり、地下水探査の技術進歩は地下水脈を探しあてることを容易にした。更にラクダや牛などの家畜を動力とした揚水に代わって、動力ポンプによる揚水が普及していった。

こうして、二十世紀半ば以後の技術の進歩はかつて想像もつかなかったほどの大量の揚水を可能にしたが、それは井戸掘削の事業主体が農民とローカルな社会から国家や大企業にとって代わられる過程でもあった。大規模な井戸の掘削と揚水はコストがかかり、資本を持つ者に事業主体が限られるからである。

エジプトの場合、一九六〇年前後に西部砂漠において「ニュー・バレー(新峡谷)」プロジェクトを政府が開始した。この事業は、大規模灌漑施設や農村インフラストラクチャの整備を含む大規模な砂漠開発計画であり、一九七〇年代前半まで実施された。他方、一九八〇年代から西部砂漠南方では、「東ウェイナート農業開発計画」が政府や民間企業によって推進されてきた。

リビアの場合、一九八四年からリビア南部の二つの地域にて、地下水を水源とした大規模水供給計画「大河川プロジェクト（Great Man-Made Water Project）」を政府が始めた。このプロジェクトは、リビア南部に一三〇〇本以上の深井戸を掘削し、長大なパイプラインを設置して、地中海沿岸のトリポリやベンガジまで工業・農業・生活用水を導水するという壮大な計画である。一九九三年にはベンガジに、一九九六年にはトリポリに送水が開始されたが、二〇一一年の「アラブの春」の最中にＮＡＴＯの爆撃を受け、現在まで計画の半分が残されている。

これらの大規模な地下水開発プロジェクトは、いずれもヌビア砂岩帯水層から取水しており、ヌビア砂岩帯水層の流域全体の将来にとって大きな懸念材料である。地下水は石油のような固定資源と異なり、ある地域で地下水を汲み上げると、ヌビア砂岩帯水層全体の地下水位を下げることになり、他の地域に影響を与えかねないからである。また、ある国・地域が地下水を汚染すると、その汚染は他の国・地域の地下水に拡散していく。地下水が一旦汚染された場合は、表層水の場合と異なり、その汚染除去はほとんど不可能で永久に汚染が続く恐れもあると言われる[5]。

近年、越境帯水層の開発に関して、各国協調の必要性が訴えられるようになり、国連地下水条約等で水資源の利用・開発に関するルール作りが進められてきた。ヌビア砂岩帯水層に関しては、一九八九年にエジプトとリビアの二国間で、一九九六年にスーダン、一九九八年にチャドが加わり、地下水を共同管理することを目指す「ヌビア砂岩帯水層研究・開発共同機関」が設立された。越境帯水層における国家間協定が締結された稀な例である。最近では二〇一三年に、国際原子力機関（ＩＡＥＡ）の資金援助により四ヵ国間で、地下水の「合理的」で「公正」な利用のルールと管理システムの構築を目指す「戦略的行動プログラム」が調印された。

しかし、「合理的」利用が何かということは非常に難しい問題である。河川の場合、一九九七年国連国際河川条約において、この合理的利用を持続的利用の原則としている。つまり、河が流れ続けるようにすることである。一方、地下水資源は揚水すれば枯渇する。持続的利用の概念がそもそも適用できないのである。持続性という基準から言えば、再生不可能な地下水資源は使うべきではないし、利用すること自体が不合理だということになろう。

もっとも、地下水資源が何世代も利用可能なくらいに巨大な賦存量であるなら、話は別である。そこで持続的利用の議論において決定的に重要になってくるのが地下水資源の賦存量であるが、研究者によって見解が異なる。例えば、最も古くにサハラ砂漠全体の地下水賦存量推計を行ったアンブロッツギは地下水総量を一万五千立方キロメートルと見積もり、ギシュラーは一九七六年のユネスコの報告書で六万立方キロメートルと報告している。[6] これに対して、トアヴァイへとハインルは前者二人よりもはるかに多く、二〇〇二年に出版した著書でヌビア砂岩帯水層の地下水総量をナイル川の年間流水量の一八〇〇年分に相当する一五万立方キロメートルと推計した。[7] 更に前述の「ヌビア砂岩帯水層研究・開発共同機関」の推計では三七万二九五〇立方キロメートルとある。[8] つまり、限界がどこにあるのか明確な科学的な答えはないのである。

二十世紀前半まで―水を基盤に構築された社会

話をダハラ・オアシスのラシュダ村に移そう。エジプトの西部砂漠にはハルガ、バハリーヤ、ファラフラ、シワ、そしてダハラという五つのオアシス群が点在している（地図①参照）。そのなかで、ダハラ・オアシスは最も人口規模が大きいオアシスである。東西に長く八〇キロメートルほどで、そのなかにいくつもの小さな窪地が存在し、それぞれがオアシスを形成しており、人々が生活を営んでいる。

ダハラ・オアシスの歴史は古く、三〇万年以上前に人々が住んでいた痕跡が残されている。この地域が湿潤気候下にあった時代は、ムザワカ石墓遺跡に残された動物や船が描かれた古代の壁画からわかるように湧水群や湖のある水豊かな環境であった。ところが、紀元前六万年以後の気候変動にともなって水は枯渇していった。そこで水を求めて人々はナイル川に移動し、残った人々がダハラ・オアシスの先住者になったとされている。

ダハラ・オアシスにある村の一つが、ラシュダ村である。乾燥地では、村の歴史は水と密接な関係がある。この村の場合、十九世紀後半に、当時の有力な村であったカラムーン村から一部の人々が移住したことに村の歴史が始まっている。ラシュダ村ができる以前、その地域にはいくつかの井戸があり、そこから取水される水によってカラムーン村の人々が耕作する農地があった。現在のラシュダ村の旧市街は小高い丘にあるが、その一角はかつてカラムーン村の農民が農作業の合間に休む休憩所であった。彼らが井戸と耕地のそばに住むために移住したのであろう。

十九世紀末当時、ラシュダ村民の生活は地下水に依存していたが、それは決して安定していたものではなかったと考えられる。当時の井戸は深さ一二〇メートル以下の浅井戸で、三〇―四〇年程度の短命の寿命だったからである。しばしば、井戸は、地下水位の低下だけでなく、地下水流の変化や、井戸壁の崩壊などの経年劣化により、一定の期間で使用できなくなった。このため、井戸の寿命が尽きたら、代替する井戸を掘削することが繰り返されてきた。

例えば、二十世紀初頭に、井戸の枯渇が問題となっていたことを一九三七年の村の文書が記録している。この文書は、一八八三年、一九〇七年、一九三七年の村にある井戸の水量を比較した表で、村長が井戸掘削の許可を得るために作成したものと思われる。この文書によれば、一八八三年の時点では一六の井戸があり、一日当たり揚水総量は一四六キラートだった[9]。ところが、一九〇七年には八五キラートに、一九三七年には六二キラートにまで減少し、一六のうちの五つの井戸が枯渇した。一方で一八八三年に九〇〇人だった人口は一九〇七年には一五〇〇人に増えたことが記されている。井戸が枯渇すれば新しい井戸を掘ることを繰り返し、農民は人口に応じた水需要に対処していったのである。

井戸の掘削・維持は村人の共同でなされた。井戸は、村人が資金と労働力を持ち寄って、井戸掘りの技術を持った職人（ナッガリーン）が掘削した。そして、提供した資金や労働力、技術に応じて、水の持分が取り決められた。その最大の持分を持っていたのは村長であった。水の持分は土地の所有権と密接に結び付いており、村長は村の耕地の八〇％を所有していた。しかしながら水と土地の利用は、多くの場合、農民との共同でなされた。村で最も裕福で政治的に権力を持つ村長が資源を多く有していたとはいえ、資金と技術が限られた状況下では、水と土地は労働力を提供する農民と共同利用する必要があったからである。

二十世紀後半以後―水を制御する社会

一九六〇年前後、村に大きな転機がやってきた。一九五八年に西部砂漠で始まった先述の「ニュー・バレー」プロジェクトである。これは地下水開発により一万二六〇〇平方キロメートルの砂漠を開墾し、ナイル峡谷から四〇〇万人の人口移住を目指すものであった。同時に、この事業は一九五二年革命後の社会主義的な路線の下で進められた農地改革の一環でもあり、農村総合開発も目的としていた。そのため、砂漠地の新規開拓だけでなく、古くからある村も開発の対象となった。ラシュダ村においても、村の耕地の間にあった砂地や周辺の砂漠地に井戸が掘削されて灌漑水路が敷かれ、開墾された耕地が土地なし農民に与えられた。このような灌漑区域は、ラシュダ村では三つある。政府が開発プロジェクトの一環として掘削したこうした井戸は「政府井戸」と呼ばれ、その灌漑耕地では、灌漑省の指導下で厳格な水管理が義務付けられている。

一九七〇年代半ば以降、大規模な農村開発事業はラシュダ村では行われていない。サダト大統領の経済自由化路線の下では、民間企業や投資家による地下水開発と開墾が主流だったからである。一九九〇年代以降のムバーラク政権下も同様で、砂漠緑化のための「トシュカ計画」や先述の東ウェイナートなど、軍や国有企業、民間大投資家や湾岸諸国の富裕層によるメガプロジェクトが中心だった。

経済自由化の流れのなかで、ラシュダ村では、一九九〇年代半ば以降に小口「投資家」が浅井戸掘削と砂漠地開墾の担い手になった。投資家といっても、その多くは公務員や農外自営業者など比較的に裕福な村民である。一九九五年から灌漑省の許可を得て個人が深さ三〇〇メートル以下の井戸を掘削できるようになり、彼らが共同出資して「投資井戸」や「表面泉」と呼ばれる浅井戸を村の周辺の砂漠地で掘削した。こうした小規模な井戸は、一九九〇年代後半から増えていった（扉地図を参照）。

「ヌビア砂岩帯水層と技術の進歩」で述べたように、地下水の垂直的、水平的な開発を支えたのは大深度井戸掘削機やポンプの技術開発であった。近代灌漑工学の発達はナイル川の人為的な制御を可能にしたように、地下水の大量揚水を可能にし、水不足の克服に貢献してきた。しかし、地下水開発が進めば、当然ながら、深井戸であれ浅井戸であれ、地下水を大量に汲み上げることになり、地下水位は低下する。

自然の圧力を受けて湧き上がる自噴井の消滅は、地下水位の低下を物語っている。ある村人によれば、彼が子どもだった頃、つまり一九八〇年代半ばまで深井戸の多くは自噴井であったという。水の勢いがとても強いので、自噴水を動力に利用して製粉機を動かすことができたくらいだったそうである。しかし現在、人間がポンプで汲み上げないと取水できない。

こうして、一九六〇年代までの井戸の多くは深度八〇〇メートル以下であったが、地下水位の低下とともに井戸は次第により深く掘られるようになった。筆者が共同研究を行っている第三灌漑区域の「政府井戸」の場合、一九五九年に最初に掘削された深井戸は深度五〇〇メートルであったが、徐々に地下水位が低下して一九九五年には完全に枯渇してしまった。代わりに一九八一年に掘削された井戸は深度八三一メートル、二〇〇四年に掘削された井戸になると深度一〇四六メートルにまで達する[10]。

更には塩分集積や排水の問題という、いわば人間が作り出した乾燥地農業特有の環境問題も顕在化するようになった。ラシュダ村の南西には、巨大な人造塩湖がある。乾燥地域で灌漑を行う場合、強い日差しで水分が蒸発し、結果として塩分が濃縮されて土壌表面に蓄積される。塩分の蓄積を防がないと、土壌の透水性が低くなるため、排水不良による作物の根腐れが発生し、農作物などに大きな被害を与える可能性がある。そこで、水で塩分を洗い流すリーチングと呼ばれる除塩作業が必要となる。この水が窪地に貯まって成長したのが巨大な人造塩湖である。

環境問題の根底にあるもの

最初にも述べたように、筆者を含めた社会科学者と自然科学者は水利用・管理についての学際的な調査をラシュダ村で協働して実施してきた。その一環として、二〇一六年九月には、村人との意見交換会をラシュダ村で開催した。調査結果を報告するとともに、村人たちの水利用・管理に関する不満とその改善策についての意見を聞きたかったからである。しかし我々は村人が水の枯渇に危機感を抱いていると予想していたが、その予想に反して、村役場長や地元の灌漑局役人のみならず参加した農民もほぼ全員が楽観的であり、水が減ればより深く掘ればよく、地下水量は膨大なので当分は大丈夫だと考えていた。こうして、意見交換会を通して、また自然科学者との共同研究の過程で、研究者と村人或いは自然科学者と人文社会科学者の間で水利用をめぐっての大きな見解の相違が明らかになってきた。それは、環境問題に必ずと言っていいほど付随する、技術中心主義と生態系中心主義の対立である。

二十世紀後半において、人類はかつてないほどの莫大な地下水を汲み上げることができるようになった。その結果生じた地下水位の低下という問題に対して、技術中心主義者は、深い井戸を掘るという技術的対応によって解決可能であるという立場をとる。また市場中心主義者は、資源が枯渇していくと市場原理によって需要が無理にでも抑制される、と答えるであろう。これに対して、生態系中心主義者は、多数者が利用できる共有資源が乱獲されることによって資源の枯渇を招いてしまうという「コモンズの悲劇」を危惧し、有限な資源である水の保全を優先するべきだという立場をとる。

この意見の対立の背景には、次の二つの自然科学的並びに社会科学的な問題がある。自然科学的な問題とは、地下水が有限資源であるとはいえ、目にみえず、どこまで地下水位が低下したら枯渇と言えるのかについて、明確な定義や説明がないことである。地下水はみえない複雑な地下の貯水池にあり、同じ帯水層であっても場所によって水の動きは異なる。とりわけ複雑であるのが本章で取り上げたヌビア砂岩帯水層である。

一方、社会科学的な問題とは、人間の不確実な将来に対する認識の問題である。つまり、因果関係が明らかでない時に人間は不確実な将来に対して楽観的にもなれるし、悲観的にもなれる。その判断の最も重要な基準は、水の供給に伴う経済的な費用を短期、中期、長期のどのタイムスパンで考えるかである。たとえ村人が遠い先に「悲劇」が待ち受けていると認識していても、短期的な必要に目を奪われるならば、社会全体が将来の困難を回避するために費用を分担し、負担することに合意を得ることは極めて難しい。

先に述べた技術中心主義においても不確実性の克服は命題だが、それは不確実なものを除外してできるだけ不確実性を縮小することであった。しかし、東日本大震災の経験が例示するように、現在の科学で不確実性を完全に無くすことはできないだろう。不確実性を前提条件に組み込んだ水利用の新しい仕組みが必要である。それは技術との付き合い方、市場経済社会のあり方をも問い直すことになる。そのような困難な試みが二十一世紀の環境問題の根底にあると考えられる。

【注】

（1）Hiroshi Kato and Erina Iwasaki, *Rashda: The Birth and Growth of an Egyptian Oasis Village* (Leiden & Boston: Brill, 2016) を参照。本章はこの研究成果をもとにしている。

（2）日本地質学会・井田徹治『見えない巨大水脈—地下水の科学』（講談社、二〇〇九年）、一四八—四九頁

（3）H. J. Llewellyn Beadnell, *An Egyptian Oasis: An Account of the Oasis of Kharga in the Libyan Desert, with Special Reference to Its History, Physical Geography, and Water Supply* (London: John Murray,

1909), pp. 196-97.

(4) Frank Eldridge Clarke, *The Corrosive Well Waters of Egypt's Western Desert*, Geological Survey Water-Supply Paper 1757-O, Prepared in Cooperation with the Arab Republic of Egypt, under the Auspices of the United States Agency for International Development (Washington, D.C.: United States Government Printing Office, 1979).

(5) 山田中正「国際レベルの越境地下水の管理のあり方—国連国際法委員会からの提言」日本水文科学会誌、第四〇巻、第三号、二〇一〇年、七四頁

(6) R. P. Ambroggi, "Water under the Sahara," *Scientific American* 214 (1966): pp. 21-29；C. E Gischler, *Present and Future Trends in Water Resources Development in Arab Countries* (Cairo: UNESCO Report, 1976).

(7) Ulf Thorweihe, and Manfed Heinl, *Groundwater Resources of the Nubian Aquifer System NE Africa* (Modified synthesis submitted to Observatoire du Sahara et du Sahel (OSS, Paris) 1998: Aquifers of Major Basins - Non Renewable Water Resource of the Nubian Aquifer System).

(8) Centre for Environment and Development for the Arab Region and Europe (CEDARE)/International Fund for Agricultural Development (IFAD), *Programme for the Development of a Regional Strategy for the Utilization of the Nubian Sandstone Aquifer System* (Cairo: CEDARE, 2002).

（9）一キラート（qirat）は地元の水量の単位で、現在は一〇〇立方メートルに相当する。村人によれば、二十世紀初頭における一キラートは二〇〇立方メートルに相当したとも考えられる。
（10）Hiroshi Kato and Erina Iwasaki, pp. 246-47.

◎文献案内

○地下水一般に関しては、
・阿部健一「それぞれの水問題」秋道智彌・小松和彦・中村康夫編『水と環境（人と水1）』（勉誠出版、二〇一〇年）、三〇五―三二二頁
・榧根勇『地下水と地形の科学―水文学入門』（講談社学術文庫、二〇一三年）
・高橋裕『地球の水が危ない』（岩波新書、二〇〇三年）
・日本地質学会／井田徹治『見えない巨大水脈―地下水の科学』（講談社、二〇〇九年）、一四八―四九頁
○エジプトの地下水やヌビア砂岩帯水層に関しては、
・新藤静夫「ヌビア砂岩帯水層をめぐって（1）」「ヌビア砂岩帯水層をめぐって（2）」（地盤環境エンジニアリング（株）ホームページ http://www.jkeng.co.jp 二〇一二年）

・Bonnie M Sampsell, *The Geology of Egypt: A Traveller's Handbook* (Cairo: American University of Cairo Press, Revised Edition, 2013).

○エジプトの環境と人間の関係に関しては、

・加藤博『ナイル―地域をつむぐ川（世界史の鏡　地域7）』（刀水書房、二〇一〇年）

・長沢栄治「生命の絆を結ぶ大河―ナイル川とエジプト」鈴木恵美編『現代エジプトを知るための60章』（明石書店、二〇一二年）、三四―三八頁

○エジプトの西部砂漠（リビア砂漠）や砂漠開発に関しては、

・Hiroshi Kato and Erina Iwasaki, *Rashda: The Birth and Growth of an Egyptian Oasis Village* (Leiden & Boston: Brill, 2016).

・竹村和朗『ムバーラクのピラミッド――エジプトの大規模沙漠開発「トシュカ計画」の論理（ブックレット《アジアを学ぼう》別巻）』（風響社、二〇一四年）

・Cassandra Vivian, *The Western Desert of Egypt* (Cairo: The American University in Cairo Press, Revised Edition, 2004).

・David Sims, *Egypt's Desert Dreams, Development or Disaster?* (Cairo: The American University in Cairo Press, 2014).

Q ディスカッション・クエスチョン

① 本章では水と人の付き合い方をテーマにしましたが、自然と人間の関係が技術の進歩とともにどう変遷してきたかを考えてみましょう。

② 有限資源を可能なかぎり人間が長く使い続けるためにはどんな方法があるでしょうか。

第二部

脱西欧の
グローバル・ヒストリー

第五章

なぜワインはヨーロッパなのか?

—グローバル・ヒストリーの可能性を考える

野澤丈二

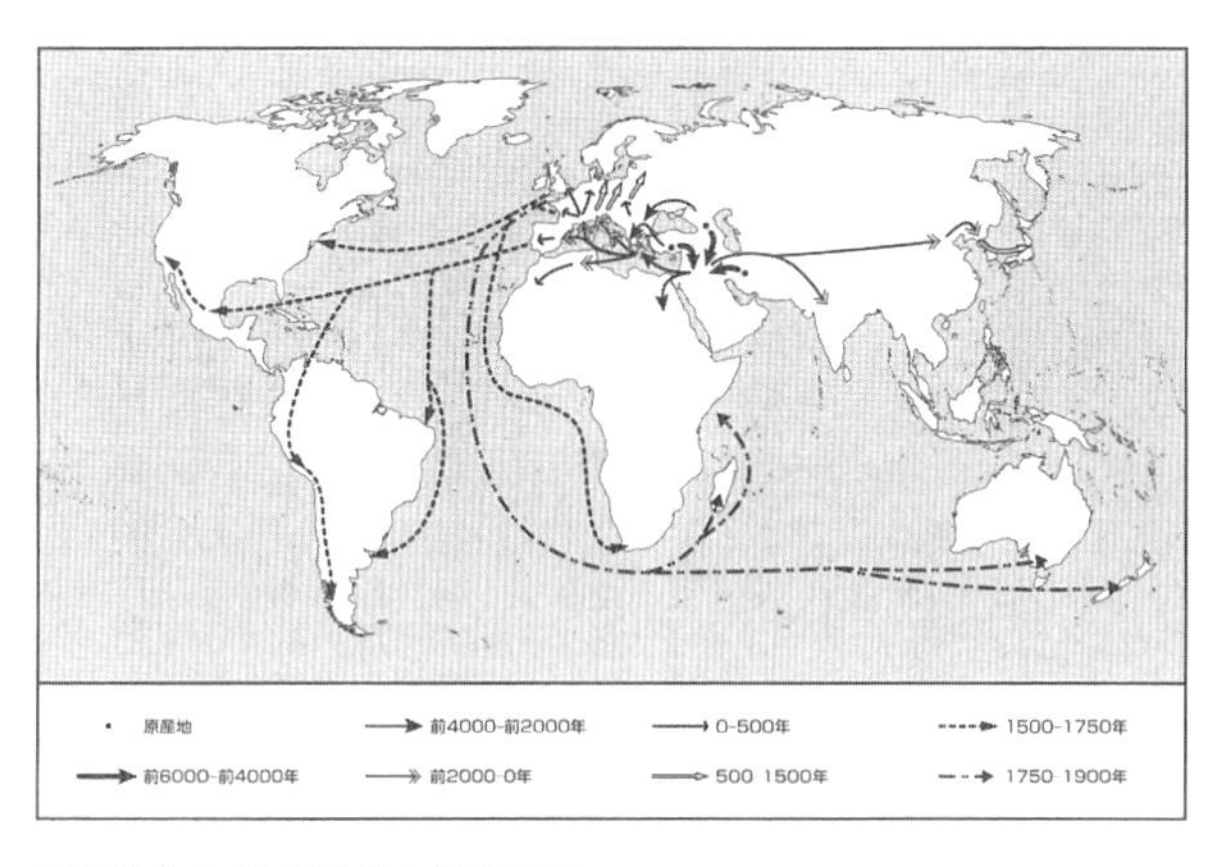

原産地から見たブドウの広がり

出典：ジャン＝ロベール・ピット『ワインの世界史—海を渡ったワインの秘密』（原書房、2012年）、７頁

ヨーロッパ原産ではない

なぜワインはヨーロッパ的な飲料になったのだろうか。「ヨーロッパ的」としたのには理由がある。ワインはそもそもヨーロッパ原産ではないからだ。ではなぜ、ワインはヨーロッパを代表する商品として普及し、消費され、イメージされてきたのだろうか。本章では、ワインがもつヨーロッパ的な性格とその歴史的な背景について考えてみたい。今日地球上の多くの地域で生産され消費されているワインは、グローバル・ヒストリーの恰好の題材でありながら、従来の歴史学同様、専らヨーロッパを中心に描かれてきた飲料でもある。

考古学上の発掘調査によれば、ブドウの原産地は、西アジアにあると考えられている。黒海とカスピ海に挟まれた地域、コーカサス山脈の南、今日のジョージア（グルジア）に含まれる地域である。そこではワイン造りを目的としたブドウ品種の栽培や土器を使用した醸造は、遅くとも約六千年前に始まっていた。

西アジアに端を発するブドウ栽培やワイン醸造は、その後、東西の二つの方向に広がった。西方では、地中海及びその南北の沿岸部に沿って広がり、やがて西ヨーロッパへと抜けていく。東方では、イラン高原から今日のインド北部へと抜け、いわゆるシルクロードとして知られているルートを伝って中国にまで辿り着く。一説には、「ブドウ」の語源もペルシア語にあるという。ブドウを発酵させてできるワインがその後、海を渡って日本にまで到達したかは定かではない。だが、果実や文様としてのブドウは確かに伝わっている。例えば、正倉院には奈良時代から伝わる葡萄唐草文の染織品などが残されている。

古代ギリシア・ローマの発展や拡大は、地中海沿岸にブドウやオリーブの栽培地が広がっていく過程でもあった。ギリシアではディオニュソスが、ローマではバッカスが、それぞれ守り神となってワインの大衆への浸透を促した。絵画や彫刻など、西洋の芸術作品のなかでも繰り返し扱われてきたモチーフである。

現代の状況からは想像しにくいが、ワインはヨーロッパにおいても、かつては東方からもたらされる贅沢な飲み物だった。アンフォラ（陶製の瓶かめ）一杯のワインと奴隷一人が交換されることさえあった。現在ではその土地の名前が赤ワインの代名詞にもなっているフランス・ボルドーのような地域でも、当時はワインではなく専らビールが飲まれていたのだ。カエサルの『ガリア戦記』には、ボルドーを含むアキテーヌ地方一帯が登場するが、そこにはブドウ栽培やワイン醸造に関する記述は見当たらない。今日銘醸地として知られるフランス南西部でブドウ栽培が始まったのは紀元前後のことであり、歴史的な時間軸で言えば、フランスにおけるワイン造りの開始は日本における稲作開始よりもずっと後だということになる。ヨーロッパにおいて独自のワイン生産が始まるまでは、ワインは大きな河川を利用して地中海から運ばれていた。船は重たくて嵩張る品物を運ぶにはうってつけの輸送手段だったからだ。こうしてフランスの名高いワイン産地の多くも大きな河川沿いに発達していくことになった。

しかし、よくよく考えてみれば、ワインに限らず、ヨーロッパ文明の基底をなす物質文化の多くが、東方から伝播している。ヨーロッパの食文化と密接に結び付いているコーヒーも、十三世紀以降にアラビア半島で発展した飲み物だ。あえてワインとの関連で言うならば、蒸留する技術（アランビック）もイスラーム世界から伝えられた。その技術をワインという醸造酒に応用することを思いついたのが、十七世紀のオランダ商人だった。ブランデーはオランダ語で「燃やしたワイン」を意味し、日持ちのしない白ワインに付加価値をつけて高価で売りさばくという画期的なマーケティング戦略の産物だった。同じ時代に日本にも交易拠点をもっていたオランダ人が、平戸や出島でブランデーを飲んでいたのは、偶然ではない。

前置きが若干長くなってしまったが、本章では、三つの観点からワインのもつヨーロッパ的な性格について検討していく。まず、ワインとキリスト教の繋がりについて考える。次に、十五世紀以降のヨーロッパ世界の拡大とワイン文化の広がりについて検討する。最後に、歴史学という分野のなかでワインがこれまでどのように扱われてきたのかを簡単に整理する。更に、以上の歴史的な考察に加えて、ワインの生産や消費の現状を統計からも分析し、世界のワイン市場におけるヨーロッパの位置についてより客観的に評価する。

ヨーロッパ原産ではないワインは、歴史のなかでいかにしてヨーロッパ的な性格を帯びるようになったのだろうか。そして、様々な要因を踏まえた時、ワインは今後もヨーロッパ的な飲料であり続けるのだろうか。長期的な展望を提示するとともに、いかにヨーロッパという枠組みから脱して、グローバルな視点からワインの歴史を書くことができるのかという具体的な可能性も探る。

キリストの血として

なぜワインがヨーロッパ的なのか、という問いに対する、恐らく最も説得力のある答えの一つが、キリスト教との結び付きだろう。過去五〇〇年の間、世界を優位な形で牽引してきたヨーロッパ世界の精神的な支柱となってきたのがキリスト教であり、ワインとパンはイエス・キリストの血と肉を象徴している。カトリックであれ、ギリシア正教であれ、プロテスタントであれ、いわゆる聖体拝領におけるワインの重要性に変わりはない。宗教儀礼における重要性が、ヨーロッパとワインを不可分なものにした。

ではなぜ、キリスト教においてワインが重要な役割を担うことになったのだろうか。そこには少なくとも二つの理由が考えられる。一つには、ユダヤ教以来の伝統がある。キリスト教はユダヤ教から生まれた宗教であり、ユダヤ教のなかに既にワインが存在した。元来、人間を酩酊状態へと誘うアルコール飲料は宗教と結び付きやすい。神に近づくための手段と考えられるからだ。実際、イスラームの歴史のなかにも、ワインを嗜む文化をそこここに認めることができる。

もう一方で、ユダヤ教やキリスト教が生まれた土地がワインの原産地に近いという、自然・地理的条件もある。それは日本の神事において、米から造られた酒が伝統的に重要な役割を果たしてきたことに似ているかもしれない。ブドウやワインに関する記述が新約聖書全体に散見されるのは、福音を宣教した土地土地の日常にブドウやワインが溢れていたことを意味する。そうした身近な果実や飲料を一つのメタファーとして、キリストがその教えを伝えようとしたのは極めて自然なことだったのだろう。例えば、「新しいワインは、新しい皮袋に」という格言がある。新しいワインとはキリスト教であり、ユダヤ教という古い革袋にはもはや収まりきらないというのが暗黙のメッセージだった。

それにしても、キリスト教が広がった地域が、ブドウの栽培に適している土地だったのは偶然なのか。それともブドウの栽培やワインの醸造が可能だった地域に、キリスト教は急速に広まったという仮説が成り立つのだろうか。ともあれ、ワインを嗜むローマやキリスト教の文化圏が地中海を抜けてヨーロッパ大陸を北上するにつれて、ブドウやワインの産地も広がっていった。

ローマ帝国が五世紀に崩壊した後、長い中世の時代を通してワインの文化を守ることに貢献したのは、司教区と修道院だった。当初、ミサに出席する信者全てにパンとワインの聖体拝領が行われていた。時代とともにその頻度は徐々に減る傾向にあったが、司教区では常に相応量のワインが必要とされた。司教座が置かれた土地でブドウ栽培やワイン造りが発展したことは言うまでもない。だが、場合によっては、ブドウ栽培に適した土地に司教座が置かれることもあった。フランスにおけるワイン史の先駆者であるロジェ・ディオンは言う。「ローマ帝国の滅亡直後、新たに司教都市を設けるのに適した場所を選ばねばならないという問題が持ち上がった。その際に周囲の土地が良いワインを生む条件を備えているかどうかということが、決定を大きく左右したであろうことは疑う余地のないことである」[1]。その最たる例が、現在、ブルゴーニュの首都ディジョンの南に広がる一帯であるコート・ドール（黄金の丘陵地）と呼ばれる、フランスでも屈指のブドウ畑が連なる地域だ。

司教区と同様、修道院もまた中世ヨーロッパにおけるワイン文化の存続や発展に大きな役割を果たした。信者たちの礼拝所だけではなく、宿屋としての機能もあった修道院では、旅人に振る舞うワインを常に必要とした。ヨーロッパにおけるブドウ栽培可能地域の北限を押し上げたのも、修道士たちの技術革新によるところが大きい。彼らは、本来ブドウ栽培に適さない土地での栽培法や品種の改良を根気よく続けた。そもそも修道士とアルコール飲料というのは歴史的に相性がいい。一説には発泡酒を発明したのも修道士であり、ウィスキーをはじめとする様々な蒸留酒が最初に製造されたのも修道院だったようだ。ワインは限りなく神聖でありながら極めて世俗的な性格をもち、宗教的な飲料からやがて商業的な飲料となって消費を拡大させていく。教会から特権階級である貴族へと広がったワインは、そのうち新興の商人層にも嗜まれるようになり、ついには一般大衆にも広がっていった。

ヨーロッパ世界の拡大とともに

では世界的にもワインがヨーロッパを象徴する飲料となったのはなぜだろうか。それは、他の地域に先駆けて地球上に展開したのがヨーロッパの人々であり、その行く先々にワインを持ち込んだからである。ヨーロッパ世界と接触するまでワインを知らなかった地域においては、その傾向は更に強い。鉄砲伝来やキリスト教と同じ時期にワインがもたらされた日本は、その典型的な例かもしれない。

十五世紀末のコロンブスによる西インド諸島到達（一四九二年）やヴァスコ・ダ・ガマによるインド航路の発見（一四九八年）に象徴される一連の出来事を手始めに、ヨーロッパ世界は海路で地球上の隅々にまで張り出していく。世界の一体化の歴史を考える時、その発端がヨーロッパだったという事実は大きい。しばしば混同されることだが、これはヨーロッパ中心に歴史を考えるということではない。歴史のある時点で、ヨーロッパの船が世界の海に進出したのであって、例えば、アジアからの船団が地中海やヨーロッパの大西洋沿岸に現れた訳ではなかった。ヨーロッパ世界の商業的・宗教的な拡大とともに、ヨーロッパに根付いていたワイン文化も世界に広がっていったのだ。二十世紀を代表するフランスの歴史家、フェルナン・ブローデルが指摘したとおり、まさに「ぶどう酒はヨーロッパ人に付き添ってヨーロッパの外へ出ていった[2]」のである。

ヨーロッパのなかでも先陣を切ったのが、イベリア半島にあるスペインとポルトガルだった。二つの国をワインのグローバル化という観点から比べてみると、極めて対照的な特徴に気付く。端的に言えば、生産のグローバル化と消費のグローバル化の違いである。一四九四年に定められたトルデシリャス条約により、スペインとポルトガルの活動範囲はおおむねラテンアメリカとアフリカ西岸・アジア海域にそれぞれ分けられた。ヨーロッパからみて大西洋の向こう側に広がっていたアメリカ大陸では現地でのブドウ栽培とワイン生産がすぐに始まった。それは領土的な支配を前提としたスペイン帝国のイメージとも重なる。中世のヨーロッパと同じように、布教に従事していた修道士たちによって開墾が始まり、積極的に進められた。ヨーロッパの海外進出において宗教的な動機、つまりキリスト教の布教意欲がどれほどの役割を果たしたのかは定かではないが、少なくともワインの世界的な普及にとっては決定的な役割を果たした。更に、宗教的な必要性からアメリカ大陸に広がったワイン文化は、やがて世俗的、娯楽的な飲み物へと変化していくが、これはヨーロッパにおいてワインが辿った大衆化の道とも重なる。

他方、ポルトガルが進出したアジア海域においては、ヨーロッパから運ばれるワインは緩やかに流通するに留まった。アメリカ大陸におけるスペインのワインが面での広がりだとすれば、アジアにおけるポルトガルのワインは線での広がりだったとイメージできる。日本で布教を行ったイエズス会の宣教師が残した記録にも、ワインやブドウが頻繁に登場する。現地で布教活動にあたる宣教師たちがマカオ、ゴア、ローマなどに送る書簡のなかで繰り返しリクエス

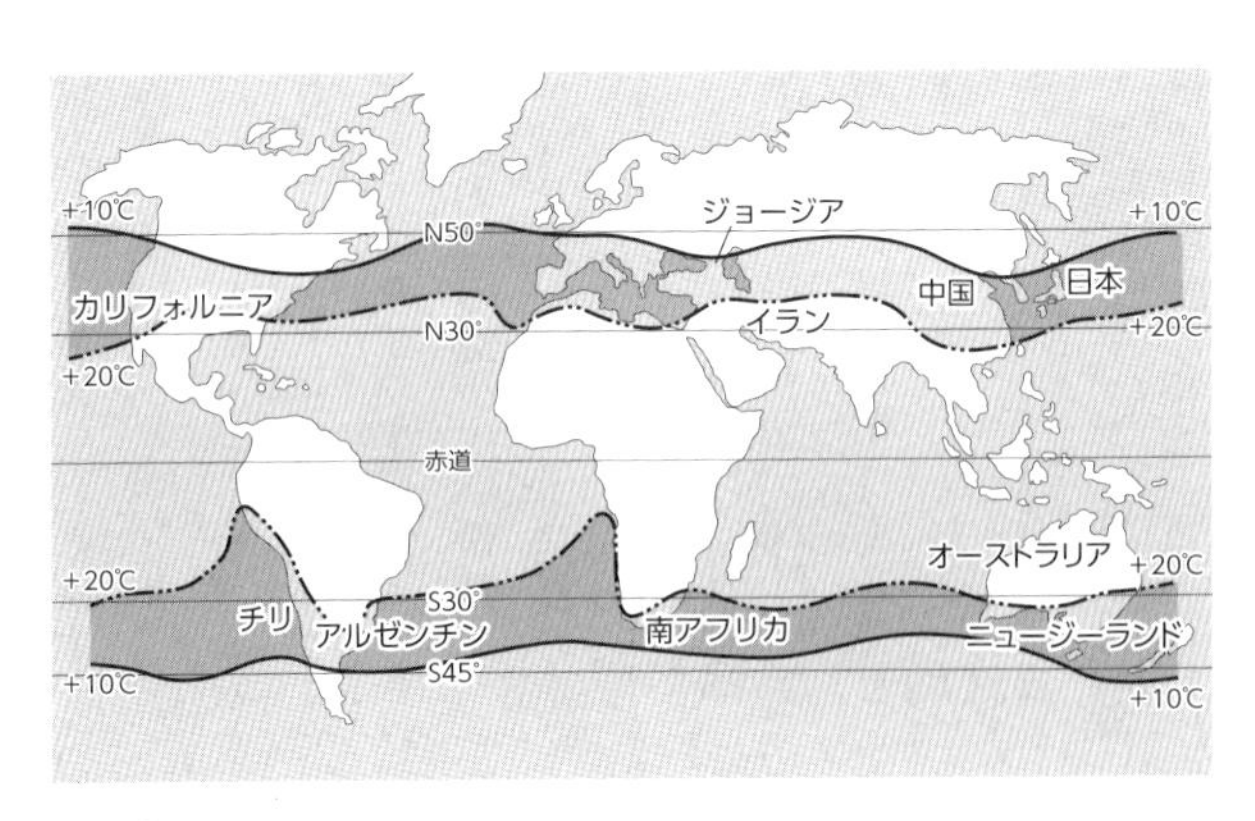

地図①　ワイン・ベルト

出所：François Legouy et Sylvaine Boulanger, *Atlas de la vigne et du vin* (Paris, Armand Colin, 2015), p. 45をもとに作成

トしていたからだ。日本の野生種のブドウを使ってミサ用のワインを造る試みもわずかにあったようだが、質的にも量的にも極東での宣教活動を支えるほどではなかった。「ブドウ畑」という表現は、新しい布教の可能性がある土地のメタファーとしても使われた。新約聖書に描かれている福音の世界さながらである。これから改宗するかもしれない日本人は、摘み取ることができる豊かなブドウに喩えられた。仮に、日本におけるワインが世界の他の地域と比べてよりヨーロッパ的なイメージを強く帯びているとすれば、それはまさにこうした歴史的な経緯も大きく関係しているのではないだろうか。

　スペインとポルトガルの世界進出に伴うワインのグローバル化の違い、つまり生産面と消費面の拡大という差異は、気候条件によっても説明ができる。一般にワイン・ベルトと呼ばれる世界地図（地図①）を眺めてみると、スペインが版図を拡大した地域にはブドウ栽培が可能な場所が多く含まれ、ポルトガルが進出した地域ではブドウ栽培が可能な場所が極めて限られていた。ラテンアメリカにはチリやアルゼンチンなど今日でも世界的に有名な産地が含まれるが、アジアのワイン生産地と言われてもすぐには思いつかない。かつて「東インド」と呼ばれた地域における数少ない例外が、一六五二年にオランダ人が入植しワインの生産を始めた現在の南アフリカや、ワイン発祥の地にも近いイラン（ペルシア）である。更に十八世紀末から十九世紀にかけて、イギリス人がオーストラリアやニュージーランドでワイン造りを始めている。[3]

スペインやポルトガルに続いて世界の海に進出したのは、オランダやイギリスなどの非カトリック圏のヨーロッパだった。大西洋においてもアジアの海においても活動していた両国は、やはり大量のワインを必要とした。しかし、カトリックの国ほど布教には積極的ではなかった国々が、なぜワインをそれほど必要としたのだろうか。ここでは十七世紀のオランダを例に考えてみたい。

第一に、ワインは長距離航海において日持ちのする飲料だったという点が挙げられる。とりわけ十五世紀末以降、少なくとも十七世紀の半ばにブランデーなどの蒸留酒が開発されるまでは、ワインは長期保存が効く唯一の飲料だった。アジアに向けて出航したオランダ東インド会社の船の場合、ワイン以外の飲料ももちろん積んではいたが、会社の規定により、傷みやすいものから順に消費していくことが細かく決められていた。オランダの港を離れてしばらくは水を積極的に消費し、その後はビールに移る。ビールがいよいよ異臭を放ち始めると、ようやくワインの出番となる。長期に及ぶ無寄港の航海では、時間が経てば経つほど日常的に摂取するアルコールの濃度が高くなったのである。

またワインは、ヨーロッパの大西洋沿岸における伝統的な交易のなかでは、バラストとしても重要な役割を果たしてきた。バラストとは船底に積む重しのことであり、とりわけ風を受けて帆走する場合には、重量を増やすことによって喫水を上げ、重心を下げて船の復元力を強くし安定させたのである。ヨーロッパ産品の需要がほとんどなかったアジア向けの航海においては、南米で産出した貴金属類を除けば、ワインは理想的な底荷の一つだったと言える。

既に十七世紀の時点においても、アジア各地に各国東インド会社の拠点やヨーロッパ出身者のコミュニティが数多く存在していた。オランダ東インド会社一つだけを例にとっても、十七世紀だけで約三〇万人をアジアに送っている。一時的に滞在する者、すぐに本国に帰還する者、また現地に腰を落ち着ける者など、その後の選択は様々だったが、いずれにしてもヨーロッパにおいて大衆化しつつあったワインへの需要が、遠く離れた東インドでも高かった。祖国で慣れ親しんだ味は郷愁を癒してくれたであろう。また、高温湿潤な異国の地でアルコールに溺れる者も決して少なくなかった。現代で言うアルコール依存症という現象は、東インドに滞在するヨーロッパ出身者の間では早くから社会問題になっていた。十六世紀の宗教改革以降、禁酒という考え方を少しずつ推し進めてきたアングロ・サクソン的な国において大量のワインが必要とされ、本国から遠く離れたアジアの地において過度な摂取が問題になっていたのは、何とも皮肉である。

歴史学のなかのワイン

ワインにヨーロッパ的なイメージがあるとすれば、それは歴史学という学問分野がヨーロッパを軸に発展してきたこととも強く関係している。いわゆるヨーロッパ中心史観と呼ばれる傾向である。とりわけ近代歴史学は十九世紀のヨーロッパにおいて、国民国家という枠組みがいよいよはっきりと形成されつつあった時代に、それぞれの国が過去に遡ってその正当性を一つのストーリーとして描こうとしたことに始まる。ヨーロッパ社会と密接な繋がりをもってきたワインは、それぞれの国の歴史のなかでも一定の役割を担ってきた。西アジアに端を発するワインは西にも東にも伝播したはずだが、歴史学のなかで割かれた文字量という点から考えると、地中海を舞台にギリシア・ローマを抜けてヨーロッパにまで広がったワインに関する研究や著作が圧倒的に多い。いわゆる「ワインの来た道」というような歴史の筋書きは、西アジアから出発してヨーロッパが一つの終着点として描かれる。確かに、南北アメリカ、南アフリカ、オーストラリア、ニュージーランドなどにおけるワインの歴史についても多くが書かれているが、それはあくまでもヨーロッパ的なブドウ栽培やワイン造りの海外伝播の歴史でしかない。ヨーロッパに伝わったワインとは全く異なる文脈で東に広がったワインについては、あまり知られていない。恐らく伝播した先々の言語で書かれたワインの歴史が存在するのかもしれないが、少なくとも英語やフランス語といった世界言語で公表されている成果は少ないのが実状だ。これまでのワインの歴史認識はやや偏っていると言えるだろう。

そのヨーロッパのなかでも、ワインの歴史は生産地に偏して書かれてきた。一国の経済発展に直接寄与したような農業生産物であれば、その国の歴史の一部として語るに値するからだ。つまり、ワインは、イタリア、スペイン、ポルトガル、フランスのような、大雑把にくくればラテン語を基盤とするような言語をもつ南ヨーロッパの国々の歴史において頻繁に扱われ、同じヨーロッパでも北上するにつれて、その歴史的な重要性は薄れていく。例えば、近世フランスのボルドーを舞台としたワインの歴史については、膨大な研究の蓄積がある。だが、その主な関心は、フランス南西部に広がるブドウ畑からボルドーの港で船積みされるまでが対象で、その後の流通経路や最終的な消費地・消費者・消費傾向などについては、あまり関心が払われてこなかった。更に、フランス産ワインのフランス国内での生産・流通・消費についてはフランス人研究者が主に調査し、国外流通や消費については外国人研究者が担うというような暗黙の分業体制すら見受けられる。我々がワインにもつ地理的なイメージも、生産地にかなり限定されているのである。

生産と消費の現状

現実の生産や消費の規模から考えても、現代におけるワインはヨーロッパ中心だと言える。フランス・パリに本部を置くＯＩＶ（国際ぶどう・ぶどう酒機構）が毎年公表している統計によれば、二〇一六年に世界全体で二億五九〇〇万ヘクトリットルのワインが生産されたと推定される[4]。そのうちの約半分はイタリア（四八八〇万ヘクトリットル）、フランス（四一九〇万ヘクトリットル）、スペイン（三七八〇万ヘクトリットル）という、ヨーロッパのなかでも地中海を囲む伝統的な三つのワイン生産国で占められている。ここにドイツやポルトガルを加えると、計算上は、世界で流通しているワインの二本に一本は少なくともヨーロッパのワインだということになる。更に、生産量で上位一〇ヵ国のうち九ヵ国までがヨーロッパかヨーロッパの旧植民地で占められている。唯一の例外は、六位の中国である。二〇一六年、中国のワイン生産量は一一五〇万ヘクトリットルと推定され、これはヨーロッパで四番目の生産量のドイツ（八四〇万ヘクトリットル）を上回り、世界全体でみると、ちょうど南アフリカ（九一〇万ヘクトリットル）とオーストラリア（一二五〇万ヘクトリットル）の間に位置している。

生産量に関してはヨーロッパが依然として上位を独占している一方で、消費量に目を向けると、既に二〇一一年には世界全体に占めるシェアでアメリカが第一位（一三・二％）となり、二位のフランス（一一・二％）、三位のイタリア（九・四％）を年々引き離している。ここにそれぞれ四、五位のドイツ（八・一％）と中国（七・二％）を加えると、世界のワイン消費量の半分が六ヵ国に集中していることになる。アメリカや中国、東欧などでは消費が更に伸びつつある一方で、ヨーロッパの伝統的な産地での消費量は年々減少傾向にある。

ワインはヨーロッパの生産国にとって重要な産業でもある。例えば、フランスでは、ワインは価格ベースで最大の農産物であり、航空分野に次いで重要な輸出産業だ。ワイン産業によって直接・間接に約八〇万人の雇用が創出されている。二〇一五年の統計によれば、フランス全世帯の八六％がワインを購入し、人口一人当たり年間四六リットルを消費している。同じ時期の日本におけるワイン消費量が三リットル前後であることを考えれば、ワインがいかにフランス人の生活のなかに根付いているのかがわかる。しかし、一九六〇年にはフランス人一人当たり一〇〇リットルを消費していたことからすると、ワイン大国のフランスのような国でさえ、この半世紀でワインの消費が激減していることがわかる。

「ワイン史」のグローバル化に向けて

ヨーロッパの歴史においてワインは重要な役割を果たし、ヨーロッパが今日の世界のワイン市場においても主導的な位置にあることは間違いない。一方で、ワインの生産や消費が今後益々グローバル化していくように、ワインの歴史にもこれまでにない新しい展開が予想される。グローバル化する歴史学のなかでワインにはどのような方向性があるだろうか。

・東に伝播したワイン

従来の歴史学の特徴や問題がヨーロッパ中心史観にあるとすれば、ヨーロッパとは異なる方向に伝播したワインについての歴史がより体系的に整理される必要があるだろう。つまり、西アジアを起源とするワインの生産や消費がどのように東に広がっていったのかという歴史だ。

　東への伝播については、ワインとブドウを分けて考える必要があるかもしれない。例えば、今日においてもフランスで生産されるブドウの多くはワイン造りに回るが、イランからインド、中央アジアから中国に至る地域では、生食用や乾燥用としてもブドウが多く用いられている。ヨーロッパにおけるブドウの歴史はそのままワインの歴史とも重なるが、アジアの場合には異なるアプローチが有効かもしれない。

　二〇一三年に独立行政法人酒類総合研究所が発表したＤＮＡの解析結果によれば、近年ヨーロッパの市場で知名度が高まっている日本の在来品種である甲州種は、まさにワイン発祥の地であるコーカサス地方原産の品種と中国の野生種とが交雑して生まれた品種だという[5]。その甲州種を用いたワイン造りが日本で始まるのは、一八七〇年代以降のことだ。西方から日本に伝わったブドウは、長い間単なる植物としてあるいは食用を中心として広がったのである。

・イスラームにおけるワイン

　東方への伝播のなかで興味深い事例となるのは、イスラームにおけるワインだろう。中東はワイン揺籃の地でありながら、その後イスラームが支配的な宗教として信仰され、飲酒が禁じられてきたこともあり、キリスト教が広がったヨーロッパほどワインについての歴史は書かれてこなかった。しかし、イスラームにおける飲酒の禁忌は、そもそもイスラーム教が生まれた時代や場所において、人々がアルコール飲料を消費していたという事実の裏返しだとも言える。また、イスラームに先行して既に広がっていたキリスト教やユダヤ教におけるワイン重視への反発だったと考えることもできるかもしれない。そもそも宗教と酩酊の結び付きは強く、実際にはイスラームにおいてもワインを飲む習慣は様々な形で認めることができる。例えば、『アラブ飲酒詩選』[6]などを紐解いてみれば、そうした史実の一端を想像することができるだろう。宗教上の禁忌と歴史上の消費はどのように説明できるのだろうか。信仰とワインが密接に結び付いてきたキリスト教的世界のワインが一つの歴史だとすれば、表向きには飲酒を忌避してきたイスラームにおけるワインも、もう一つの歴史として語ることができるのではないだろうか。

更に問うべき問題は、もともとヨーロッパとは無縁だったはずの東方のワインがいかにヨーロッパ的なワイン造りや商習慣、消費の影響を受け始めるのかということだ。ヨーロッパ的なワインのあり方が世界を飲み込んでいくプロセスを解明することは、今日我々が生きている世界の秩序の成り立ちを理解することにも繋がる。その意味で、ヨーロッパの船が直接アラビア半島沿岸に現れる十六―十七世紀の状況は示唆に富んでいよう。元来のワイン文化とヨーロッパに伝わったワイン文化が再び出会う時代だからだ。

・消費拡大の歴史

これまでのワインの歴史が、ヨーロッパのなかでもとりわけ生産国において生産の側面に重点を置いて書かれてきたとすれば、今後は、ワインを生産していないような国や地域における流通や消費の歴史にももっと光を当てる必要があるだろう。ヨーロッパ的なワイン生産のグローバル化の歴史に比べ、消費のグローバル化の歴史はまだあまり知られていない。この点で言えば、例えば江戸期の日本におけるワインの歴史は、恰好の研究対象となるだろう。十六世紀半ば、ポルトガル船の来航に始まる西洋との接触には、鉄砲やキリスト教だけではなく、ワインをはじめとする新しい食文化との遭遇も含まれていた。だが、気候条件が許すにもかかわらず、日本において独自のワイン生産が開始されるのはようやく十九世紀後半になってからのことだ。この間の三〇〇年、日本とワインはどのような時を刻んだのだろうか。

ワインという一つの商品の生産・流通・消費をトータルに追いかけることで、一国民国家の枠組みを越えたグローバルな歴史の可能性もみえてくる。更に、必ずしも経済的なインパクトが大きくない商品の文化的な影響をどう捉えるのか、という問題にも繋がっていく。

・ワインと強制労働

歴史上、世界中に普及した飲食品の背景には、その供給を支えるための強制労働が存在している場合が多い。ラテンアメリカで始まった砂糖のプランテーションを維持するために、十五世紀半ば以降、何百万人という黒人奴隷がアフリカ西海岸から連れて来られたことはよく知られている。また第七章の飯島論文にもあるとおり、コーヒーと植民地化も密接に結び付いており、日系移民の歴史もその文脈に繋げることができる。こうした商品に比べると、ワイン生産の歴史と強制労働の関係については、これまであまり研究対象とされてこなかった。例えば、一六五〇年代にオランダ東インド会社によって始められた南アフリカのワイン造りやその後の発展は、奴隷労働者たちによって支えられてきた。二十世紀に入ってのアパルトヘイト政策化においても、ブドウ畑の所有者は白人であり、劣悪な条件のなかで農作業を続けてきたのは黒人たちだった。その基本的な構造は二十一世紀の現在に至るまで大きく変わっていない。

ワインと強制労働の歴史に関して考えてみるべきもう一つの問題は、そもそもワインに関してはなぜ、生産の現場における負の側面にこれまであまり光が当てられてこなかったのかということである。それは砂糖やコーヒーに比べると、公正な条件で造られていたからなのか。或いは、ワインとキリスト教との繋がりやワインがもつ高級感とも何か関係があるのか。更に踏み込んで言えば、ワインを生産する国々の政治力とも関係があるのだろうか。カリフォルニアでブドウ畑を始めたのはフランシスコ会の修道士だったことはよく語られるが、実際に開墾の作業を担ったアメリカ先住民は歴史の陰に隠れてしまいがちだ。

・その他の飲料との比較

同時代に同じようにグローバル化していたその他の飲食品との比較研究は、ワインの特殊性と食のグローバル化の普遍的な側面の両方を教えてくれるだろう。同じアルコール飲料であれば、ビールやラム酒との比較、あるいは日本を具体的な比較対象とするならば、米から造った酒とブドウから造ったワインの比較はまだまだ未開拓の豊かなテーマだ。また、ヨーロッパを中心とする経済的な世界システムを象徴する茶やコーヒー、あるいは胡椒や砂糖など飲料ではない食材との比較も考え得るだろう。

本章では、ヨーロッパを原産としないワインが今日なぜヨーロッパ的な飲み物となっているのかについて、主に宗教・歴史・統計の観点から検討してきた。キリスト教における象徴的な意味、ヨーロッパ世界の拡大に伴う生産・流通・消費のグローバル化など、ワインは確かにヨーロッパの歴史のなかで重要な役割を果たしてきた。今日においても、ヨーロッパやヨーロッパから移住した人々によって創られた国や地域によって、世界の生産や消費の大部分が占められている。一方で、近代歴史学のなかでは、ヨーロッパで発展したワインがことさら強調されてきたこともまた事実である。これをワインの歴史を語るうえでの偏りと批判することもできるが、それだけ今後の研究に豊かな可能性が残されているということでもある。

果たしてワインはこれからもヨーロッパ的な飲み物であり続けるのだろうか。その問いは、世界はこれからも多かれ少なかれヨーロッパとその継承地を中心に形成されたルールのなかで動いていくのかどうか、あるいは経済的な重心がヨーロッパとは違うどこかに移動していくのかどうかという見通しにも繋がっていく。歴史が教えてくれるのは、ワインとヨーロッパの関係は決して普遍的なものではなく、より長期的な視野に立つならば、今後も揺れ動いていく可能性が十分にあるということではないだろうか。

【注】

（1）ロジェ・ディオン『ワインと風土―歴史地理学的考察』（人文書院、一九九七年）、一二五頁

（2）フェルナン・ブローデル『日常性の構造1　物質文明・経済・資本主義―15―18世紀』（藤原書店、一九八五年）、三〇九頁

（3）オランダ東インド会社の定義によれば、「東インド」とは、アフリカ南端の喜望峰とアメリカ大陸南端部に位置するマゼラン海峡との間にある広大な地域を指していた。

（4）International Organisation of Vine and Wine, Intergovernmental Organisation, 2017 World Vitiviniculture Situation: OIV Statistical Report on World Vitiviniculture (Paris; France, 2017), Retrieved from http://www.oiv.int/public/medias/5479/oiv-en-bilan-2017.pdf (Last access: 29 July, 2017).

（5）独立行政法人酒類総合研究所「甲州ブドウのルーツを解明―ＤＮＡ解析から、中国を経由して伝えられたことを証明」（二〇一三年）、一―四頁　http://www.nrib.go.jp/data/nrtpdf/2013_1.pdf（最終閲覧二〇一七年七月二九日）

（6）アブー・ヌワース『アラブ飲酒詩選』（岩波書店、一九八八年）

◎文献案内

○食文化史全般に関する文献

・ジャン＝ルイ・フランドラン、マッシモ・モンタナーリ『食の歴史』全三巻（藤原書店、二〇〇六年）
・Jeffery M. Pilcher, ed. *The Oxford Handbook of Food History* (Oxford; New York: Oxford University Press, 2012).

○ヨーロッパを中心としたワインの歴史
・ロジェ・ディオン『フランスワイン文化史全書—ぶどう畑とワインの歴史』（国書刊行会、二〇〇一年）
・ジルベール・ガリエ『ワインの文化史』（筑摩書房、二〇〇四年）
・ヒュー・ジョンソン『ワイン物語—芳醇な味と香りの世界史』全三巻（平凡社、二〇〇八年）

○ワインのグローバル化について
・ジャン＝ロベール・ピット『ワインの世界史—海を渡ったワインの秘密』（原書房、二〇一二年）
・山下範久『ワインで考えるグローバリゼーション』（エヌティティ出版、二〇〇九年）
・麻井宇介『日本のワイン・誕生と揺籃時代』（日本経済評論社、二〇〇三年）

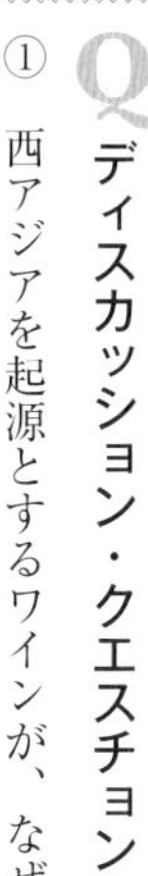

ディスカッション・クエスチョン

① 西アジアを起源とするワインが、なぜ今日ヨーロッパ的な飲料だと考えられているのか。本章では触れられていない要素について考えてみましょう。

② 今後、ワインからヨーロッパ的な性格が薄れていくとしたら、そこにはどのような社会・文化・経済的な状況の変化が考えられるでしょうか。

第六章

「アフリカンプリント」物語

―布と衣とファッションの グローバル・ヒストリー

杉浦未樹

アフリカンワックスプリントとカンガの着用範囲
出所：筆者作成

グローバルなファッションとは

グローバルなファッションを思い浮かべてみよう。現在、廉価なファストファッション、高級なラグジュアリーファッションの両方が挙がるかと思う。世界中の人々が、同一のブランドの衣を着て、入手できなかったとしても同じ高級品に憧れを抱く。まさに衣のグローバリゼーションと言えよう。しかし、それらは、テイストが無国籍化し、均一化するグローバリゼーションである。更に、これらはパリやニューヨークといった中心的かつ豊かに富んだ限定的な都市から発信され、他は模倣・追従するという上から下へのヒエラルキーを前提とする。しかし、これらだけが、グローバルなファッションなのであろうか。例えば、経済的に恵まれないアフリカは弱者にとどまり、そこからグローバルファッションが生み出されることはないのであろうか。無論、そんなことはない。アフリカに限らず、ファッションの潮流を発信するうえで通常は中心にならない多くの地域では、外から半ば押し付けられたものを取り込み、適応・定着させ、地域内の独自・固有の文脈からユニークな価値付けをも作りだして個別化し、独自のファッションとして再定義し、それをもって地域を越えた影響力を及ぼしてきた。それぞれの地域はグローバル化が進むにつれ、多様な地域の思惑に巻き込まれたが、そのなかで新しい分野の製品やジャンルを生み出し、世界を循環させてきた。

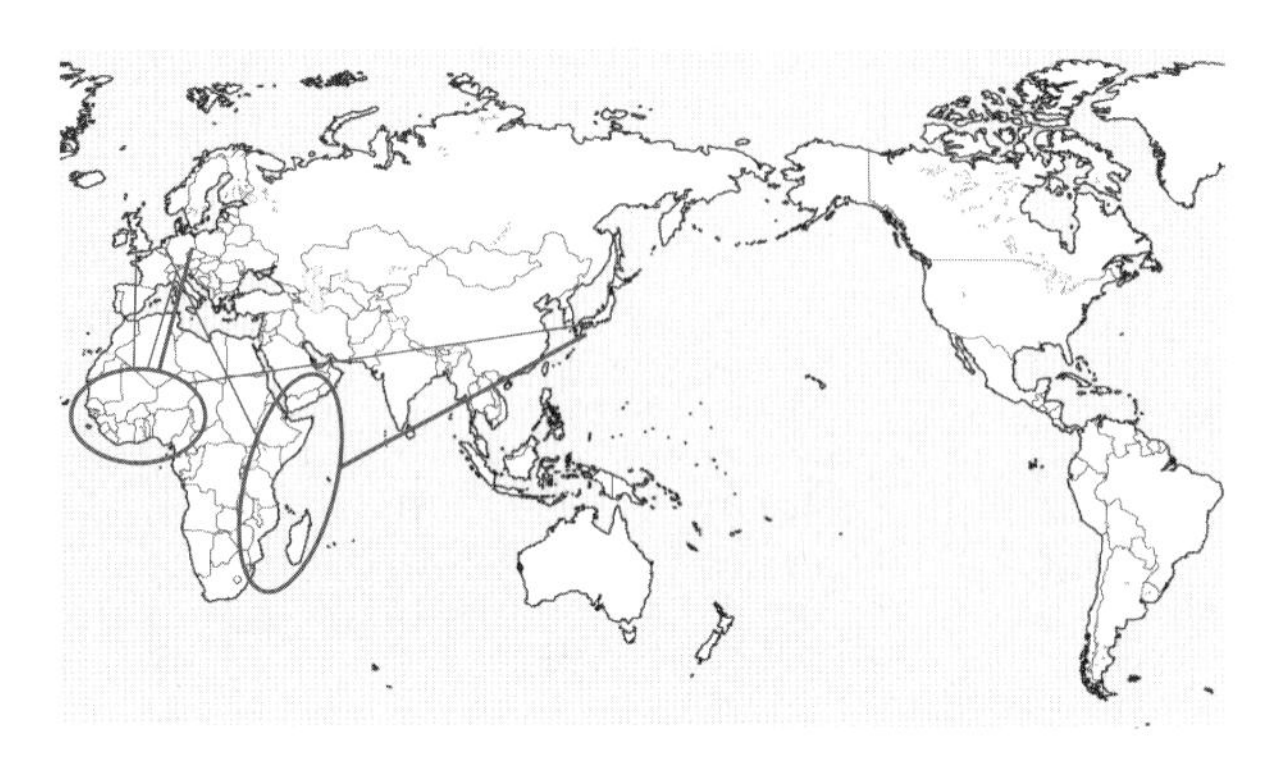

図①　アフリカンプリントの地理的範囲
出所：筆者作成

　この章では、このようなグローバルファッションの生まれ方に注目する。テーマとして取り上げるのは、通称アフリカンプリントと呼ばれ西アフリカを中心に女性のドレス用に使われる布地である。この布地は、色も模様もバラエティ豊かで、かぎ裂き模様を染め上げた下地に極彩色の大柄でポップな模様が立体的に浮かび上がるのが特徴である。傍から見れば、カラフルで、リズミカルで、アフリカのイメージと思うような図柄である。しかし、このような布地は元来アフリカで生産されたものであっても、完全にアフリカ由来のデザインではない。十九世紀後半の植民地戦略を反映し、オランダやイギリスが西アフリカ地域に押し付けたものである。スイス、ドイツ、そして日本が大規模に参入し、アフリカ諸国が独立した後もしばらくメジャーな供給者であり続けた（図①）。こうしたアフリカンプリントに対しては、対立する見解が出されている。ナイジェリアの学者、アキンウーミは、このようなものは「まやかし（Hoax）」に過ぎず、アフリカ本来のデザイン模様が忘却される原因であると批判し、注目された。一方、オランダやイギリスでは、これこそアフリカの消費者と共にグローバルに作り出したアフリカン・クリエイションであり、グローバルなファッション製品の代表格であるとの見解が根強い。この章でその創生と展開の物語を読んだ後、みなさんはどちらが正しいと思うだろうか。またかつて日本人がこのアフリカンプリントの生産の一翼をどのように担ったかにも注目して、考えていきたい。

ジャワバティックの模倣を西アフリカへ―アフリカンプリントの創生

アフリカンプリントの誕生を促した十九世紀後半の植民地的な事情とは、インドが大英帝国に編入されたことによりオランダがインド産の模様柄布を入手しにくくなったことに始まる。それまでオランダは、インド産織物を本国とその周辺のヨーロッパ地域だけではなく、アジア、アフリカ、アメリカを跨いで売り歩き、十九世紀半ばからはオランダ国内でも安価な機械プリント（捺染）の織物生産を開始していた。稼働の初期にはインドの織物工房と密接に連携できなければそれも難しい。そこで考えられたのが、オランダが植民地支配したジャワ島（現インドネシア）のろうけつ染め布地、バティックを、機械プリントすることである。バティックとは、蝋（ワックス）を使って繊細な模様を両面から手描きし、それらを浸染した後、蝋を取り除き防染部分が模様となる高級染色布であった。その手描き模様の工程をローラーで「ワックスプリント（蝋染め）」した技法が、ジャワの工房と連携しながら始まった。当初ワックスプリントは、バティックの浸透した東南アジア地域で販売されたが、期待したほど市場が拡がらず、後に西アフリカに市場を見出した。東南アジア地域で思ったほど売れなかった主な原因は、バティックが高級品とされるあまり、その低級品が歓迎されなかったからだと考えられる。日本で置き換えるなら京都の高級友禅を機械プリント版で作ったようなもので、安価に作ったところで活用先がなければ売れない、と言ったところであろうか。その活用先としてオランダが目をつけたのが西アフリカで、そのなかでも現ガーナ、コートジボワール、ナイジェリアにあたる地域であった。これらの地域は、植民地勢力が手に入れた資源にちなんで奴隷、黄金、穀物或いは象牙海岸と呼ばれていた。オランダは奴隷貿易で夥しい数の人々を移動させたが、十九世紀前半に奴隷貿易が公的に禁止された後も、この地域の人々を東インド会社兵として登用し東南アジアへ連れて行った。そうした人々がバティックやそのプリント版を土産として西アフリカへ持ち帰ったという。

西アフリカ地域では、藍染めの青無地布が高級生地として人気であった。藍をまとうことには、特別な意味があったという。藍には虫除けなどの機能的な意味があることが知られているが、当地では宗教的意味も加わっていた。オランダに加えてフランスやイギリスもこの布を供給し、藍栽培をアメリカや東南アジアでプランテーション展開してその需要に応えていた。藍を使ったこともワックスプリントが広く受け入れられた要因の一つだったと考えられる。一八七二年、オランダはインドネシアでの権益と引き換えに西アフリカの拠点を全てイギリスに明け渡した。十九世紀末にかけて、西アフリカはイギリスとフランスによって本格的に支配されていくが、一八七六年からオランダ産ワックスプリントがイギリスとフランスの植民地商社を通して西アフリカに供給され始める。

元来がジャワバティックのコピーであったワックスプリントは、いつからアフリカ色の強いものとなったのであろうか。アフリカ色が強くなる過程には、何段階かあり、単にデザインだけの問題では捉えられない。デザインだけで考えれば、輸出開始後一五年を経た一八九〇年代にはワックスプリントのデザインはアフリカ的になり、バティックとは切り離されたと位置付けられてきた。しかし、その一方で、両者を詳細に対比した調査に依拠すれば、初期のワックスプリントは、バティックにかなり忠実なクリエイションであり続けたことがわかる。図②と

図③　図②のバティック模様をもとにした、van Vlissingen（オランダ）社アフリカンプリント製品、二つのデザインバージョン

出典：Vlisco Archief, 14/1093.

図②　バティック模様

出典：Vlisco Archief, No.00001-00088, 14/784.

（堀辺（上岡）学正氏の調査研究より。）

図③を比べてみよう。図③がアフリカに供給された布であるが、バティックの柄を寸法そのままに拡大したことがわかる。更に、手作業のろうけつ染めならではの、ひび割れて染められる風合いまでわざわざ真似てプリントで醸し出している。このように、柄は何もないところからは作られず、先達のバティック柄を忠実に継承し、そこに奥行きや新趣向を加えることによって成り立っていた。こうした模倣やブレンドのさじ加減こそ、オランダの捺染工場が生み出していたものであり、ワックスプリントは、西アフリカ市場のプリント生地の人気ジャンルとして定着していった。

消費者の力―アフリカンプリントを「アフリカン」にしたのは誰か

ところが、一九二〇年代から四〇年頃までに、オランダのアフリカンプリントメーカーは、西アフリカで販売されるワックスプリントの製品内容に対してコントロール力を失い始め、消費者の志向をオランダ本社から操作することができなくなっていったという。それまでは、オランダ本社は、仲介するイギリスやフランスの商社の意向に沿ったデザインを出していた。競争が激化してくると、仲介する商社は新しいデザインをどんどん出すようにせまったが、アフリカの市場では、意に反して、デザインに工夫を凝らしても新しく提案したデザインは売れなくなった。製品内容をコントロールする主体がオランダ企業や仲介する商社側から消費者に移行し、消費者の嗜好をより直接的にくみ取ることが必要となったのである。前節でも、ワックスプリントは成立時から、アフリカ側の消費者の趣向が反映されていたことを説明したが、デザインの内容を決定するうえで、消費者が一段と強い力を発揮したのである。

この背景には、西アフリカの消費者たちがワックスプリントを使用・活用していくなかで、それらを自らの社会のラグジュアリー（着用することが社会において礼を尽くすことになり、ステータスシンボルになり、富やセンスの良さを示し続けるもの）にすることに成功したことがある。そもそも、気候が温暖な西アフリカでは身体を布で覆う必要性がなく、祭礼の時以外に布をま

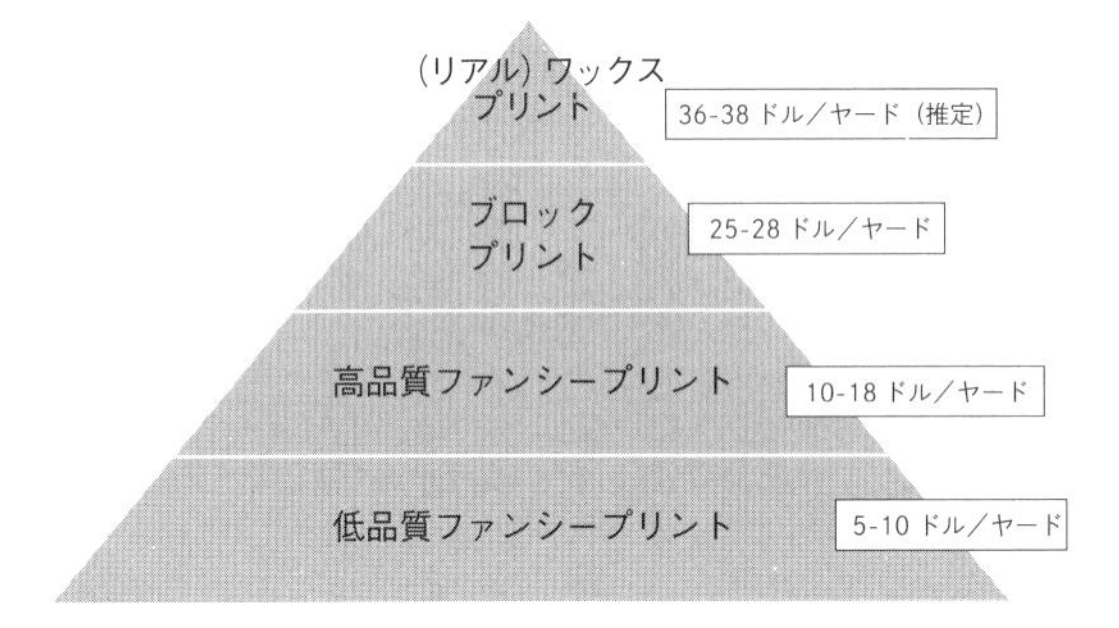

図④　アフリカン（ワックス）プリントの商品ピラミッド
（値段は1960 年の van Vlissingen 社の日本調査からの日本製品の場合の生産価格の推定）

出典：Vlisco Archief, Rapport Japan 1960.

とうことはなかった。植民地勢力に関わった少数が、やがて制服や必要に応じてスーツやズボンなど洋装を取り入れ始め、古着などの直し・繕いから針や糸の利用が一般化し、仕立てや縫製も西アフリカでなされるようになっていた。二十世紀前半には仕立てた衣が、次第に女性にとって冠婚葬祭の礼服になる。その際、ヨーロッパスタイルの服を取り寄せるのではなく、輸入された柄布を現地の仕立てで誂えた。この時に好んで使用された布がワックスプリントであった。ワックスプリントには最高級品から中級品までのクラスがあったことも、晴れ着用に好まれた理由の一つであろう。ワックスプリントには、ろうけつ染めが生み出すひび割れを手間をかけて手作業で再現する最高級品の本来のワックスプリントから、木版スタンプで柄を出していくだけのブロック、更に銅又はスクリーンロールで模様を刷るだけのファンシーと、少なくとも三つ以上のクラスがある（図④）。どのクラスの製品も晴れ着に使われたが、最高級のワックスプリントをまとうことはエリートのステータスシンボルであり、その下のファンシーは中流層のよそいきとなった。布によって価値もはっきりしているので、女性の婚資としても活用され出した。嫁入り道具として反物を持たせていた昔の日本の風習と似たようなものと言えるだろう。

ここまで読んできて、地元でステータスシンボルになったことが、なぜオランダの会社にとって新規デザインを提案させにくくしたのか、疑問に思った方もいるだろう。現代の高級ファッションブランドでは、新しいデザインをパリコレクションやニューヨークコレクションで毎年二回提案してこそ、ラグジュアリーとして成立している。このことを考えても、ラグジュアリーファッションとデザインは切っても切り離せない。これらのファッションは、流行（トレンド）を毎シーズン作り出すことによって成立している。新奇性が認められた数ヵ月間は高価であるが、シーズンオフには価値は急落する。しかし、西アフリカの消費者にとって、布がそのように簡単に価値を落とすことがそもそも望まれていなかったのである。求められていたのは、婚資として価値が安定し、数年先に誂えても流行遅れにならないファッションサイクルであった。もちろん、完全に同じ柄を寸分たがわず生産していれば良いというマーケットでもなかった。マーケットは短期的には春秋二シーズンどころか、数週間から数ヵ月の単位で売れ筋が変わっていった。その一方で、布はその品質で判断され、人気が保たれる固定柄も数多くあり、価値が維持される側面も同時に持ち続けた。

ワックスプリントの柄によって女性たちはメッセージを発信し、コミュニケーションを楽しんでいた。友好や幸福や祝い事を讃え合うメッセージだけでなく、魚の人気柄は「変化の時期が訪れている」、そして他の人気柄は「いまはそっとしておいてほしい」、更にある種の柄は「夫が浮気をしている」、「家族をないがしろにする者がいる」などのメッセージまでも示せるという。このメッセージ性を考えれば、西アフリカの消費者たちにとって、オランダの生産者たちによるデザインの変更や、一部の柄の生産中止は大問題であったことが理解できるだろう。つまり、晴れ着としての活用・ラグジュアリー化・メッセージ性で楽しむなど、オランダ側の生産者の意図をはるかに超えた展開がアフリカ側の消費者によって進められ、製品内容の決定権は彼女たち消費者に移っていたのである。オランダ側生産者も次第にそのことを自覚し、現地女性販売人、通称「ママ・トレーダー」たちの意見を仲介商社の希望よりも重視する方針に切り替えていった。

このような西アフリカのファッション文化は、地域を越えて広まっていく。布にメッセージ性をもたせること自体は、布にジナと呼ばれるスワヒリ語の語句をはじめとしたテキストを入れる東アフリカのカンガの伝統をはじめ、様々な地域で既に行われていた。オランダをはじめとするワックスプリントの生産者は、西アフリカ沿岸地域での成功をみて内陸地域にも販売網を広げ、また仲介商社は英領・仏領アフリカ全域を扱うため、他地域への取引も射程範囲に入れていた。西アフリカのファッション文化移植が最も成功した例としては、西アフリカの仕立職人たちが移住したザイールやザンビアが挙げられる。文化人類学者トランバーグ・ハンセンは、通信・交通コストの低下によって古着流入が拡大し、中古品が日常着となった一九七〇―八〇年代ザンビアにおけるグローバルな輸入古着の展開を描き、ファッション産業のあり方に大きな一石を投じた。彼女の著書はそうした状況の悲惨さを描くよりも、古着市場が仕立直しやリメイクといった縫製技術の発展を促し、晴れ着市場では輸入布を使って現地で仕立てる凝ったドレスが人気を博していた点を描き出している。

アフリカンプリントと日本

忘れてはならないことは、日本製の布地も、このファッションに深く関わっていたことである。アフリカへの日本製綿織物輸出の歴史は意外に長く、一九三〇年代には東アフリカ地域に

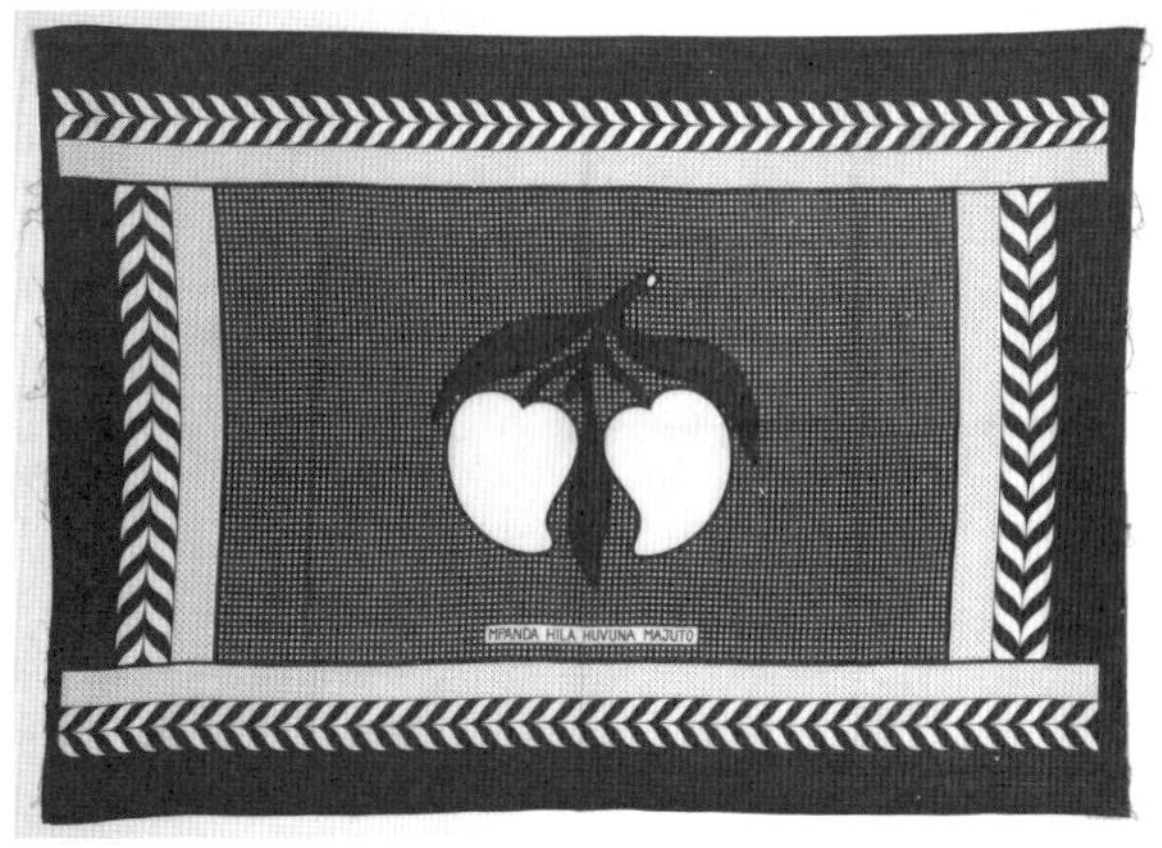

図⑤ 日本製カンガ布の例
昭南工業社製のカンガ（Syonan Kogyo Co., Ltd）1950～75 年の間の製品と推定される。大同マルタコレクション No.7-0004

おける有力な輸出国の一つに数えられていた。初期には無地布が多かったが、すぐに捺染された衣用の布も輸出されるようになった。東アフリカのケニアやタンザニアでは、西アフリカとは異なり、カンガという腰巻布がまとわれ、ボーダー（縁取り）に囲まれた図案と格言をプリントした綿布が使われてきた（図⑤）。英領タンザニアを例にとれば、一九二〇年代末に日本のカンガ輸出量はイギリス、オランダ、英領インド、ドイツに次いで五番手であったが、三〇年代にはイギリスやオランダに肩を並べるようになった(1)。そして一九五〇年代に急増し、タンザニアでは七〇年に中国に追い抜かれるまで一九五五年から六九年にかけて日本は最大のカンガ輸出国となるのである。五〇年代を通して日本の綿織物輸出の一〇％以上がアフリカ向けで、最盛期には一八％近くを占めていた。一九九〇年代には二％以下になることを考えると違いがよくわかる。

東アフリカと同様に、西アフリカにも日本の綿織物製品が一九三〇年代から進出していった。一九三二年、英領ゴールドコーストの輸入量のうち日本の占める割合は全体の一％に過ぎなかったが、二年後には一八％に跳ね上がった。すぐさまイギリスは日本の割り当てを二・五％内に押しとどめる処置を講じた。第二次世界大戦によって一旦中断するが、戦後はまたドイツと日本がこの地域への輸出に乗り出し、英領下にありながら綿織物輸入に占めるイギリスの割合を三割近くに押しとどめた。日本が輸出した綿織物には捺染をしていない無地布も含まれたが、一九四九年の東洋紡の輸出用サンプル布集には、あきらかに西アフリカ向けとみられる布地が含まれており、一九四〇年代末には捺染プリントが輸出されていたことが確認できる。蝶があしらわれてどこか日本風ではあるが、藍染め工程でろうけつ染めがひび割れている様子をローラープリントで再現するところなどは、ワックスプリントを巧みに模したものとなっている。日本がこのように戦後すぐに捺染布を輸出できた背景には、京都が空襲を受けず捺染会社が稼働できたことがある。

一九五〇年代から七〇年代まで、日本はオランダとイギリスと捺染プリントの市場シェアをめぐってしのぎを削った。一九六〇年代後半からはこれら外国資本と独立国政府の合資企業が成立し、ガーナやコートジボワールの現地生産も加わる。日本はこの時代にはオランダの製品を模倣し、同ジャンル内でより廉価に販売することでシェアを獲得していったとされている。しかし、一言にコピー、模倣といっても実際は複雑である。前述したように、ワックスプリントは、手間のかかる最高級品があるが、実際問題として当時の日本の技術ではそのクラスの製品を採算が取れるようには生産できなかった。そこでまずバティックやワックスプリントの柄を模倣したファンシープリントという廉価なジャンルに参入した。このジャンルはより上のクラスのアフリカンプリントを模倣・簡易化したものであり、日本だけが模倣品を出していたわけではない。しかしイギリス・フランスは戦後占領期から日本にオリジナルデザインであることを証明してから出荷するように要請し、実際に日本はその後も長らく全てのデザインを日本繊維意匠センターに意匠登録してからでないと輸出できなかった。そうした日本企業への制限と並行して、一九五〇年代後半頃のオランダ企業側資料からは、オランダ企業が日本の新製品の柄情報を事前に入手して先手を講じようとしていたこともわかる。地理的にはオランダの方がはるかに西アフリカに近いが、オランダの製品はひと手間かけるため商品化までに時間がかかるのである。また更に一九六〇年末にはガーナやコートジボワール政府と間に立つ商社に促されて現地合同法人を設立し、現地では廉価なファンシーやブロックプリント、オランダでは高級なワックスプリントに生産を集中させて日本製品に対抗した。日本がターゲットとする低級品を現地でより安く生産し、生産できない高級品をオランダで作るというこの戦略は完璧にも思えたが、その後もオランダと日本との競争は止まなかった。日本企業は最高級のワックスプリントこそ作れなかったが、それに準ずる製品ジャンルを作ろうと努力したからである。

一九六〇年代に日本で最も優れている捺染会社としてオランダ企業からも認められていた大同染工のOBはオランダ製品を常に研究・参照し、追い抜くための努力を重ねていたと当時を振り返っている。一週間で百数十種もの図案が考案され、うち数十パターンが製品化される短いサイクルであった[2]。そうした努力のなかで大同染工が最大の成果だったと自負する、明るい深緑色を特徴とした「グリーンワックス」という商品名の製品が一九六五年に開発された。デザインは、オランダ企業が始めたジャワの一地方の布模様を転用したシリーズそのものではあったが、フタロゲン染料の配合に改良を重ね、明るい色調の新しいグリーンを安定供給したのである[3]。グリーンワックスは飛ぶように売れたが、一九七七年、環境汚染が危惧されフタロゲン染料が禁止されると、このシリーズは製造できなくなった。

オランダ側も日本製品はオランダ製品のイミテーションに過ぎないということを強調しながらも、日本側に新しい技術やアイディアがあれば積極的に取り入れていた。入手した情報をもとにほぼ似たような製品を先にデザインして発売することもあれば、先を越された類似デザインの発売を中止することもあった。驚くことに、オランダ側は日本の染色用型紙もデザインソースに広範に使っていた。[4] 製品柄をそのまま模倣し合うだけに留まらず、より深い次元で参照するために日本の伝統的なデザインのわかる型紙までもリサーチする姿勢があったのである。デザインの相互参照だけでなく、こうした日本製品との競争がオランダ側生産者に製造時間を短縮させる刺激となり、一方で日本には導入できない分割ローラープリントによる織物（フィッター）やコーティング方法（カバー）を開発させる要因となった。こうしてオランダや日本をはじめとする輸出国は、相互に刺激を与え合うなかで新しい人気ジャンルを生み出し、アフリカンプリントを作り出していった。

日本のアフリカンプリントのもう一つの強みは、西アフリカと東アフリカ両方の市場を同時に相手にできたことである。西アフリカ用のワックスプリント（図④参照）のなかでピラミッドの最も低い層のファンシープリントにあたる価格で、日本は技術面でも並行しながら東アフリカのカンガ用プリントを発展させた。オランダ企業も西アフリカ用のワックスプリントを生産すると同時にカンガも生産してはいたが、安価で利幅が薄いために主力製品の売れ行き不振の時以外は作りたがらなかった。しかし、日本は常時両方を生産し、東アフリカ用のカンガに使った模様や技術を西アフリカ用のワックスプリントにも利用した。時には、両方に使えるデザインさえも製造したという。[5]こうしてはるかに距離の隔たった東西アフリカのファッションが、日本の京都の染工場で結び付けられていったのである。

新たな挑戦と危機

ところが、アフリカンプリント製造に参入していた一五社に及ぶ日本企業は、一九八〇年代を境に次々と撤退し、九〇年代にはわずか一社になる。中国製品の流入に対応できなかったことが最大の原因であった。精力的な中国のアフリカ進出が語られて久しいが、アフリカンプリントでも地殻変動とも呼べる大きな変革を引き起こした。中国はアフリカンプリントの生産も行ったが、同時にあらゆる廉価な布製品を流入させた。新品の既製服さえも極めて安いため、無料で世界から集められてきてアフリカで売られていた古着と競合できるほどであった。同時に捺染技術が発達し、それまでとは比べものにならない完全なコピーがインクジェットプリントで実現できるようになっていた。こうした廉価な中国製品によって低級ファンシープリント

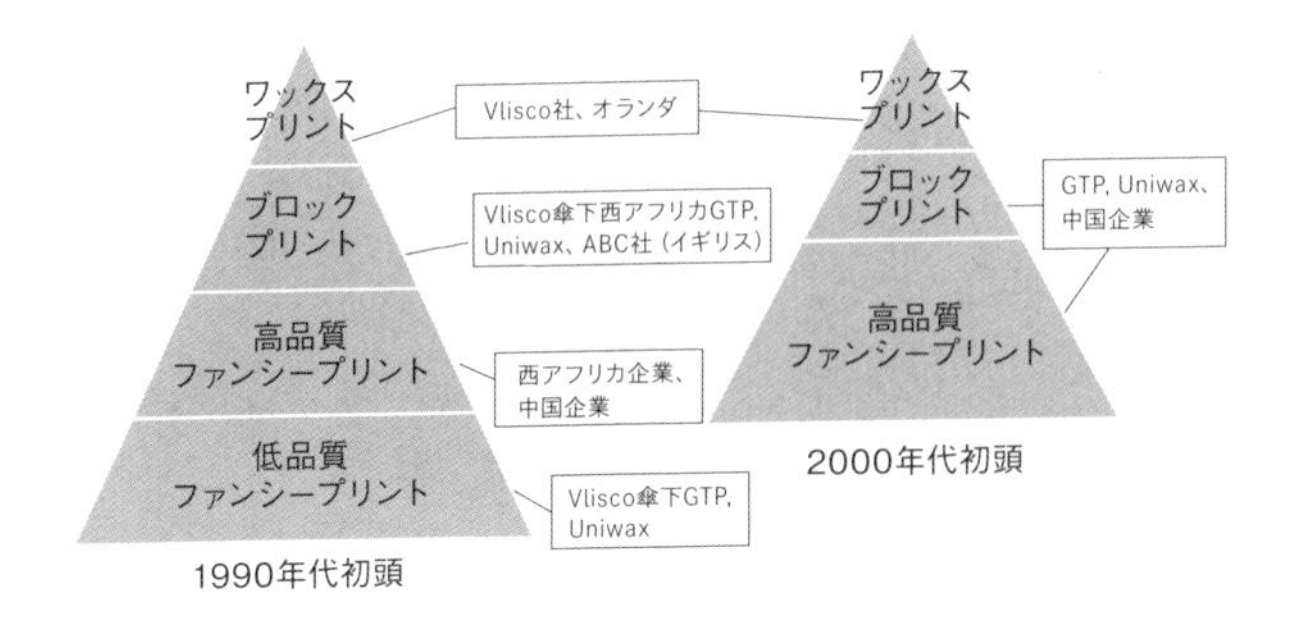

図⑥　中国製品流入によるアフリカンプリント商品ピラミッドの変化
出典：Hoogenboom, Bnnink, and Trommel 図5 より

市場を奪われた日本やオランダは高級品市場に活路を見出していくのだが、次第にファンシープリント自体が晴れ着やよそゆきであるというステータスを失い、ただの布へ転換していった、とホーヘンボームらは位置付ける（図⑥）。

この頃からオランダ企業も中国のコピー製品に対抗して本物の自社製品の見分け方を徹底指導し、ブランド力の強化に努めた。同時によほどラグジュアリーであることを強調しないと差別化できない焦りから、創造性の高いブランドであることを再び強調し始めた。あたかもパリのファッションメゾンであるかのように、夏と秋に新奇性の高いデザインコレクションを提案し、同時に、自分たちのブランドこそが、真のアフリカらしさを表現し、世界的に評価されると国際的な展覧会を開くようになった。もちろんそこには評価すべき点はある。しかし、こうして作り出された商品は必ずしもアフリカ側にはうまく受け入れられなかった。アフリカンプリントが、アフリカの消費者の力で成立していった経緯を、本章を通じ知った読者は、そう聞いても驚かないであろう。消費者の要望を無視した新デザインを毎年打ち出し、いわば押し付ける方向に転じると販売は低迷し、伝統あるオランダ企業は今、新たな試練に直面している。

本章を通じて、グローバルなファッションをはじめ、グローバルな商品の成立のあり方について、新たな視点が得られたことを期待する。我々はともすると、世界への市場展開を想定する時、ある地点で優れたモノがつくられ、それが世界中に普及していく、同心円的な拡散を思い浮かべる。そうした商品も確かに存在するであろう。しかし、あるモノが成立する背景には、偶然、特定の人の思惑に都合の良いような事情も絡み合う。更に、消費者のニーズがなければ商品は成立しないが、これも企業が全て準備するものではなく、消費者が主体的に関わりニーズをつくりあげていったのである。

歴史の展開についても同じことがあてはまるだろう。世界史は、あるモデルが普及していくような、同心円状の展開ではない。周辺的で主体的な役割をあまり果たさないとされた地域や人々についても、軽視することなく、また誇張され過ぎることなく、主体性が述べられるような歴史が必要である。グローバル・ヒストリーを学ぶことは、その大きな助けになるであろう。

謝辞

本章は、京都工芸繊維大学美術工芸資料館上田文氏、立命館大学鈴木桂子氏、堀辺(上岡)学正氏、MacKinzie Moon Ryan氏のアフリカンプリントの調査と研究、また大同染工OBの吉岡悠氏のアフリカンプリントをめぐる日本の技術を記録保存しておこうという真摯な活動に多くを負っている。カリフォルニア州立大学サンディエゴ校Jeremy Prestholdt氏、京都女子大学の青木美保子氏のご教示にもあわせて感謝申し上げる。

本章の研究は日本学術振興会科学研究費JP15H03233・JP15KK0059 及び研究拠点形成事業「新しい世界史/グローバル・ヒストリー共同研究拠点の構築」の助成を受けた。

【注】

(1) MacKenzie Moon Ryan, "Designed by Resident Indian Traders, Consumed by East African Women: Japanese Dominance in Imported Kanga Cloth Production, 1950-1981," Conference "Dressing Global Bod-

ies," University of Alberta, Edmonton, July 8, 2016.

（2）大同染工ＯＢ吉岡悠氏へのインタビューによる。

（3）京都工芸繊維大学文化遺産教育研究センター編『京都からアフリカへ―大同マルタコレクションにみる一九六〇年代京都の捺染産業―報告書』（京都工芸繊維大学文化遺産教育研究センター、二〇一四年）

（4）Takamasa Horibe-Ueoka, "The Origins of 'African Prints': Trans-bordering Copy Production in the Netherlands," Conference "Dressing Global Bodies." 更に鈴木桂子氏の二〇一七年 Vlisco Archief 調査による。

（5）Aya Ueda, "From Kyoto to Africa: Creating 'African Wax' and 'Javafrican Prints' from Daido-Maruta in Japan, 1930s-1960s," Conference "Dressing Global Bodies."

◎文献案内

文中で引用した参考文献として

○African Hoaxを唱えたのは、

・Tunde M. Akinwumi, "The 'African Print' Hoax: Machine Produced Textiles Jeopardize African Print Authenticity," *The Journal of Pan African Studies* 2, no.5 (2008): pp. 79-192.

○オランダ人研究者によるオランダ視点のアフリカンプリント研究の代表著作として、

・W.T. Kroese, *The Origin of the Wax Block Prints on the Coast of West Africa* (Hengelo: Uitgeverij van Smit, 1976).
・C.H. Krantz, "De export van Nederlandse bedrukte ketoen naar het Verre Oosten en Africa" in Bea Brommer, *Katoendruk in Nederland* (Helmond: Nederlands Textielmuseum, 1989) pp.111-30.
・Paul Ingenbleek, "Marketing als bedrijfshistorische invalshoek: De case van Vliseo in West-Afrika, 1900-1996," *NEHA-Jaarboek Voor Economische-, Bedrijfs- En Techniekgeschiedenis*, 1997, pp. 258-84.

○グローバルな商品としてのアフリカンプリントを位置付け直した論考に、

・Marcel Hoogenboom, Duco Bnnink and W. Trommel, "From Local to Grobal, and Back," *Business History* 52, no.6 (2010): pp. 932-54.

○第二次世界大戦前の日本製品のアフリカ輸出の制限に触れた著作として、

・Lawrence Butler, *Industrialization and the British Colonial State: West Africa 1939-1951* (New York: Routledge, 1997).

○アフリカンプリントの現地での流通を担う組織を社会学・文化人類学的視点から明らかにした著作として、

・Nina Sylvanus, *Patterns in Circulation: Cloth, Gender and Materiality in West Africa* (Chicago: The University of Chicago Press, 2016).

○トーゴにおけるママ・トレーダーたちの活躍を詳しく描き、本文中でも取り上げたザンビアの古着を扱う著作として、

・Karen Tranberg Hansen, *Salaula: The World of Secondhand Clothing and Zambia* (Chicago: University Of Chicago Press, 2000).

本章を越えて更に考えていくための文献として

・国立民族学博物館編『更紗今昔物語―ジャワから世界へ』（千里文化財団、二〇〇六年）
・遠藤聡子『パーニュの文化誌―現代西アフリカ女性のファッションが語る独自性』（昭和堂、二〇一三年）
・小川さやか『都市を生き抜くための狡知―タンザニアの零細商人マチンガの民族誌』（世界思想社、二〇一一年）
・Jeremy Prestholdt, *Domesticating the World: African Consumerism and Genealogies of Globalization* (Berkeley and Los Angels: University of California Press, 2008).

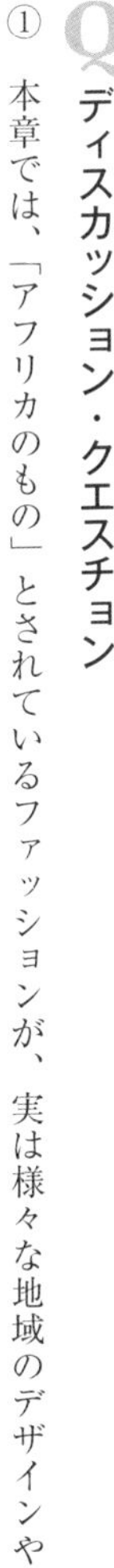

Q
ディスカッション・クエスチョン

① 本章では、「アフリカのもの」とされているファッションが、実は様々な地域のデザインやアイディアが絡まり合ってできたものであることを示しましたが、他にも身近な物で、このように複数の地域の影響が関わり合って成立しているものを挙げ、その影響関係を整理してみましょう。

② 日本と中国では、アフリカンプリント市場への参入の仕方がどのように異なるのでしょうか。また、参入の違いを生み出した原因が何か、議論してください。

コラム

うさぎどんの足跡を追って

スプラッシュ・マウンテンは、ディズニーランドで言わずと知れた人気アトラクションの一つだ。ボートに揺られながら、うさぎどんと一緒に繰り出す、笑いの国を探す冒険の旅は、少々の待ち時間を我慢してでも乗りたい人々で連日賑わいをみせている。しかし、その原作がジョエル・チャンドラー・ハリスの『リーマスじいや』であることを知っている人は、意外と少ないかもしれない。

日本ではうさぎどんとして親しまれているブレア・ラビットは、『リーマスじいや』に登場するトリックスターであり、その起源は、諸説あるものの、アフリカの口承文学に遡れる。トリックスターとは、神話や物語のなかで、知恵やいたずらで物語を引っ掻き回す登場人物や動物である。南北戦争後の南部を舞台とするこの物語は、かつて奴隷であったリーマスじいやが、お屋敷の白人坊やに、ブレア・ラビットをはじめとする動物たちの物語を語って聞かせる話だ。他にもキツネやクマ、オオカミなど、様々な動物たちが登場するが、ブレア・ラビットは、そうした自分より体の大きく強い動物たちを、持ち前の知恵と巧妙さでもってやり込め、ピンチを切り抜けるトリックスターとして描かれる。

この背景には、作者のハリス自身が、青年期に過ごしたプランテーションで、当時、黒人奴隷たちから直接語り聞いた物語がある。「ブレア・ラビット」は、その名のごとくうさぎだが、その起源であるアフリカの口承文学においては、もともとそうではなかった。西アフリカに生息するマメジカが、典型的なアフリカのトリックスターであり、奴隷としてアメリカに連れて来られたアフリカ人たちが、見た目が似ているアメリカのうさぎを、故郷のマメジカの代用とし、ブレア・ラビットとして語り継いだのだ。マメジカは、西アフリカにおいて、賢く逃げ足の速い森の住人として知られ、そうした特徴が、ハリスの『リーマスじいや』の物語における、ブレア・ラビットにも継承され、彼の抜け目のない巧妙さのなかに息づいている。

アフリカの口承文学に起源をもつブレア・ラビットの物語は、奴隷制のもとで白人から虐げられていた黒人奴隷にとって自身の境遇を特に投影させやすいという点から、アメリカにおいても口承文学として根付き、それらの物語は『リーマスじいや』としてハリスが再話し出版することで、更なる発展をみせることとなった。トリックスター、ブレア・ラビットは、こうして、国境を越え、その土地に根ざし、時代を経て、他の文化と融合し変化を遂げてきた。

ジョージア州アトランタにあるハリスの家を訪れると、この口承文学の伝統を肌で感じることができる。今では博物館として開放されているハリスの家では、毎週土曜日に開催されるストーリー

ジョエル・チャンドラー・ハリスの家（筆者撮影）

テリングを目当てに、近隣の子どもたちがどこからともなく現れる。それまで静かな時間を刻んでいた家は、動物たちの楽しいお話が始まるのを、今か今かと心待ちする子どもたちの笑い声で、生き生きと息を吹き返す。声のトーンを変え、身振り手振りを使いながら展開されるストーリーテリングは、愉快な動物たちの世界へと大人も子どもも引き込んでいく。こうして時代や国境を越えて語り継がれるブレア・ラビットは、私たちの心にしっかりと足跡を残して、更なる冒険に繰り出すのだ。スプラッシュ・マウンテンの列に並びながら、かの有名なジッパ・ディー・ドゥー・ダーというメロディーを口ずさんでいる私たちも、実はその流れの一端に生きているのである。

〔名和　玲〕

第七章

交錯する二つのグローバル・ヒストリー

―ハワイ島コナにやって来たコーヒーと日系移民

飯島真里子

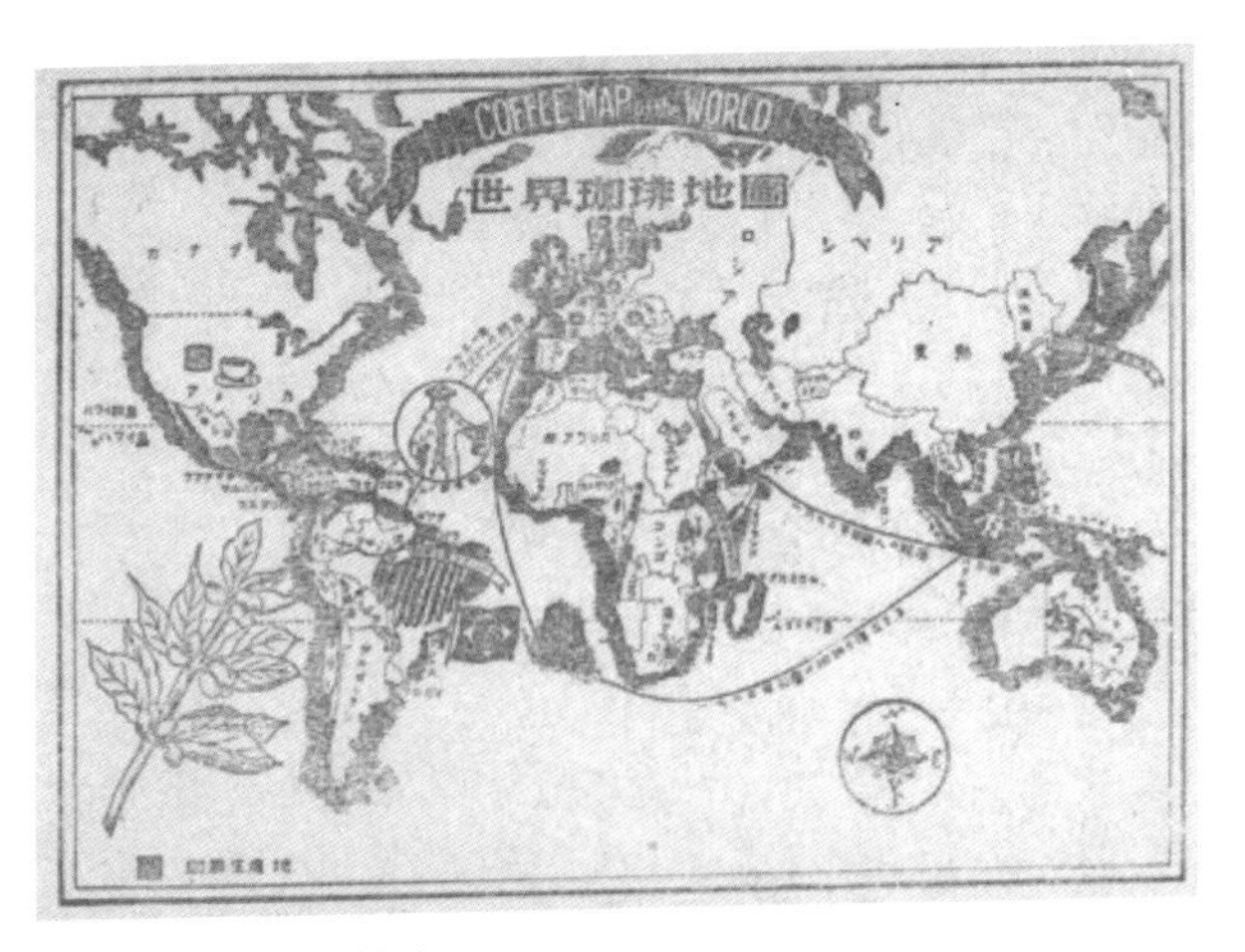

世界のコーヒー栽培地

出典：テイー・エンド・コーヒー社編『珈琲テキストブック（Coffee Buyer's Text Book）』（テイー・エンド・コーヒー社、1937年）

日系移民とコーヒー栽培

戦後日本で発明された缶コーヒー、スターバックスで素早く出されるコーヒー、機械で抽出したコンビニ・コーヒー、一杯ずつ丁寧に淹れる喫茶店のコーヒー。日本におけるコーヒー消費は年々多様化している。日本はアジア地域で最も多くコーヒーを輸入しており、一人当たりの一週間の消費量は一一杯強である。[1] つまり、私たちのほとんどは「消費者」としてコーヒーに接している。

ところが、十九世紀末から海外へ渡った日本人がコーヒーの「栽培」に関わってきたという事実はあまり知られていない。現在でも世界一の産出量を誇るブラジルをはじめ、ハワイ諸島（以下、ハワイと略）、メキシコ、ニューカレドニアなどにおいて、日系移民は既にグローバル商品となっていたコーヒーの栽培に従事した。本章の舞台となるハワイ島東部に位置するコナにおいては、実に、戦前のコーヒー栽培者の九割が日系移民であった。ここで、『珈琲テキストブック』（一九三七年）の「世界珈琲地図」をみていただきたい（扉地図）。少々みえにくいが、コーヒーの原産地があるアフリカ大陸を中心とし、ハワイが左の片隅に描かれている。戦前の日本においても、そして、現在のコーヒー栽培史の分野においても、ハワイは周辺的な存在でしかない。しかし、世界地図の中心をハワイにずらしてみると、太平洋のちょうど真ん中に位

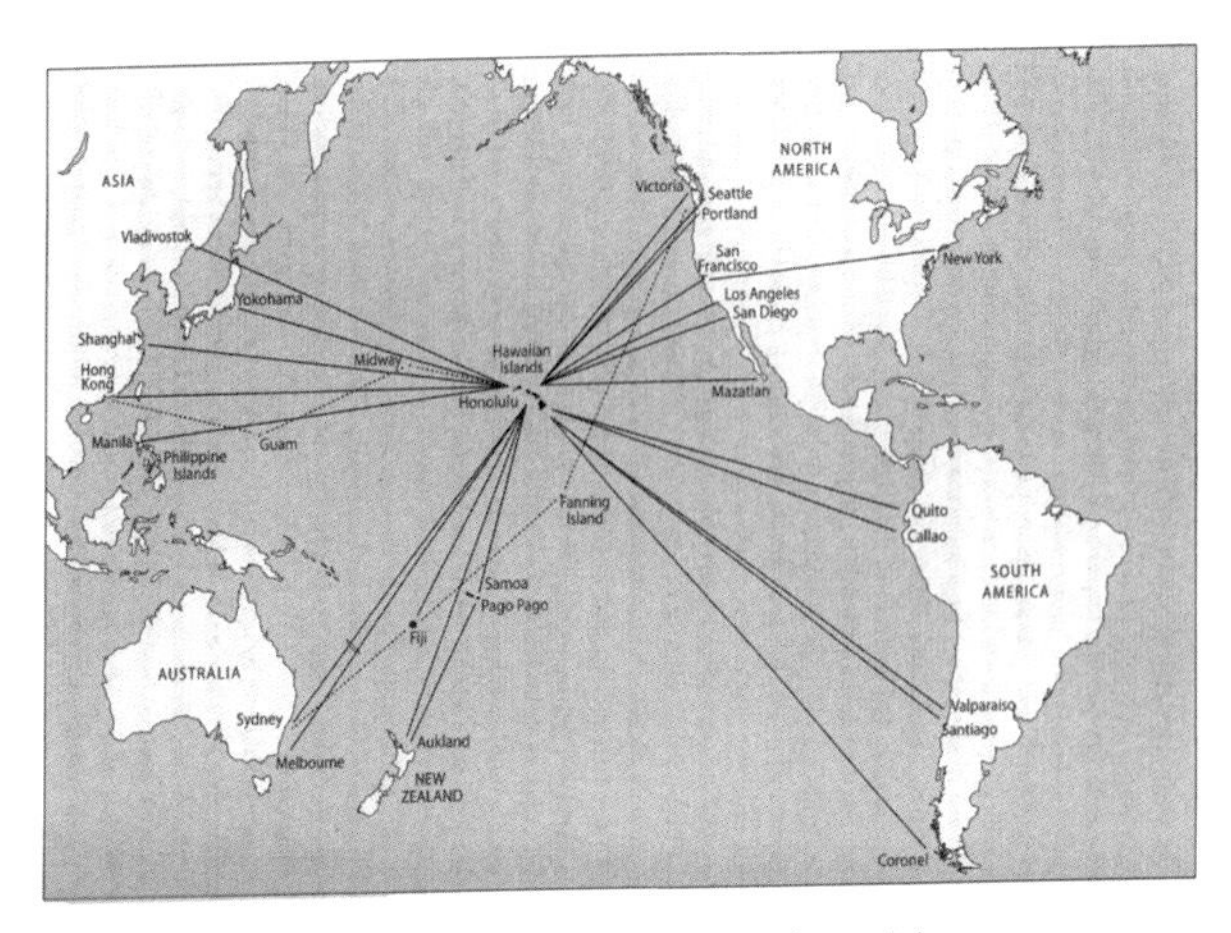

地図①　太平洋の交差点としてのハワイ（1902年）

出典：Gary Okihiro, *Island World: A History of Hawai'i and the United States* (University of California Press, 2008), p. 212.

置していることがわかる（地図①）。この地図は、一八八八年からハワイ国王カラカウアが肝いりで始めたアメリカ人観光客向けの雑誌に掲載されたものであるが、実際、当時のハワイは既に欧米・アジア地域から様々な人やモノが行き交う場であった。

本章は、人（日系移民）とモノ（コーヒー）の越境経験に焦点を当て、二つのグローバル・ヒストリーが交錯する空間としてのハワイを捉える試みである。歴史学者リン・ハントはグローバル化を「世界がより連結を深め、相互に依存していく過程」であると定義した[2]。つまり、歴史学的手法でグローバル化を描くこと（グローバル・ヒストリー）は、複数地域における移動、循環、伝播を含む越境現象を可視化するだけではなく、移動した対象が移動先の社会、経済、政治等に与えた長期的な影響について考察することでもある。ここでは、欧米とアジア地域を「連結」する存在となったハワイ社会が、両地域からの人やモノの流入と定着によって、主導権を失い、外部からの勢力に取り込まれていく過程についても検討していきたい。

コーヒーをめぐるグローバル・ヒストリー

現在、世界で最も多く飲まれているコーヒー種であるアラビカ種は、エチオピアが原産地とされる。その発見の経緯については様々なストーリーが存在し、一般的によく語られるのはアラビア少年カルディの話である。山羊飼いであったカルディはある日、自分の山羊たちが元気よく飛び跳ね、興奮気味に動き回っているのに気付いた。よくみると、山羊たちは赤い実を食べており、試しに自分も口にしてみた。すると、なかからわずかだが甘味のある、そして粘り気のある膜に覆われた種が出てきた。この種が、私たちが今日「コーヒー豆」として手にする部分である。乾燥・焙煎する前のコーヒー豆はカフェインを多く含んでいるため、それを口にしたカルディや山羊たちが興奮状態になったとしても不思議ではない。

やがて、コーヒーは、アラブやインド商人たちによって紅海を渡り、イスラーム世界へと徐々に浸透していった。十二世紀末からコーヒーは、スーフィーたち（イスラーム神秘主義の修行者）が夜通し祈り続けるためには欠かせない飲み物となった。十五世紀末になるとコーヒーはメッカを巡礼したイスラーム教徒にとって一般的な飲み物となり、彼らの移動とともにその飲用文化はアラビア半島一帯に広がっていった。しかし、一五三六年、オスマン・トルコ帝国が、当時の主要なコーヒー産地であったイエメンを征服すると、コーヒーは同帝国の重要な財源となった。その結果、コーヒー豆は熱湯処理して繁殖能力を抑えるか、軽く炒って発芽できないようにされて輸出された。一方、当時のヨーロッパでは、コーヒーが好んで飲まれることはなかった。それは、「異教者（イスラーム教徒）」の飲み物として認識されていたことに加えイエメンの職人の手によって焙煎されていたコーヒーは高額であったためである。

ところが、十七世紀に入ると、コーヒーの実や苗木がオスマン・トルコ帝国外に密かに持ち出され、南インドやセイロンでも栽培されるようになった。つまり、帝国の独占体制が崩壊し始めたのである。一六九九年、当時海洋貿易の覇権を握っていたオランダ帝国がコーヒーの木を植民地ジャワに移植したのを皮切りに、欧米帝国の植民地においてコーヒー栽培が盛んに行われるようになった。フランス植民地ではレユニオン島やマルティニク、ポルトガル植民地ではブラジル、アンゴラ、イギリス植民地ではセイロン、ジャマイカ、ウガンダ、スペイン植民地ではプエルトリコ、キューバ、アメリカ植民地ではハワイなど、世界規模でのコーヒー栽培が始まることとなる。ここで重要なのは、欧米帝国が外来植物のコーヒーを「未開」の地に持ち込んだだけではなく、労働力として外部から奴隷・移民を連れて来ることによってその大量生産を可能にし、植民地の環境、経済・社会構造に大きな変化をもたらしたことである。

ハワイ最初のコーヒーは、同地がまだ王国であった一八一三年にスペイン人フランシスコ・デ・パウラ・マリンによってオアフ島に植えられた。彼は船乗りとしてハワイに到着したが、国王のアドバイザーとしての地位を得て、しまいにはカトリック教徒であったにもかかわらず複数の先住民女性と結婚し、ハワイ社会に溶け込んでいった人物である。彼はコーヒーの他にも、オレンジ、マンゴー、パイナップルなど様々な作物をハワイに持ち込んだが、それらの商業用の栽培は成功しなかった。よって、マリンによるコーヒーはコナに移植されることはなく、後にブラジルからやってくるコーヒーの到着を待つしかなかった。

その経緯は、良くも悪くもハワイと欧米のコンタクトによってもたらされた。事の始まりは、一八二三年十一月、カメハメハ二世がイギリス国王ジョージ四世に会うため世界一周の旅に出たことにある。カメハメハ二世と王妃は無事イギリスに到着したものの、ロンドンで麻疹にかかり、イギリス国王との対面を果たすことなく死んでしまう。ハワイにはもともと麻疹はなく、多くのハワイ先住民と同様、国王夫妻も病の侵略から逃れることはできなかった。そのため帰りの航海を指揮することになったのは、同行していたオアフ島首長ボキだった。彼はロンドン滞在中にコーヒー・ハウスを訪れ、故郷ハワイでのコーヒー栽培の着想を得た。ボキは、途中寄港したブラジルでコーヒーの苗木を積み、現在のハワイ大学マノア校近くに植えた。そしてこのコーヒーが一八二八年、アメリカン・ボード（北米初のキリスト教海外宣教師団）派遣のラグラス牧師によって、コナ南部の集落カアワロアに移植された。

宣教師の家や教会の庭に植えられたコーヒーの木は先住民の注目を集め、彼らが教会へ足を運ぶようになったことから、布教活動の一端を担ったと言われている。店頭で見かける黒光りするコーヒー豆からは想像しがたいが、コーヒーは開花から実が熟すまでカラフルに変容する。ジャスミンに似た真っ白な花は枝の中央から先端にかけて咲き、満開時はまるで雪が降り積もったように見える。現地では「コナ・スノー」と呼ばれ、日系移民は開花時には毎年「ハナミ」をしていたと言う。その後、白い花は緑、黄色、橙色、赤の実へと次第に熟していく。ラグラス牧師もコーヒーの木を観賞用として植えており、商業用としてコナ・コーヒーが栽培されるまでにはしばらくの時間を要した。

コーヒーと二重の植民地化

一八三〇年代末からは商品作物用にコーヒー栽培が期待され始め、一八四二年にはハワイ王国はそれまでの豚に加えてコーヒーで土地税を支払うことを許可した。このような王国の奨励のもと、一八四〇年代にはコーヒー栽培はハワイ諸島全体へと拡大していった。しかし、コーヒーをハワイの基幹産業とするには、あまりにも問題が多すぎた。その一つには、農園経営者たちのほとんどが、ビジネス・チャンスを求めてハワイにやって来た欧米系移民だったことが挙げられる。一八六〇年代に入ってから、コーヒーの木の病気、労働者不足、世界のコーヒー価格の変動など度重なる問題に直面すると、彼らはさっさとコーヒー農園をやめ、サトウキビ生産へと転向した。気候・地形上の理由からサトウキビ生産に適さなかったコナだけは、その後もしばらくコーヒー栽培が続けられた。しかしほとんどの欧米系経営者はやがて他の地域へと移住し、結局見捨てられたコーヒー農園を世話したのはハワイ先住民たちであった。この時期にコナ・コーヒーの品質は落ちたとされるが、一八六六年、同地を訪れた小説家マーク・トウェインはコナ・コーヒーを絶賛し、その高い評価はアメリカ本土に知れ渡った。

一八八〇年代に世界のコーヒー価格が上昇し始めると、ハワイ王国で再びコーヒー栽培が注目されるようになった。王国政府は、セイロンやラテンアメリカ地域においてコーヒービジネスに携わっていたフォーシスという人物を呼び寄せ、ハワイの視察を依頼した。半年にわたる調査の結果、彼は、数年後にはコーヒーが王国の主要な輸出商品作物となる可能性が高いと報告した。その内容は、「プランターズ・マンスリー」というハワイの欧米系移民に広く読まれていた月刊誌にも紹介され、コーヒー栽培のブームを再燃させた。更に、王国最後の女王リリウオカラニが退位し、ハワイ共和国（一八九三―一九八年）が樹立すると、コーヒー栽培はそれまで以上に奨励された。新政府は、もともと王族が所有していた土地をコーヒー栽培用に一〇―一〇〇エーカーに細分化し、三〇年という長期契約で貸し出した。もちろん、貸与の対象者は欧米系移民であった。

その理由として、ハワイ共和国が欧米系移民によって、欧米系移民のために樹立されたことが挙げられる。新政府の初代大統領サンフォード・ドールは、世界的に有名なフルーツ会社ドール・フード・カンパニーの創始者の従兄にあたる人物であった。また、ドールはアジア系移民から投票権を奪った新憲法制定（一八八七年）にも深く関わっていた。このように、欧米系移民は新政府樹立以前から経済・政治活動を牛耳っており、その樹立はハワイにおける彼らによる支配を確固たるものにしたのである。ただ、この時期、彼らを悩ませていたのは、十九世紀後半からサトウキビ農園労働者としてハワイにやって来たアジア系移民の存在であった。

新政権樹立時には、アジア系移民は欧米系白人人口（全人口の七％）を大きく上回っており、日系移民に至っては四〇％近くを占めていた[3]。共和国政府は、アジア系移民に実権を握らせないためにできるだけ多くの欧米系移民を移住させ、経済活動に従事してもらう必要性を察していた。つまり、コーヒー栽培用の土地の貸与も、彼らの定住を奨励・促進することによってハワイを白人化する試みであったのである。

ここで、忘れてはならないのは先住民の存在である。コナの場合、欧米・アジア地域からの移民の流入によって、タロイモが植えられていた地帯は急速に「コーヒー・ベルト」へと姿を変えていった。そして、先住民はかつての居住区から山奥へと追いやられていった。コナに散在する集落の一つカラオアも、もともとは「布哇土人（＝ハワイ先住民、蔑称）」が多数住む地域であったが、彼らも移民の流入によって周辺地域への移動を強いられた。コナで呉服問屋を営んでいた熊本移民の中島陽は、先住民の「悲しむべき」状況についてこのように記している。

彼等は文化に追はれ中央部より海岸に、海岸より山奥にと辺鄙な所を選び他人に交らずの別天地即ち彼等の楽天地を求めて居る。然し時世の返動は如何せん、其中に支那人が割込み日本人が入り近頃は比律賓（フィリピン）人が多数に入り込んで彼等の婦女と接近して歓心を求め盛んに雑婚が行われ近き将来に於ては純粋なる布哇土人は居なくなり布哇土人保護の見地からして実に悲しむ可き事柄である。同所は小部落に過ぎないが教会堂の多数にあるは一驚に値する。(4)

居住場所の喪失、キリスト教への改宗、アジア系移民の流入・定住、異なる人種との婚姻関係──先住民の立場からすると、欧米系もアジア系移民も「侵略者」同然であった。実際、一八五三年に七一三四人いたコナの先住民は二十世紀初頭には二七九七人へと激減し、その一方で日系移民は全人口の過半数を占めるほどに増加した。

ここで、「侵略者」についての議論をもう少し発展させたい。一八九八年にアメリカの準州となったハワイは、アメリカ帝国の植民地となったというのが一般的な理解である。しかし、近年では、ハワイ先住民の研究者を中心に、「アジア人移住植民地主義（アジアン・セトラー・コロニアリズム）」という概念が提唱されるようになった。その概念とは、宗主国以外からやって来た移民たち──ハワイの場合はアジア系移民──も、先住民から土地や仕事を奪い、植民地化の一端を担ったということである。後述するが、日系移民はその過酷な労働体験からサトウキビ農園の「犠牲者」としての語りが主流であったが、この概念の台頭は、これまでの研究者が先住民の存在をあまりにも軽視してきたことへの批判でもあろう。

日本人の移動からみるグローバル・ヒストリー

そもそも、なぜ、日系移民は口にしたこともないコーヒーをコナで栽培するようになったのだろうか。その前に、戦前の日本人移民の国際移動に関して簡単に触れておきたい。

日本からの海外出稼ぎは、明治元年（一八六八年）にハワイ王国に移民した「元年者」に始まる。ところが、サトウキビ農園での労働環境に対する不満から、元年者のなかには多数の帰国者がいたため、明治政府は一時的にハワイへの移民を禁止する。一八八五年にはハワイ移民が再開し、日本人労働移民が禁止される「排日移民法」制定（一九二四年）までに約二二万人がハワイへと渡った。これは、戦前の海外移民者総数の三割を占め、二位のブラジル（約一九万人）、三位の米国本土（約一一万人）を大きく引き離していた。[5]

移民たちがまず向かった先は、コーヒー農園ではなく、サトウキビ農園であった。その多くは農園と三年の労働契約を結んでいたので、契約期間中、一生懸命働き、大金を稼いで帰郷するつもりだった。移民たちに「錦衣帰郷」の夢を与えた媒体の一つは、移民募集の広告であった。一八八四年一〇月二二日付の中外物価新報（現日本経済新聞）に掲載された広告ではハワイ王国が非常に魅力的に描かれている。

横浜よりアメリカ桑港（サンフランシスコ）に到る海路に島ありその名をサンドウッチと云ひ此島の王国をハワイと云う……国は景色も好く物価も安く誠に住居よき国なるうえ、季候は年中わが国の春から秋にて暑さもなければ寒さもなく、夫婦共稼ぎに稼がば、月々余程の給金をえられる……近年の米価下落にて随分お困りの方もあらんかその方々にはなんと一奮発なされ四五年ハワイへ出稼ぎして長者となられては如何

この広告には、現代の日本人が持つハワイへの楽園思想の原点とも言えるような描写が見受けられる。しかし、ハワイでの労働が始まるとすぐに、移民たちはそれが夢物語であることを悟った。炎天下での過酷な労働に加え、「三年で四〇〇円」と貯まるという額からは程遠い純収入であった[6]。ハワイの日本語新聞『日布時事』によると、平均月収一四・六ドルに対し、生活費（食費、洗濯・風呂代など）や日本への送金を差し引くと、手元に残るのはわずか二・二七ドルだった（一ドル＝二円）。

それ以上に日系移民を苦しめたのはサトウキビ農園での「非人間的」な扱いであった。コナ

出身日系二世のエガミは、農園での父親の体験をこのように語っている。

彼ら（ルナ―ハワイ語で監視員のこと）は、彼ら（農園労働者）の仕事が少しでも遅れると、よく鞭で打ったものだったよ。彼らは動物のように働かされていたね。ある時、彼（エガミの父）は、ルナが「ラバはおまえらよりももっと価値があるんだぞ」と言ったのを聞いたらしい。事実、ラバは当時かなり高価だったしね。彼ら（ルナ）はこの人たちをまるで（ラバ以下の）犬かのように扱っていたんだよ。[7]

このように、ルナによる監視は厳しく、労働者が少しでも手を休めると鞭で打つなどの体罰を加えたり、罰金を科したりすることがしばしば起こった。結局、少なくとも移民の半数以上は、労働契約が終了しても、期待していたほどの貯蓄はなかったため、帰郷することは恥であると判断した。よって、彼らは農園との契約を延長したり、待遇のよい農園と新たに契約を結んだり、米国本土へ渡航したりするなど、それぞれの道を模索した。

そのなかには契約途中に農園から逃げ出し、新天地で生活を求めた者もいた。彼らの目的地の一つが、ハワイ島のなかでも辺鄙な場所に位置していたコナである。

リフュージとしてのコナ

南コナの海岸沿いに「プウホナウ」と呼ばれる場所がある。ここには、かつて、ハワイ語で「カプ」と呼ばれる戒律を破った先住民が処罰を逃れてやって来たリフュージ（避難地）があった。カプは十九世紀初頭までハワイ社会において厳格に守られていた。例えば、女性が口にすることが禁じられていたバナナや豚肉を食べた場合、死刑が科せられた。しかし、プウホナウに自力で辿り着くことができれば、死刑を免れ命拾いできた。

コナは、サトウキビ農園から逃亡して来た日系移民たちにとってもリフュージとしての役割を果たした。日系移民にとってコナの最大の魅力は、小作農を中心としたコーヒー栽培に従事できる点にあった。サトウキビ農園では、人種・エスニックグループに基づいた階級社会が形成され、日系移民を含むアジア系移民の大部分は農園労働者にしかなれず、監督者ルナのほとんどはスペイン、ポルトガル系移民によって占められていた。また、同じ内容の労働にもかかわらず、賃金も厳格に差別化されていた。一方、コナにやって来れば、より「自由」で「独立」した生活を送ることができると言われていた。ちょうど日系移民たちがコナにやって来るようになった十九世紀末は、欧米系移民による大農園式の経営から小作制度によるコーヒー栽培が定着しつつあった時期であった。

日系移民はコーヒー栽培にあたり、欧米系移民が経営するコーヒー会社（イギリス系移民によって設立されたキャプテン・クック社とドイツ系移民によって設立されたアメリカン・ファクター社）から五―一〇エーカーの土地を一〇―二〇年単位で借り受け、収穫したコーヒーで借地料を支払うことになっていた。ただし、借りた土地では、コーヒーの栽培地以外に、自宅や家庭菜園用に一部を使用することが許されていた。また、賃金労働であったサトウキビ農園とは異なり、コナでのコーヒー栽培者は労働時間や栽培・生産処理方法を自らの裁量によって決めることができた。また、日系移民は米の脱穀機にヒントを得た「パルパー」（果実を果肉から離す機械）や豆を天日乾燥させる「干し棚」を開発するなど様々な工夫をし、生産量・質の向上を目指した。干し棚は、にわか雨が降った際に備えて、すぐ雨除け用の屋根が動かせる仕組みになっており、現在でもコナで使用されている。

借地とはいえ、自分たちが管理できる土地を持っていたことで、日系移民は「独立」した生活を得たような感覚を抱いた。実際、日系一世のタニマも、コナでは独立した生活ができると聞き、サトウキビ農園での三年の労働を終え、コナにやって来た一人である。

もう一人の友人である、ナカノ　キクジロウに会ったんだ。彼は、コナから戻ってきたばかりで、「コナは素晴らしいよ。パイナップルからコーヒーまで何でも栽培することができるし、それに、とても簡単に独立して働くことができるんだ」と言っていたよ。だから、それを聞いて、私もコナに行くことを決心し、サトウキビ農園でもう二ヵ月働いてから、コナにと向かったんだ。(8)

つまり、サトウキビ農園で過酷な労働を強いられていた日系移民労働者にとっての目標はもはや大金を稼ぎ帰郷することではなく、ハワイで「独立」した生活を確立することへと変化していた。

ところが、逃亡は決して容易ではなかった。コナはハワイ島の西側に位置しており、サトウキビ農園は島の東側に集中していた。そのため、島を三、四日かけて横断しなければいけなかった。更に農園が雇った保安官の追跡を避けるため移動は夜に行われ、その道のりは西に向かうにつれ、亜熱帯のジャングルから真っ黒な溶岩砂漠へと変化していくという険しいものであった。長く、危険な逃避行の後、無事コナに辿り着いても、なかには保安官による執拗な追跡を恐れて名前を変える者もいた。一方、コナでは、先にやって来た日系移民たちが、同胞の逃亡者を快く受け入れた。彼らは、マルカイ（ハワイ語で「保護された者」）と呼ばれる援助システムを組織し、着の身着のままで来た人々に衣服、食料、住居を提供し、仕事がみつかるまでコーヒー栽培の手伝いなどができるように取り計らった。

実のところ、コナの日系移民も日本から直接移民したり、サトウキビ農園での契約を終えてから再移民したりした者の方が、逃亡者より多かった。しかし、逃亡移民の記憶は、現在でもコナ日系人に語り継がれ、彼らのアイデンティティの源となっている。なぜなら、逃亡物語はサトウキビ農園における欧米系移民による支配に対する抵抗物語であり、また、農園に残った日系移民とは違って自ら「自由」を獲得したというサクセス・ストーリーでもあるからである。

コナの「日本人村」

最後に、コナにやって来た日系移民が、本当に「自由」で「独立」した生活ができたのかについてみていきたい。コナでは、サトウキビ農園で日常的にみられた直接的な支配―従属関係はほとんど確認されておらず、日系移民がマジョリティであったことから「日本人村」のような様相を呈していたと言われる。コナに点在する各集落では、隣人同士による援助組織「クミ(組)」が形成され、日本式の冠婚葬祭の準備・運営、火事に見舞われた家の改修などメンバーが大家族のように助け合っていた。異国の地で、しかも片田舎のコナで生きていくためには同胞の協力は不可欠であった。

ところが、もう少し広い視点でみると、日系コーヒー栽培者も支配―従属構造のなかで暮らしていたことがわかる。先に述べたように、彼らの大部分はコーヒー会社から土地を借りたうえ、借地料としてコーヒーを納めていた。収穫の時期になると、栽培者は毎日のように摘みたてのコーヒーの実を栽培地近くのストア（雑貨店）に納入した。納入品はコーヒー会社によって回収され、ブラジル・コーヒー価格をもとに値が付けられた。このプロセスにおいて、コーヒー栽培者たちが買い取り価格を交渉する余地はなかった。

更に、日本からの食料、衣服、薬を含む生活必需品や農具、肥料などストアで売られる商品の流通・販売に関してもコーヒー会社が独占していた。コーヒー栽培者はストアで生活必需品等を購入し、その購入費は借地代と共に、納入したコーヒーの利益から差し引かれた。つまり商品取引は現金ではなく、クレジット（信用貸し）方式で行われており、ストアはコーヒー会社と栽培者をつなぐ仲介役となった。

クレジット方式は、コーヒーの買い取り価格が高く豊作が続いた時期には、農園会社、ストア、栽培者全てにとって好都合にはたらいた。しかし、二十世紀前半だけをみても、世界のコーヒー価格は乱高下しており、安定的な収入は望めなかった。例えば、世界恐慌時にはコーヒー価格も一年で半減し、下落は一九四〇年半ばまで続いた。そして、そのしわ寄せは、コーヒー会社ではなく、栽培者にのしかかることとなり、一九三〇年代にはコーヒー農園数もかなり減少した。ところが、激減する収入と反比例するかのように、日系移民の家族は拡大したため（コナでは七－八名の子どもがいる家族が多かった）教育費・生活費などの出費が増加し、ストアへの借金も必然的に膨らんでいった。

借金はコーヒー会社に対して負っていたのだが、ストアが仲介役になっていたことが良くも悪くも、日系のコーヒー栽培者をコナに留めた。つまり、ストア経営者は負債者（栽培者）と同じ日系移民であり、そして多くの場合、クミのメンバーでもあった。また、ストアはコーヒーや商品の取引きだけではなく、集落における社交の場としても機能していた。外に備え付けられたベンチには誰かしらが座りおしゃべりをし、子どもたちは学校帰りにアイスキャンディを食べに立ち寄った。このようなストアを中心とした小さなコミュニティでは、ストアが借金の取り立てをするどころか困っている栽培者を救済し、栽培者はストア経営者に迷惑をかけないようコーヒー栽培に精を出し借金を返そうとする、日本的な「義理と恩」のような関係が構築された。言い換えれば、コーヒーの世界価格の下落による損失を借金として押し付ける欧米系コーヒー会社、借金の取り立てを積極的に行わないストアの存在により、日系移民たちはコナに定住するようになっていった。ここに、グローバルな規模で動くコーヒー産業に翻弄されるローカルな移民コミュニティの営みが垣間見える。

さて、カルディ少年がエチオピアでみつけたコーヒーは、十数世紀の時を経てハワイ島コナに辿り着いた。コナ・コーヒーの栽培史は、植民地作物としてのコーヒー栽培の移動とコーヒー栽培・生産に関わった移民（欧米系、日系）の移動が複雑に絡み合ったグローバル・ヒストリーである。オスマン・トルコ帝国の独占から解き放たれたコーヒー栽培は、欧米帝国の植民地経済を支え、土地と非白人の支配を徹底するツールとして世界へと広がっていった。ハワイで最も田舎と言われたコナでの栽培もその例外ではなかった。しかし、実際の栽培を担ったのは、先住民ではなく日本から移民して来た人々であった。日系移民たちは、サトウキビ農園による直接的な支配構造から逃れ、独立した生活に憧れコナを目指した。しかし、皮肉なことに、世界価格の影響下にあったコーヒーの栽培を生業とする生活は、日系移民を次第にコナに縛り付けていった。つまり、コーヒー栽培は大農園制度に対する抵抗でもあったが、それはグローバル市場経済への従属を意味した。

最後に、グローバル・ヒストリーの課題について言及したい。広域にわたる「移動」に注目するグローバル・ヒストリーは、移動しない、あるいは移動できなかった人々の視点を見過ごす傾向にある。コナで言えば、ハワイ先住民であろう。コナ・コーヒー歴史が公の場で語られる際、その栽培にほぼ関与しなかったとされる先住民が表舞台に出てくることはほとんどない。コーヒーが栽培された土地はかつて先住民がタロイモを作っていた場所にもかかわらず、である。冒頭で紹介したハントが言うグローバル化がもたらす地域の相互依存性は、ハワイ先住民にとって「相互」という言葉に表されるような対等な関係ではなく、まさに植民地的支配―従属の関係性であった。コナの先住民に欧米やアジアから来た移民の存在はどのように映ったのか、また、彼ら・彼女らの視点からみるとコナ・コーヒーの歴史はどのように描けるのか、これについては今後の課題としたい。つまり、コーヒーと移民のグローバル・ヒストリーも数ある過去の語り方の一つでしかなく、その歴史に埋もれてしまう人々はまだ存在しているのである。

この章の研究は日本学術振興会科学研究費JP16K03003の助成を受けた。

【注】

（1）コーヒー協会「日本のコーヒーの飲用状況」http://coffee.ajca.or.jp/wp-content/uploads/2011/08/data04_2015-06b.pdf（最終閲覧日二〇一七年七月三一日）

（2）Lynn Hunt, *Writing History in the Global Era* (New York, London: W.W. Norton & Company, 2014), p. 52.

（3）Franklin Odo and Kazuto Sinoto, *A Pictorial History of the Japanese in Hawai'i 1885-1924* (Honolulu: Bishop Museum, 1985), pp. 18-19.

（4）中島陽『コナ日本人實情案内』（精神社、一九三四年）、一〇頁

（5）飯田耕次郎『ハワイ日系人の歴史地理』（ナカニシヤ出版、二〇〇三年）、二一―二三頁

（6）森永卓郎監修『物価の文化史事典―明治・大正・昭和・平成』（展望社、二〇〇八年）、三九八頁

一九〇〇年の東京・公立小学校の初任給は、一〇円（年収一二〇円）であった。ハワイ移民の多くが広島や山口県の農村部出身であったことを鑑みると、「三年で四〇〇円」は大金だったと言えよう。

（7）Ethnic Studies Oral History Project, *A Social History of Kona* (Honolulu: University of Hawai'i Oral History Center, 1981), p. 263.

（8）John R. Alkire, *An Oral Historical Study of the Migration of Eight Japanese Coffee Farmers and Their Labour Experience in the Hawaiian Islands between 1903 and 1978*, p. 21.

◎文献案内

○グローバルな商品作物（コーヒー、パイナップル等）の歴史を描いた文献

・シドニー・ミンツ（川北稔・和田弘光訳）『甘さと権力』（平凡社、一九八八年）

・小澤卓也『コーヒーのグローバル・ヒストリー――赤いダイヤか、黒い悪魔か』（ミネルヴァ書房、二〇一〇年）

・Gary Y. Okihiro, *Island World: A History of Hawai'i and the United States* (Berkeley: University of California Press, 2008).

・ケネス・ポメランツ、スティーブン・トピック（福田邦夫、吉田敦訳）『グローバル経済の誕生――貿易が作り変えたこの世界』（筑摩書房、二〇一三年）

○戦前の日本人の国際移動についての全体像がわかる文献

・岡部牧夫『海を渡った日本人』（山川出版社、二〇〇二年）

・米山裕・河原典史編『日系人の経験と国際移動――在外日本人・移民の近現代史』（人文書院、二〇〇七年）

・また、太平洋における移動・植民地化を海の視点から論じた単著としては、増田義郎『太平洋――開かれた海の歴史』（集英社新書、二〇〇四年）がおすすめ。

○ハワイについての文献

・サトウキビ農園労働者については、ロナルド・タカキ（富田虎男訳）『パウ・ハナ―ハワイ移民の社会史』（刀水書房、一九八六年）を是非読んでほしい。

・特に日本人移民に焦点を当てたものとして、Yukiko Kimura, *Issei: Japanese Immigrants in Hawaii* (Honolulu: University of Hawai'i Press, 1988) がある。

・アジアン・セトラー・コロニアリズムに関しては、Candace Fujitake and Jonathan Okamura Y., eds., *Asian Settler Colonialism: From Local Governance to the Habits of Everyday life in Hawai'i* (Honolulu: University of Hawai'i Press, 2008) に詳しい。

Q ディスカッション・クエスチョン

① 本章ではハワイのコナ・コーヒーの歴史について学びましたが、歴史学において「モノ」に焦点を当てることの有効性や意義について検討してみましょう。

② ハワイはしばしば、様々な背景をもつ人々が共存する多文化社会の成功例として取り上げられますが、本章を読んで、そのような見解についてどう思いましたか。また、なぜそう思いますか。

コラム　宇宙に行ったコナ・コーヒー

一九八六年一月八日。まだ、小学生だった私は、テレビでスペースシャトルが空中分解した衝撃をいまだに覚えている。

発射から七三秒後に爆発したシャトルの名はチャレンジャー。当時チャレンジャーの乗組員は、女性二名に加え、アフリカ系、日系アメリカ人など多様な背景をもつチームとして注目を浴びていた。そのなかに、コナ出身の日系三世の宇宙飛行士エリソン・オニヅカもいた。地元コナワエナ高校を卒業したエリソンは、アメリカ本土のコロラド大学で航空宇宙工学を専攻し、一九七七年、八千人の応募者の中から三五名の宇宙飛行士の一人として選ばれた。

米国初のアジア系宇宙飛行士となったオニヅカは、コナばかりではなく、ハワイ州の、そして米国全土の日系コミュニティのヒーローとなった。しかし、彼はコナに自分のルーツがあることを決して忘れなかった。一九八〇年、母校コナワエナでスピーチをした際、彼は、「私のようなコナのコーヒー畑で育った人間が、スペースシャトルで宇宙に飛べるのはひとえに家族と友人のおかげです」と語った。そして、チャレンジャーの前年、ディスカバリー号に乗船したエリソンは、コナ名産のマカデミアナッツと共にコーヒー（フリーズ・ドライ）を持って行った。

残念ながら、オニヅカは三九歳という若さでこの世を去ったが、その後、米国から打ち上げられるスペースシャトルにはコナ・コーヒーが積まれていたという。二〇一一年にスペースシャトル計画が終了するまで、コナ・コーヒーは彼のメモリーと共に宇宙への旅を続けていたのである。

Dennis Ogawa M. and Grant Glen, *Ellison Onizuka: A Remembrance* (Honolulu: Mutual Pub, 1986).

祖父母の故郷うきは市（福岡県）にあるエリソン・オニヅカ橋（筆者撮影）

第八章

東アジアのアメリカ女性宣教師とグローバル・ヒストリー

石井紀子

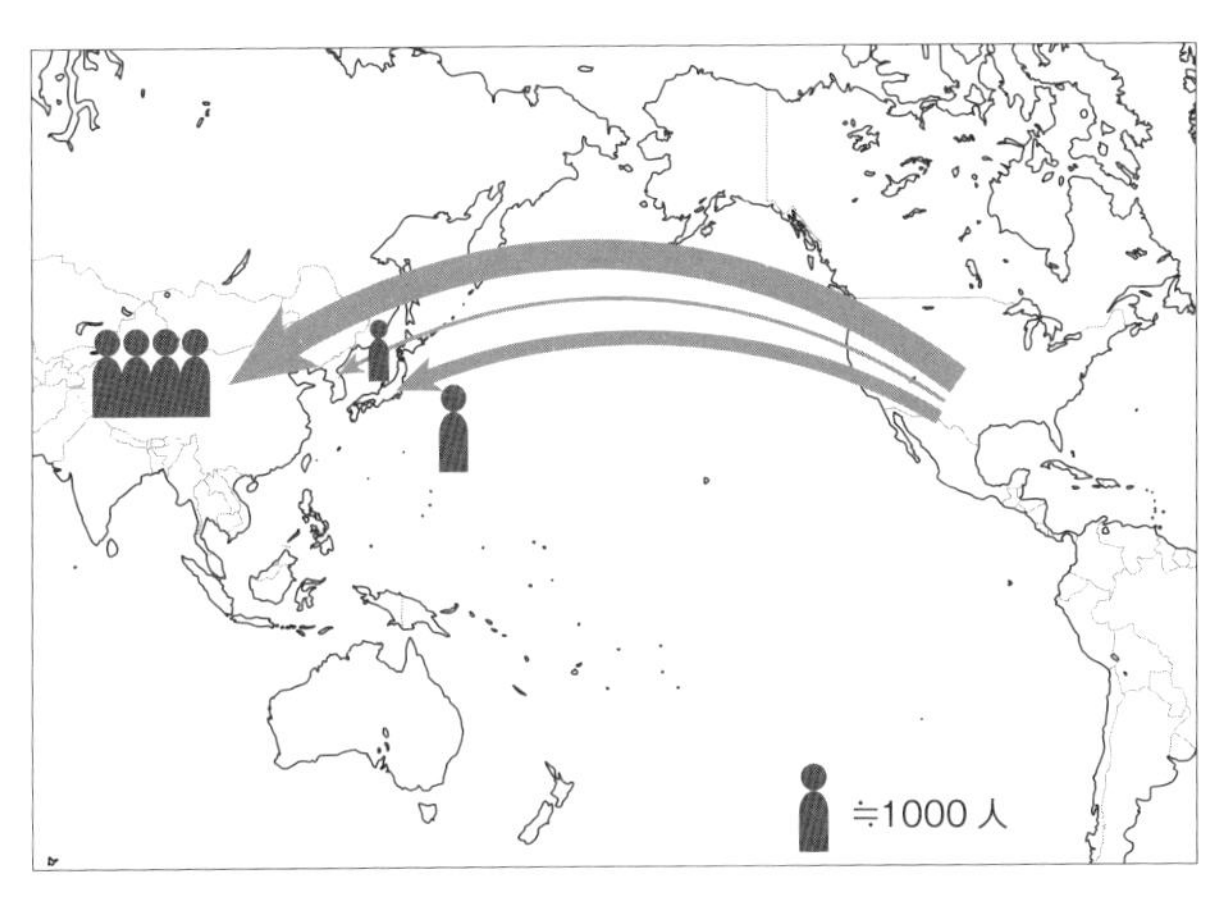

東アジアにおけるプロテスタント宣教師（1910年）

出所：筆者作成

海外伝道への複眼的まなざし

人の移動によって生じる異文化接触や衝突はこれまでも既存の社会に様々な変化をもたらしてきた。その過程を明らかにするために、グローバル・ヒストリーでは「異なる諸地域間の相互連関や相互の影響」の分析を重視する。この視点からみると、宗教を伝える目的で行われた「海外伝道」という人の移動によるキリスト教のグローバル化は、グローバル・ヒストリーのなかでも古くて新しいテーマと言えよう。

本章では、十九世紀半ばから二十世紀初頭にかけて、キリスト教を伝えるために海外伝道に赴いたアメリカ女性宣教師による日本・中国・韓国伝道を比較し、「異なる諸地域間の相互連関、相互の影響」について考えてみたい。まず世界のプロテスタント伝道における各国の伝道の位置付けを確認する。次に、女性宣教師が海外伝道に赴いた動機及び海外伝道を支えアジア女性に伝えようとした基軸概念をまとめる。続いて各国の伝道の特徴を紹介する。最後にグローバル・ヒストリーの観点から日中韓の事例研究を比較した時、一国の事例研究ではみえない相互連関がみえてくるのか、一緒に考えてみよう。

プロテスタント教会による東アジア伝道──一九一〇年の統計からみて

アメリカのピューリサーチセンターが二〇一五年に発表した世界の人口動態と宗教分布の調査によると、二〇一〇年現在の世界総人口六九億人のうち、キリスト教徒はおよそ三人に一人の二二億人にのぼり、信徒数としては世界最大の人数を誇る。日本・中国・韓国におけるキリスト教徒の総人口比は一・六%、五・一%、二九・四%であり、韓国が世界平均と並ぶ高い比率を占める一方、日本は際立って低い。

翻って一九一一年に発行されたプロテスタント教会による世界伝道の統計によると、世界に派遣された宣教師総数およそ二万人のうち、インド、中国に四千人を超える宣教師が派遣され、南アフリカに千五百人、次いで日本には千人強と世界四位の人数の宣教師が派遣されている。国土の広さや世界総人口に対する人口の規模を考えると、この時点では日本伝道に対する期待がかなり高かったと想像できる。

派遣された宣教師には牧師や医師の資格を持つ者と持たない者、宣教師の妻として赴任する女性宣教師と独身女性宣教師がいた。日中韓の医療宣教師の人数や比率を比較すると、順に一一名（一%）、三六五名（八・七%）、三六名（一一・七%）と日本が少ない。このことから、プロテスタント海外伝道事業における教育・医療・伝道という三本柱のうち、日本では医療伝道は低迷していたと言わざるを得ない。更に医療宣教師の男女比をみると、日本では女性が医療宣教師総数のわずか一割の一名であるのに対して、中国や韓国では半数近くが女性医療宣教師となっている。この特徴は病院や医学校、看護学校の数の統計にも反映されている。中国では宣教師による病院が二〇七、診療所が二九二、医学校五五、看護学校が二六あるのに対し、日本では病院が一〇、診療所が九、医学校が四、看護学校が一と大きな開きがある。宣教師総数が日本の三分の一の韓国に比べても、宣教師による医療機関数は、日本は韓国の六割に過ぎない。

他方、教育伝道では、中国や韓国では小学校の数が宣教師の教育事業の八割から九割を占めているのに対し、日本では四割と低く、逆に、大学、師範学校、神学校、高校が四五％にのぼる。よって日本における教育伝道は高校以上に集中していることがわかる。この統計では、女子教育機関の数は明らかにされていないが、高校以上の学校に通う生徒の男女比をみると、女子生徒数が生徒総数に占める割合は、日中韓の順で四二％、三五％、二四％と日本が高い。特に一九一〇年現在の宣教師による大学の数と女子学生数（男子学生数）を比較すると、日中韓の順で、七校、九四名（四〇〇名）、一八校、二三名（八九六名）、一校、〇名（二三名）と日本の女子大学生の人数が際立って多い。また幼稚園の数も日中韓の順に三二、一三、〇と日本に多いのが目立つ[1]。

この数字からは日本伝道の特徴が浮かび上がってくる。プロテスタント宣教師が行った中国や韓国伝道と比べると、日本の場合は医療より教育、教育のなかでは小学校以外の教育、そのなかでもとりわけ女子教育に重点が置かれていたことがわかる。

それは、日本が明治の近代化により東アジアのなかで最も早く政府によって教育制度と医療制度が整備され、宣教師が参入できる領域が制限されていたからと考えられる。一八九九年文部省訓令第一二号が発布され、文部省認可の教育機関における宗教教育が禁止されると、宣教師は小学校教育より撤退した。他方、幼児教育や女子教育については、文部省による整備が立ち遅れていたために、宣教師は各種学校として文部省の認可外で教育事業を展開することができた。ところが医療伝道の実績が乏しいのは明治中期に東大医学が確立し、宣教師は日本人対象の医療行為を行えなくなったからであった。女子教育と幼児教育は、アメリカ女性宣教師が恐らく日本にもたらした「共和国の母」という建国期アメリカの女性論―女性に共和国の市民を育てる母としての役割を期待し、そのための女子教育が必要であるとする考え―からみると、密接な繋がりをもつものであった。明治日本において、たまたま政府主導の教育の近代化の中で手薄であった分野とはいえ、宣教師による女子教育と幼児教育の両方が受容されたことは日本の近代的良妻賢母主義の形成に少なからず寄与したと言えよう。

アメリカ女性の海外伝道―なぜ伝道に赴いたのか

次に、日本・中国・韓国に赴いたアメリカ女性宣教師に共通する海外伝道の動機と、伝道を支えアジア女性に伝えようとした基軸概念を簡単に整理したい。

一七八〇年頃から一八四〇年頃にかけてアメリカでは第二次信仰復興運動が広まっていた。これに付随して、千年王国が到来した後にキリストの再臨があるとするポスト・ミレニアリズムが浸透すると、人間の努力によって福音を全世界に伝えることがキリストの再臨を実現させるという考えが広がり、これが海外伝道熱を後押しするようになった。また産業革命の進展によって、女性の領域は家庭であり、敬虔・純潔・従順・家庭性が女性に期待される四つの美徳として中産階級の白人女性に浸透すると、社会が悪に染まっていくなかで女性が「道徳の守護者」として宗教を司ることが最も崇高な役割と考えられるようになった。そして、異教徒たちに福音を広める海外伝道の仕事はまさにそのジェンダーにぴったり合致する仕事となったのである。

一方、海外伝道は現地の女性に福音を伝えることが最も効果的な方法であり不可欠とされていたが、伝道地の女性たちは女性だけの空間に隔離されがちであった。そこで女性への伝道は男性の宣教師ではなく、女性しか行うことができない「女性のための女性の仕事」であると認識されるようになった。女性は按手礼を受けることができなかったので、牧師になることはできなかったが、異性との接触を嫌う伝道地のジェンダー規範が存在していたことから海外伝道への参入が正当化されたのだった。こうした伝道思想に基づいて女性伝道局が結成され、多くの独身女性宣教師が海外伝道に赴くようになったのである。

女性宣教師による海外伝道を支え、宣教師が伝道地の女性たちに伝えようとした基軸概念はクリスチャンホームの概念であった。クリスチャンホームとは神の前で愛と敬意によって結ばれた一組の夫婦による温かい家庭を指す。一組の夫婦が、明るい日差しに揺れる、掃除の行き届いた部屋でこぎれいな衣服をまとった子どもたちと一緒に食事をしながら談笑する。子どもたちは敬虔なクリスチャンの母親に育てられ、自然に自己規律を兼ね備えるようになる。こうしたクリスチャンホームこそ、世界の異教徒たちに最も恐怖心を与えない福音のメッセージであった。世界各地に派遣された女性宣教師によってこの考えが伝道地の女性たちに伝搬されていったのである。

日本伝道と女子教育

女性宣教師による日本伝道の特徴は女子教育、特に女子中等教育と高等教育への貢献である。一八七〇年、最初の独身女性宣教師であるメアリ・E・キダーが来日してフェリス・セミナリー（現在のフェリス女学院）を開校した。それから明治中期一八九〇年までにプロテスタント女性宣教師が開いた女子のミッションスクールは四五校に及び、日本の官立・公立の女子中等教育機関八校をはるかに凌駕する。[2] 今日まで存続している教育機関が多いことからも日本の女子教育への貢献は大きい。

女子教育への貢献に比べると、女性宣教師による医療伝道への貢献はあまり大きくない。一八八六年に開設された京都看病婦学校と桜井女学校附属看護婦養成所において、看護伝道が行われたが、京都看病婦学校をみる限り入学希望生徒数は低迷し、一九〇六年には閉校に追い込まれている。そもそも男性宣教師を含む医療伝道をみても、明治二年という早い段階から政府が近代西洋医学に基づく医学教育制度を定め、ドイツ医学を採用して明治中期には東大医学が確立したため、医療宣教師は医療から排除された。女性医療宣教師に目を向けると、一八九〇年までにアメリカ最古の海外宣教団体のアメリカン・ボードから日本に三名派遣されたが、医療伝道はほとんど行っていない。そのうちの一人、メアリ・アナ・ホルブルックは前任地の中国では医療伝道を担当したが、日本では医療でなく神戸女学院の建物の設計や、女子教育のなかで理科教育の仕事をした。このように、医療伝道の成果があまり出ないのも日本伝道の特徴の一つであった。

では、なぜ日本では女子教育への貢献が大きかったのか。一つにはアメリカ女性の海外伝道の最盛期と、日本の近代化の時期が一致したことが挙げられる。次いで文部省による教育制度の近代化において男子の教育が優先され、女子中等教育が空白となっていたという事情もあった。六歳から一四歳までの小学校教育が定められ、女性は小学校教師に向いているというお雇い外国人デビッド・マーレーの進言に基づいて、一八七四年に小学校教師を養成する東京女子師範学校（現在のお茶の水女子大学）が設置される。その後一八九九年に高等女学校令が公布されるまでの二五年間、女子の中等教育の法整備はなされず、女子は小学校を卒業すると進学先がなかった。このように行き場を失った一〇代の女子生徒が存在したこともプラスに作用した。

しかし、中国や韓国に比べて重要なのは、教養の高い知識層であった没落士族が宣教師の開くミッションスクールに関心を抱いたことだった。プロテスタント宣教師の来日がたまたま明治維新前後であったことから、維新によって没落した旧士族は、新しい時代における巻き返しを目指して宣教師の学校に妻子を送り込み、英語や西洋の知識を修得させた。また開校にあたり地元の知事や元藩主から経済的支援を得られることも多かった。更に宣教師が驚いたのは、日本女性は中国や韓国のように隔離された状況になく、自由に宣教師の学校を覗きに来ることができたことであった。よって日本のミッションスクールでは、明治中期まで生徒集めに苦労することはなかった。このように没落士族の関心、日本人の経済的支援、女性の移動の自由等、日本は他の東アジア地域に比べて、女性宣教師が教育伝道を行うための好条件がそろっていた。

その結果一世代で日本のキリスト教国化が達成できると宣教師が楽観視するほど明治初期の女性伝道は順調に滑り出したのであったが、彼女らはやがて日本人の求めているものがキリスト教よりも英語や西洋の知識にあることを感じ取るようになる。そして本来伝道の手段に過ぎなかった教育が伝道より優先されるようになると、女性宣教師にとってジレンマとなった。他方、一八八〇年代半ばから大日本帝国憲法の起草と共に天皇制確立の社会的風潮が高まると、反キリスト教主義も再燃し、例えば神戸女学院でも一八九四年には生徒数が最盛期の半分以下に激減した。更に文部省による学校認可が進み、一八九九年に文部省訓令第一二号によって、「官立公立学校及学科課程に関し法令の規定ある学校」に於いて「課外たりとも宗教上の教育を施し又は宗教上の儀式を行うことを許さざるべし」と定められると、ミッションスクールは学たちまち危機に瀕した。(3) これには多様な対応策がとられたが、多くのミッションスクールは学校認可を得ずに各種学校に甘んじて宗教教育を堅持する道を選んだ。更に一八九九年の高等女学校令の公布により、政府による女子中等教育が整備されていくと、宣教師は宗教教育を保持しつつ、ミッションスクールの生徒を確保し、自前の教師を養成するために、教育内容を引き上げ、女子高等教育にも参入していった。その結果、多くのミッションスクールが日本側の需要に応え得る、特色ある教育を充実させていくことになったのである。

日本のミッションスクールの卒業生の進路を調べると、例えば神戸女学院では、明治初期は受洗率も高く、牧師や教師の妻になるものが多い。しかし一八九〇年代から二十世紀初頭の普通科卒業生の受洗率はおよそ六割に下がり、西洋の知識や英語力を身につけて、官吏、会社員や医者などのエリートの妻になるものが増える。一方で高等科卒業生の受洗率は九割で、自身が教師になるものや牧師や教師の妻になるものも依然多かった。所属科によって多少異なるものの、中国や韓国に比べると、総じてキャリア志向でも革命家でもなく、結婚してクリスチャンホームを守る比較的保守的な女性を輩出した。

一八九九年に高等女学校令が公布され、全国に女子中等教育が普及すると、その進学先として女子高等教育機関が開設された。このように二十世紀初頭の日本において、宣教師による女子高等教育に加え、師範、医学、美術等の女子高等教育機関が相次いで設立されたことは東アジアでは先駆的であった。その結果、後述するように二十世紀初頭には中国、韓国女性が専門教育を求める第一の留学先として日本の女子大学を目指す留学ブームが起きることになる。そのうえ、日本帝国の拡大とともに日本人女性教員が韓国に進出するようになった。ここに女子高等教育をめぐる東アジアの知の循環が出現した。

中国伝道と医療伝道

中国におけるアメリカ女性宣教師による伝道の特徴は、教育に先んじて医療伝道において顕著な成果を上げたことにある。十九世紀末に女性医療宣教師の養女として育てられた四名の中国女性は、アメリカのメソジスト教会の奨学金を受けてミシガン大学医学部を卒業し、女医のパイオニアとして、中国に西洋医学を導入し、医療と看護の発展に寄与した。最も有名なのはメソジスト教会のアメリカ女性宣教師、ゲートルード・ハウの養女となった康愛徳（こうあいとく）と石美玉（せきびぎょく）の二人である。

二人が医学の学位を取得して帰国した翌年の一八九七年には、中国人改革論者の梁啓超（りょうけいちょう）が二人を「新しい中国女性」の理想像として称賛するエッセーを発表し、たちまち全国にその名前が知られるようになった。その背景にあったのは、日清戦争の敗北と、その後の下関条約において中国が賠償金の支払いと朝鮮半島干渉権の放棄や領土割譲を強いられたことだった。中国は西洋列強と急浮上してきた近代日本によって「メロンのように切り分けられてしまうのではないか」という新たな恐怖に直面していた。国の復権を目指す様々な議論のなかで、梁啓超は当時流行していた社会進化論の影響により、中国の軍事力が弱体化し、外国に対して脆弱になってしまったのは心身ともに弱い中国女性のもとでは強く活力のある子どもが育たないからだと論じていた。梁は日本の近代化をモデルとする立憲君主制を目指していたが、一八九〇年代は「新しい人々」を創り出す徹底的な社会改革を主張しており、その要となったのが「新しい中国女性」の創造だった。彼は宣教師や他の改革論者と共に纏足反対運動を展開し、女子教育推進を訴えた。梁にとって康愛徳と石美玉は、中国人を劣等民族とみなす白人に反駁するための恰好のモデルだったのである。しかも康愛徳が診療対象を中国女性に限り、中国女性を「内から救済」し改良しようとする計画は中国の伝統的な医療に西洋医学を補って改良したいとする梁の考えとも一致するものだった。

しかし二人の帰国については、宣教師と梁啓超では全く異なる語り方をしている。宣教師はアメリカのメソジスト教会が二人を医療宣教師に任命したことによる帰国と語る。しかも初めてアメリカ人ではない中国女性が医療宣教師に任命されたことから、アメリカ国内の支援者向けに海外伝道の成功物語として喧伝した。これに対し梁啓超は、キリスト教との接点には一切触れない。二人の養母の宣教師ハウについても、アジアを訪問していたアメリカの女性研究者が孤児の二人を引き取った美談として語るだけだった。あえてキリスト教との接点を排除して中国人主導の物語を描くことによって梁啓超は民族の誇りと結び付けて、中国人のなかに女子教育推進の支援者を開拓しようとしたのだった。その後康愛徳は内陸部の南昌に移り、石美玉は開港地の九江に留まって、それぞれアメリカのメソジスト教会の経済支援によって病院を開設し、やがて中国側の支援によって、中国人主導型の医療機関や学校に発展させていった。康愛徳は一九一一年にはハウと共に南昌に女性や子どものための病院を開設し、石美玉は、簡単な外科手術をこなせるような中国人看護師を養成する看護学校を創り、アメリカ・モデルを離れた独創的な事業を展開するようになった。

なぜ世紀転換期の中国では医療伝道が成果を上げたのだろうか。

中国伝道は、第二次アヘン戦争終結後の一八五八年の天津条約により西欧諸国に六つの開港地が開放され、内陸部への伝道が許可されてから開始された。しかし中国では反キリスト教主義が根強く、中国のジェンダー規範では、女性は完全に隔離された空間に閉じ込められ、上流階級の女性は纏足によって歩けなかったために宣教師は接触すらできなかった。その結果、女子教育に生徒は集まらず、口減らしを必要とする貧困層の子女を養女として迎え入れ、生徒とするしかなかった。ところが、男性医師に身体を診せることのできなかった中国人女性にとって女性宣教師による医療は大いに歓迎された。つまり医療は十九世紀末の中国のニーズに一致していたために教育より医療伝道に最初の成果がみられたのだった。女性医師の必要性を感じた親が娘を女医にするために宣教師に娘を預ける場合もあり、先述の石美玉も父親がハウに委託した事例であった。

このように十九世紀後半の中国においては、根強い反キリスト教主義と厳格に隔離されていたジェンダー規範により生徒集めは困難を極め、女性宣教師は女子教育による伝道に苦労していた。十九世紀末になると、中国は西欧列強の帝国主義に加え、日清戦争の敗北により急成長してきた近代日本の脅威にもさらされ、外国に対する脆弱さが露呈するなか、社会改革論、排外主義やナショナリズムが台頭し、混乱を極める。一九〇〇年の義和団の乱において宣教師や中国人クリスチャンが多数殺され、一九一一年の辛亥革命によって清が滅亡し、中華民国が成立した。こうした混乱のなか、一九〇五年に科挙が廃止され、一九〇七年に公教育が中産階級以上の女性に開放されると、中国でも例えば一九一三年設立の南京の金陵女子のように宣教師による女子大学が創られていく。ところがそれに先んじて二十世紀初頭より、日本は中国の女子学生にとって最も人気のある留学先として台頭する。東アジアにおける西洋文化摂取の先進国とみなされた日本には中国から年間二万人に及ぶ学生が留学するようになり、女子学生も一九三七年までに延べ四六〇名が留学した。求めていたのは日本の女子高等教育機関で医学、師範、美術を修得することだった。特に女医を目指す中国人学生にとって、アメリカ留学のパイオニア世代を継いだのは、二十世紀初頭に日本に留学した女子学生たちだった。東京女子医学専門学校には多くが官費留学生として一九三七年までに延べ一〇七名留学し、三〇名が卒業し帰国して女医となった。したがって二十世紀に入ると、日本の医学部留学は中国女性が医師を目指すための重要な登竜門となったのである[4]。

では、中国女性にとって日本留学や女性宣教師による女子高等教育はどのような役割を果たしていたのだろうか。二つに共通するのは、近代の進歩をもたらすものとして科学を標榜していたことである。その結果、いずれも中国女性にとって祖国救済のために近代的な「新しい女性」になる方法を提供する場となっていたのであった。ここに欧米や日本という複数の帝国が拡大していくなか、その力学の相対的変化に呼応して女性たちが高等教育を求めて柔軟に東アジアを移動していたことがみえてくる。

韓国伝道と日本

韓国は中国や日本と同様に、儒教に基づく伝統的ジェンダー規範を基盤とする社会である。また、十九世紀後半に西欧や日本との文化的接触により近代化を目指すことになったことも中国や日本の事例に似ている。しかしながら見逃せないのは、韓国は日清・日露戦争を経て近代国家として急成長した隣国日本による植民地化の危機に陥り、ついに一九一〇年には日韓併合によって日本の植民地になったこと、その結果、韓国にとって何世紀にもわたって中国を中心としていた極東の地政学が転覆したという事情である。

韓国では根強い儒教的ジェンダー概念による男尊女卑の価値観が浸透しており、厳格な家父長制のもと女性は家庭に閉じ込められ、移動の自由も極めて制限されていた。日本により開国を余儀なくされた一八七六年、学校教育としての女子教育は存在せず、家庭内で私的な教育を受けていたような一部例外を除いて女子には教育を受けるすべがなかった。一九二〇年代に「新しい女性」が世界各地に出現し、日本で青鞜派とよばれる平塚雷鳥や与謝野晶子のようなフェミニストが韓国でも誕生した時、韓国のフェミニストはほぼ例外なくミッションスクール出身で宣教師との接点をもつ女性だった。韓国の場合、キリスト教とジェンダー構造の近代化は極めて近い関係にあったという。この点が日本や中国との大きな違いであった。

近年の研究では、非西欧でキリスト教国ではない日本への抵抗のために、抗日運動においてアメリカのキリスト教宣教師と連携したことが、今日韓国のキリスト教徒比率が高い要因の一つと考えられると指摘されている。韓国におけるジェンダー構造の「近代化」と宣教師との関係についても、一八八五年に韓国に最初のアメリカ女性宣教師が到着してほどなく日清戦争が開戦、朝鮮半島が戦地となって日本の植民地になる脅威にさらされたことが、アメリカ女性宣教師にとって特別な好機をもたらしたとして、その相関関係が明らかにされてきている。

まず一八八三年に韓国ミッション開設を決定したメソジスト教会の要請に従い、一八八四年には日本にいた宣教師ロバート・S・マクレイが韓国を訪問している。通訳としてマクレイに同行したキリスト者李樹廷（いすじょん）は当時の日本キリスト教界を牽引していた津田仙とも親交が深かった。李が女子教育のための女性宣教師の派遣を強くアメリカ本国の海外伝道団体に要請した結果、韓国初の女性宣教師としてメアリ・F・スクラントンがアメリカから派遣され、一八八六年にはソウルに校地を取得して梨花学堂（のちの梨花女子大学）が開設された。高宗（朝鮮の第二六代王）からも女子校開設の許可と、梨花と名乗る栄誉を授かったが、それでも隔離されている上層階級の女性の入学は難しく、開校時の生徒は王妃の通訳になるために英語を学ぼうという地元役人の妾のみであった。開校当初は生徒たちに衣食を提供してアメリカに誘拐するのだという噂も広まるなど、中国同様生徒集めは難航し、貧困家庭や未亡人の娘、宣教師に雇われている韓国人の娘がなんとか集まる程度であった。

ところが、日清戦争後、一八九五年になると、校舎建替えが急務となるほど生徒数が急増する。更に一九〇五年の第二次日韓協約によって韓国の外交権が奪われ日本の保護国となると、半植民地化への怒りからナショナリズムと女子教育熱が高まり、学費自弁の生徒数が増加して韓国人による女学校も初めて新設された。近代化を急ぐ韓国側のニーズと宣教師の伝道目的が女子教育に一致した瞬間であった。脅威となった帝国は異なるが、この点は日本の場合と似ている。韓国の儒教に基づく伝統的ジェンダー規範とアメリカ宣教師の十九世紀ジェンダー概念は、賢母良妻として家庭への道徳的影響力を重視する点が一致していたと言える。

ところが、日韓併合後、一九一〇年代になると、韓国から日本に留学する女子学生も増えてくる。日本の方が女子高等教育機関の発展が早く数も多かったため、一九二〇年代以降日本に留学する女子学生は三桁の数字に急増した。多くの場合、同じ教派のミッションスクールの高等教育機関に留学した。日本留学により日本の良妻賢母主義の影響も受けて、民族再建のためには「国母」教育が必要であるという声が上がり、ミッション教育の過度な西洋化への批判が生まれる。こうした状況下で宣教師は他の伝道地と同様、現地のニーズに応じた「より良い韓国女性」の育成を目指していくことになる。

興味深いのは、宣教師によるハングル復権の努力である。それまでの韓国では階級やジェンダーによって使用できる言語の序列があり、中国語は男性及び上層階級の言語、ハングルは子ども及び下層階級の話し言葉に限定された言語であった。したがって多くの女性は読み書きができず、女子教育を阻む大きな要因となっていた。梨花学堂の初期の生徒もほとんど読み書きができなかったという。ハングルはアルファベット同様、表音文字であることから、宣教師はハングルを読み書きの文字に使用すれば識字力のある女性を増やし、「より良い韓国女性」を育成できると考えた。そのため宣教師はハングルで聖書を翻訳し、キリスト教の小冊子を出版した。この努力もあって、ハングルは韓国人の文化的アイデンティティの核として昇格していく。

次いで注目されるのは韓国人による海外伝道である。伝道地側の現地人宣教師による海外伝道は韓国の事例が初めてであった。一九一三年に韓国女性とアメリカ宣教師による組織化が行われ、一九二二年初めての韓国女性宣教師がシベリアに派遣された。基盤となったのは宣教師の助手を務めるバイブル・ウーマンとなった韓国女性が既に一九〇八年から海外に派遣されていたことで、四五年までに総数一六四名が満洲、シベリア、日本や中国に赴いていた。

一九二〇年代のミッションスクールの卒業生も「新しい女性」として、韓国初の女医や梨花女子大学学長、抗日運動家など様々な人生を選び取っていった。なかにはカリスマ性とスピーチ術を武器に全米で講演して日米間を渡り歩き、戦後になって日本の共謀者として批判に晒された女性や、貞節を女性にのみ求めるのは男女差別と主張して活動したフェミニストも現れるなど、アメリカ宣教師が望んだジェンダー概念を超える多様で流動的な生き方を展開している。韓国伝道による女子教育は日本による植民地化に抵抗するための有力な抵抗手段として急速な発展を遂げ、韓国側のニーズと一致してハングルを文化的アイデンティティとして確立し、韓国女性の生き方を変える重要なきっかけとなった。

グローバル・ヒストリーの視角からみた日中韓伝道―グローバルからローカルへ

それでは女性宣教師による日中韓伝道をグローバル・ヒストリーの視角からみることによって何がみえてくるのか、特に「相互連関、相互の影響」をキーワードに考えてみたい。

日中韓いずれにおいても、女性宣教師の伝道に影響を与えた流れは、外国の脅威から身を守るために内発的にナショナリズムが高まり、近代化のうねりが動き出したこと、つまり外国の脅威に対抗するために女子教育が推進されたことだった。換言すると、宣教師によるグローバルな動きに対するローカルな反応として多様な女子教育が編み出された。その流れには時間差があり、二国家間のベクトルだけではなく、日中韓米の四ヵ国の力学の相対的変化に応じて、水が高いところから低いところに流れるように、水位の変化によって複数のベクトルが重層的に循環するのが、グローバル・ヒストリーの視角を用いることによって浮かび上がってきた。

このように新しい立体図で捉えることによって、新たな視点から日本を東アジアのなかで相対化することができた。韓国のミッションスクール出身の女子学生は卒業後アメリカに留学する場合と、それ以上に日本に留学する学生が多いことに触れた。韓国にとって日本は自らの意思に反して植民地化されてしまった敵であり、抵抗して分離独立したい帝国でありつつ、同時に知を身につけるために近隣にある魅力的な留学先でもあった。中国についても二十世紀初頭、国家間の緊張が高まるなか、日本への留学生は増加しており、ここにも知の循環がみられる。

また日中韓の複数のベクトルの相互作用を俯瞰することによって、日本がいち早く近代化を達成できたことは中国や韓国への帝国主義的拡大に作用しつつ、同時に西洋の知に匹敵する先駆的女子高等教育の中心地として中国と韓国の女性を惹きつける磁場をも生み出したことが明らかになった。そして東アジアのなかで日本を相対化することによって、日本の近代化が早かった要因が、没落士族の存在と女性の移動の自由にあったことが、改めて明確に浮き彫りになった。またキリスト教を日本に対する抵抗のための有効な手立てと考えた韓国女性はアジア女性として初めて宣教師になり、シベリアに進出した。これは韓国女性にとって日本への抵抗だったが、同時にその意思に反して日本の帝国主義を助長することでもあった。

みえてくる相対的な循環は研究主体それぞれのまなざしによっても異なるのではないだろうか。宣教師派遣母体のアメリカと日中韓の伝道地という三つのベクトルのみならず、東アジアにおける日本の台頭により、日中関係、日韓関係、中韓関係という複数の力関係が生まれ、そのベクトルの相互作用と重層性によって、知は浮遊する回廊を自由自在に循環するようになった。女子高等教育を求めた日中韓の女性の移動がそれを物語る。

【注】

（1）James S. Dennis, Harlan P. Beach, and Charles H. Fabs, eds., *World Atlas of Christian Missions* (New York: Student Volunteer Movement for Foreign Missions, 1911).

（2）桜井役『女子教育史』（増進堂、一九四三年）、八二―九二頁

（3）土肥昭夫『日本プロテスタント・キリスト教史』（新教出版社、一九九七年）、一二八頁

（4）周一川「中国人女子留学生を受け入れた私立三校について―民国初期を中心に」『史学』第六八巻第三・四号：二八五―三二七頁

◎文献案内

○グローバル・ヒストリー

・Ian Tyrrell, *Transnational Nation: United States History in Global Perspective since 1789*, 2nd ed. (London: Palgrave, 2015).

○アメリカ女性宣教師の伝導思想

・Dana L. Robert, *American Women in Mission: A Social History of Their Thought and Practice* (Macon: Mercer University Press, 1997).

○日本伝道

・キリスト教史学会編『近代日本のキリスト教と女子教育』（教文館、二〇一六年）

・小檜山ルイ『アメリカ婦人宣教師―来日の背景とその影響』（東京大学出版会、一九九二年）

・小野尚香「京都看病婦学校と宣教看護婦リンダ・リチャーズ」同志社大学人文科学研究所編『来日アメリカ宣教師―アメリカン・ボード宣教師書簡の研究１８６９～１８９０』（現代史料出版、

一九九九年）
・Noriko Kawamura Ishii, *American Women Missionaries at Kobe College, 1873-1909: New Dimensions in Gender* (New York, London: Routledge, 2004).

○中国伝道
・Jane Hunter, *The Gospel of Gentility: American Women Missionaries in Turn-of-the-Century China* (New Haven: Yale University Press, 1984).
・Connie A. Shemo, *The Chinese Medical Ministries of Kang Cheng and Shi Meiyu 1872-1937* (Bethelehem: Lehigh University Press, 2011).
・Motoe Sasaki, *Redemption and Revolution: American and Chinese New Women in the Early Twentieth Century* (Ithaca and London: Cornell University Press, 2016).

○韓国伝道
・Hyaeweol Choi(崔), *Gender and Mission Encounters in Korea: New Women, Old Ways* (Berkeley: University of California Press, 2009).
・朴宣美『朝鮮女性の知の回遊―植民地文化支配と日本留学』（山川出版社、二〇〇五年）
・李省展『アメリカ人宣教師と朝鮮の近代―ミッションスクールの生成と植民地下の葛藤』（社会

評論社、二〇〇六年）

Q ディスカッション・クエスチョン

① 本章ではミッションスクールをめぐってアメリカの宣教師がもたらした文化をアジア女性がどのように活用していったかについて論じました。身近なミッションスクールはありますか。そこではどのような文化の相互作用や循環が行われているのか、話し合ってみましょう。

② 本章ではグローバル・ヒストリーを考えるために東アジア三ヵ国の事例を比較分析しました。グローバル・ヒストリーを考える方法論としてこのような比較はどのような点で有効だと思いますか。検討してみましょう。

第三部

マクロな視座からのグローバル・ヒストリー

第九章

ジェンダーからみるグローバル・ヒストリー
―女子教育とジャンヌ・ダルクの「普遍化」から

佐々木一惠

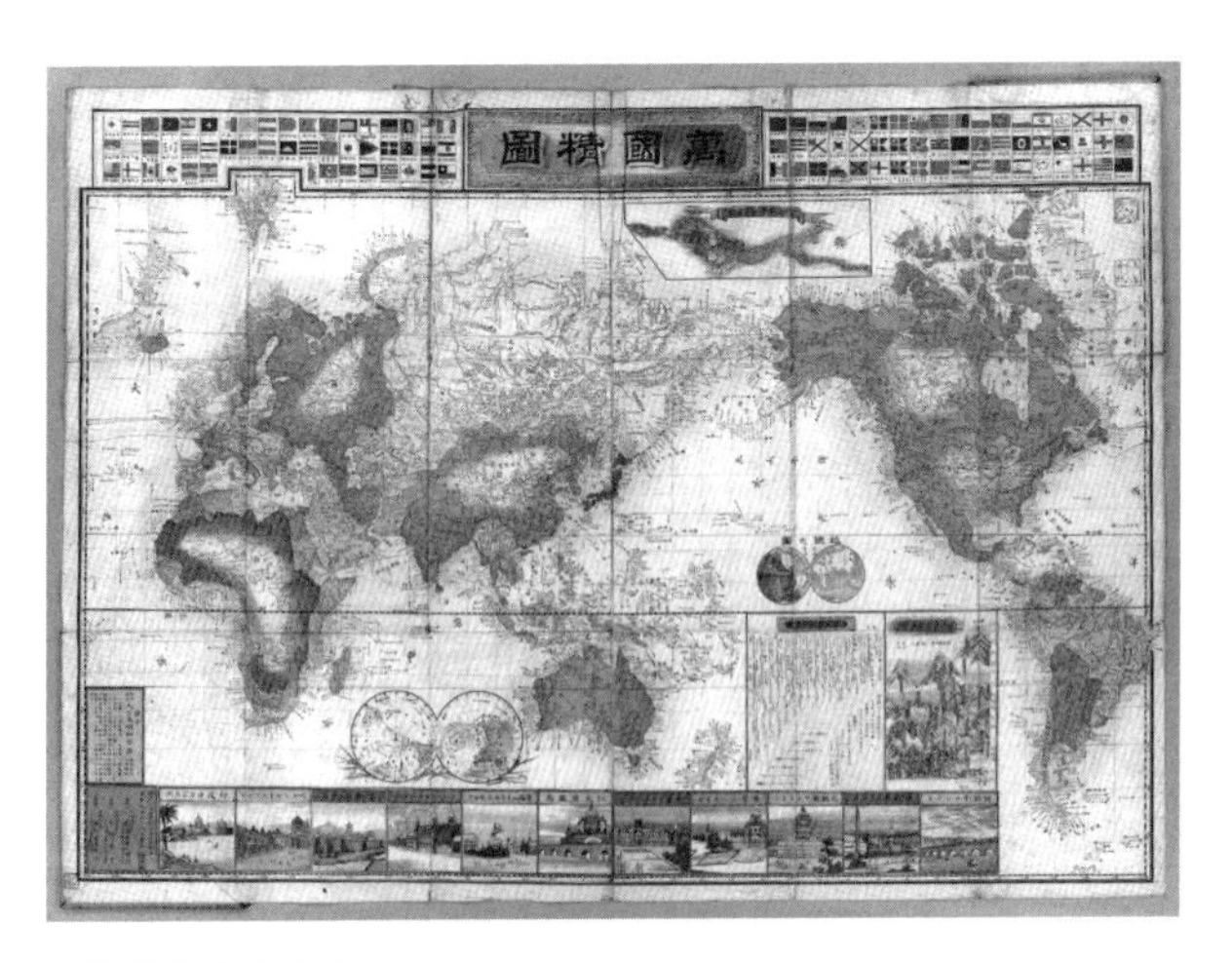

明治期の世界地図

出典：「萬國精圖」明治19年（1886年）
University of California, Berkeley, East-Asian Library, Japanese Historical Maps Collection.

女子教育をめぐるポリティク

二〇一二年一〇月九日、パキスタン北西部で一四歳の女子中学生マララ・ユスフザイさんが、武装勢力パキスタン・タリバン運動（TTP）に銃撃され重傷を負った。襲撃の理由は、TTPがイスラームの教えに反するとして禁止していた女子教育を、彼女が推進したからだという。事件後すぐさま、パキスタンのアシュラフ首相は、マララさんを「パキスタンの娘」と呼び、TTPを非難した。また、ザルダリ大統領もマララさんの父親に電話し、「マララは非人道的行為や抑圧に立ち向かうパキスタン女性の象徴だ」と称えた[1]。また、パキスタンやその隣国のインドでは、たくさんの若い女性たちが、「わたしはマララ」と書いたプラカードを掲げデモに参加し、女性が教育を受ける権利を暴力で抑圧しようとするTTPに抗議した。更に、この事件は世界各地で報道され、タリバンに対する国際的な非難の声が上がった。ではなぜ女子教育の推進を唱えたマララさんは、命を狙われなければならなかったのか。またなぜ彼女はパキスタンにおいて国のヒロインとして称賛され、そして国際社会の注目を集めたのだろうか。

この問いに答えるには、恐らく今日の世界を取り巻く政治や宗教など様々な問題を考えていく必要があるだろう。しかし、この問いを解くための別の小さな糸口が、マララさんが二〇一四年に受賞したノーベル平和賞のスピーチの一節に隠されているように思う。

最初のパシュトゥーン人、最初のパキスタン人、そして最年少の受賞者として、この賞を頂くことを心から誇りに思います。（省略）私の名は「パシュトゥーン人のジャンヌ・ダルク」と呼ばれ人々に勇気を与えた「マイワンドのマラライ」にちなんでつけられました。（省略）そして私は今日、多くの人々と共に重要な目的のために闘っていることを幸せに思います。[2]

マララさんは、この国際的に名誉ある賞を、パシュトゥーン人という民族の一員、そしてパキスタン人という国民の一員として受け取ることに誇りを感じているという。また彼女はスピーチのなかで、自分の名前の由来とされるマイワンドのマラライと自分との関連性にも触れている。マイワンドのマラライとは、十九世紀におけるアフガン戦争（第二次戦争一八七八―八〇年）で、アフガン軍の兵士たちを鼓舞してイギリス軍を撃退し、一九歳の若さで亡くなったパシュトゥーン人の女性である。この功績によりマイワンドのマラライは、「パシュトゥーン人のジャンヌ・ダルク」と呼ばれ、救国のヒロインとして称賛されていく。ではなぜマララさんは、一世紀以上も前に母国のために命を賭して闘ったマラライと、今日パキスタンそして世界の女子教育のために闘う自分とを結び付けて語ったのだろうか。百年の時を越え、マイワンドのマラライとマララさんを結ぶ接点はどこにあるのだろうか。この疑問を紐解いていくために、この章では時をマイワンドのマラライの時代に巻き戻し、女子教育、国家と民族、救国のヒロインとの間の関係を、「世界史」というパラダイムから考えていきたい。そこから、この一世紀の間に世界中に広がった近代国家のシステムと、それと並行する形でグローバル・スタンダード化した女子教育を含む近代の思想・概念・制度が、それぞれの土地に埋め込まれ再領土化する局面において、いかにジェンダーが関わっていたかを浮き彫りにしていきたい。

女性を「国民」につくりかえる女子教育

まず私たちが暮らす日本から話を始めてみよう。今から遡ること一世紀余り、明治期の日本では、西洋の文物を熱心に取り入れ文明開化を積極的に推し進めていた。この一環として盛んに議論されるようになったのが女子教育であった。初代文部大臣の森有礼は女子教育の重要性を次のように述べている。

教育ノ根本ハ女子教育ニ在リ、女子教育ノ挙否ハ国家ノ安危ニ関係ス、忘ル可ラス、又女子ヲ教育スルニハ国家ヲ思フノ精神ヲモ養成スルコト極テ緊要ナリトス。[3]

このように、森は女子教育の普及を国家の存亡に関わる重要な問題として捉えるとともに、女性たちの間に国家に対する忠誠心を高め、国民としての一体感を醸成するためにも女子教育は極めて重要だと主張した。ここで森が言う国家とは、一国家一国民を前提とする近代の国家システムとしての国民国家のことであり、当時の日本はその形成途上にあった。十九世紀後半以降、日本をはじめとする世界の様々な国々で進められた国民国家の形成においては、文化・言語・宗教が異なる諸集団を国民として統合し、国家への帰属意識を高めていくための多様な試みが行われていった。なかでも、国家を富強に導くための国民の育成において注目されたのが学校教育であり、とりわけ女子教育に熱いまなざしが向けられた。また女子教育は、当時の国際関係とも関連付けられて議論されるようになっていった。この点に関して森は、日本とイギリスにおける女子教育の状況を次のように述べている。

我が国の女性の地位は貴国の女性の地位とは同じではありません。日本の女性たちは教育も受けておりませんし、社交上も貴国の婦人たちのように有利な立場にはありません。

我々が解決に努力すべき最大の問題のひとつがこのこと、即ち、女性の教育と地位向上であります。[4]

ここから森が、日本とイギリスの女性の地位と女子教育の程度の違いを、国際社会において双方の国が占める地位の違いと密接に結び付けていることがわかる。そして森は、日本がイギリスをはじめとする欧米列強との地位の格差に基づく不平等な関係を是正していくためには、日本における女性の地位向上を図る必要があり、そのために女子教育が喫緊の課題であると主張した。

こうした森の女子教育へのスタンスには、西洋化を推し進めることで富国を目指した当時の文明開化の思想が色濃くみて取れる。この文明開化の思想を明治期の日本にもたらしたのが、「未開」から「文明」へと至る直線的な進歩観に基づき、世界の様々な国や民族を時間軸上に秩序付ける「世界史」の思想であった。この「世界史」の思想は、ドイツの哲学者ヘーゲルが、諸国民・諸国家が理性を通じて自由の精神を拡張する過程として構想した進歩史観を土台に、ヨーロッパの市民社会を「歴史の最終段階」とみなし、それ以外の国や民族を自分たちより遅れた段階に序列付ける「他者認識の返還装置」として、西欧諸国に広がっていった。[5]　このヨーロッパ中心主義的な歴史・空間認識としての「世界史」のパラダイムはまた、十九世紀半ば以降、ダーウィンの自然淘汰説や適者生存説を社会や国家に当てはめた社会進化論などと結び付き、「進んだ文明」諸国による「遅れた未開」地域の植民地支配を正当化するイデオロギーとなる一方、日本のような非西洋地域では文明開化の思想と転換し広がっていった。とりわけ、いわゆる「遅れた」非西洋地域のなかで列強の支配下に置かれた国々においては、女子教育は国と民族の存亡を懸けた焦眉の問題として取り組まれていく。

例えば、イギリスによって一八八二年に保護国化されたエジプトでは、女子教育は帝国主義列強の支配からの解放と結び付けられ唱道されていった。エジプトにおける女子教育の主要な推進論者で、ムスリム思想家でもあったカースィム・アミーンは、「女性と国家」と題する論文の冒頭で、エジプト人はどうすればその領土を「よそ者ではなく住民に正当に帰属させ」、「自らの富の管理をその手に取り戻す」ことができるのかと問うている。この問いへのアミーンの答えは、母親としての女性の教化であった。なぜなら、国家の基盤は家族にあり、家族の基盤となるのが母親であることから、「母親が知性を身につけるかどうかが発展を左右する重要な要素になる」からだという[6]。このアミーンの主張には、イギリスの支配からエジプトを解放へと導くための「国民」の育成と女子教育を通じた母親の教化が、表裏一体のものとして捉えられている。更に、アミーンの主著『女性の解放』（一八九九年）は、一九〇〇年にはイランでペルシア語版が出版されるなど、中東のイスラーム圏における女子教育の推進にも影響を与えていった。

ちょうどこれと同じ頃、帝国主義列強による覇権争いの場となっていた中国でも、中国分割という亡国の危機を回避するための方法として、女子教育が唱道されていた。例えば、政治家で啓蒙思想家の梁啓超（りょうけいちょう）は、女子教育と国力との間には相関関係があるとし、中国における女子教育の推進を訴えた。この相関関係については、女子教育が最も盛んなアメリカは最も国力が強く、それに続くイギリス・フランス・ドイツ・日本も国力が強いが、女子教育がほとんど行われていないインド・ペルシャ・トルコは国の存続すら危ぶまれる状況にあると分析している。そして、中国を亡国の危機から救うためには、教育を通じて女性を「利を分かつ人（消費者）」から「利を生む人（生産者）」にしていく必要があると主張した。[7] ここで梁啓超が言う、「利を生む人」とは、自ら生計を立てていける労働者であり、また強く優れた国民を産み育てる優良な母親のことである。国の生産力を高める労働者や富国強兵のための「国民の母」、すなわち「利を生む人」へと女性をつくりかえるには、女子教育が極めて重要であり、なかでも中国人が「野蛮賤族から進化して文明貴種になる」ためには体育教育が欠かせないとした。[8]

このように、十九世紀後半以降、社会進化論の影響を受けた「世界史」のパラダイムにおいて、とりわけ「遅れた」地域とされた国々では、女子教育は国や民族の存亡と結び付けられ、国家の発展に寄与する生産的な国民に女性をつくりかえる方法として推進されていった。しかし、いくら上から（男性の知識人や政治家が）女子教育の重要性を唱えたところで、当の女性たちが熱心に取り組まなければ効果は上がらない。女性たち自らが主体的に国に貢献する国民になっていくための動機付けが必要であった。そこで注目されたのが模範的な女性偉人伝である。学校の教科書や女性向けの雑誌などで、女性偉人伝が掲載されるようになっていく。こうした女性偉人伝のなかでとりわけ人気が高かったのが、本論の冒頭で触れたマイワンドのマラライが、救国のヒロインとしてなぞらえられたジャンヌ・ダルクであった。

ジャンヌ・ダルクがつくりだす新たな女性像

マイワンドのマラライが「パシュトゥーン人のジャンヌ・ダルク」として称えられるようになった十九世紀末、世界各地でジャンヌ・ダルクは一大ブームとなっていた。ジャンヌ・ダルクとは、百年戦争（一三三七―一四五三年）の後期にフランスを危機から救い、後に聖女とされた人物である。十九世紀に入りフランスで国民国家意識が高揚すると、祖国フランスの危機

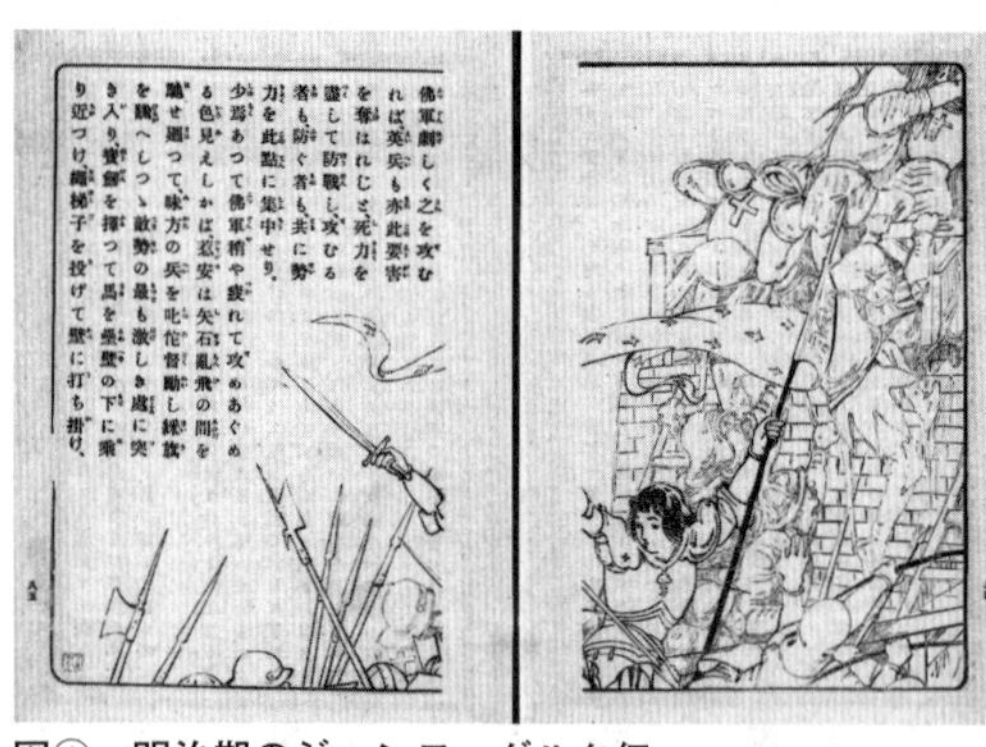
佛軍鋭しく之を攻むれば英兵も亦此要害を奪はれじと死力を盡して防戦し攻むる者も防ぐ者も共に勢力を此點に集中せり。
少時あつて佛軍稍や疲れて攻めあぐめる色見えしかば惹安は矢石亂飛の間を馳せ廻つて味方の兵を叱咤督勵し綵旗を翳へしつゝ敵勢の最も激しき處に突き入り雙鉀を揮つて馬を壘壁の下に乘り近づけ雲梯子を投げて壁に打ち掛け、

図①　明治期のジャンヌ・ダルク伝
出典：中内義一『惹安達克』(博文館、明治34年（1901年))、84－85頁

を救った英雄として、ジャンヌ・ダルクは歴史書や芸術のテーマとして取り上げられ、救国のヒロインとして人口に膾炙していった。こうした国民的英雄としてのジャンヌ・ダルク像は、十九世紀半ば以降、国境を越え世界各地へと拡がっていく。日本においても明治期に、西洋から学ぶべき模範としての「西洋英傑伝」の一例として、ジャンヌ・ダルクは紹介されていった（図①）。学校教科書の指定を受けた万国史には、命を賭して祖国の危機を救った「忠君愛国の少女」として、また徳富蘆花編の『世界古今　名婦鑑』（一八九九年）には女性の模範として描かれた。しかし、ジャンヌ・ダルクを国民的愛国のヒロインとしていく試みは、思わぬ余波を生んでいく。『名婦鑑』でジャンヌ・ダルクの項を執筆した宮崎湖処子（本名・宮崎八十吉）は、そのまえ

がきで、「今は男も女も愛国心に目ざめることが必要だ」としながらも、ジャンヌ・ダルクのような「尋常ではない女性」を取り上げることは、日本の女性たちを扇動しかねないと危惧している。[9]確かに、ジャンヌ・ダルクのような勇敢な救国のヒロインは、女性たちの間に愛国心を高揚させ、主体的に国家に貢献する国民にしていくのに役立つだろう。一方で、こうしたヒロインに女性たちが憧れることで、家庭における母親としての役割よりも、公的領域で男性と肩を並べ活動することに興味を抱くようになる可能性も拭いきれない。こうした二律背反的側面を持ち合わせたジャンヌ・ダルク伝は、日本だけでなく世界各地で女性たちに愛国心を目覚めさせていくとともに、家庭の領域を越えた外の世界における活躍のイマジネーションも喚起していった。

先に述べたエジプトにおいても、十九世紀末から二十世紀初頭にかけてジャンヌ・ダルク伝は女性雑誌などで盛んに取り上げられていく。例えば、ある女性作家によって一八九四年に出版された女性伝記集では、「ジャンヌは雄弁に語る才能があり、その内容は理性的かつわかりやすいものであった。また、彼女は正直で、健全で、合理的に行動する女性であった」と描写されている。[10]ここでジャンヌ・ダルクは、理性や合理性といった当時男性に特有とされた資質を備えた女性として描かれ、エジプトの女性たちに新たな女性像の可能性を示していった。更にエジプトでは、ジャンヌ・ダルクは反英闘争の象徴的ヒロインにもなっていく。女性向け雑誌の一つ『女性の目覚め』誌に掲載された伝記でジャンヌ・ダルクは、「（愛する祖国）フランスを強力なイギリス軍の鉤爪から救い出した」少女として描かれ、エジプトの女性たちにジャンヌ・ダルクへの共感を呼び起こした。また『エジプト人女性の雑誌』では、ジャンヌ・ダルクは「痛めつけられた国家」のために自らの命を捧げた救国のヒロインとして称えられ、祖国のために犠牲を払うことの尊さが賞揚された。[11]このようにジャンヌ・ダルク伝は、エジプトの女性たちの間で反英ナショナリズムを高揚させるとともに、祖国救済といった家庭の外の公的領域における活動に間接的であれ関わる糸口を拓いていった。

同じ頃、中国においてもジャンヌ・ダルクは救国のヒロインとして女性たちに様々なインスピレーションを与えていく。清朝末期の中国は、先にも述べたように、列強が勢力争いにしのぎを削る場となっていた。後に革命家となる秋瑾（しゅうきん）は、義和団事件（一八九九―一九〇〇年）の際に日本を含む八ヵ国の連合軍の兵士に中国人女性が性的暴行を受けたとの話を聞き、救国のためには女性も立ち上がらなくてはならないと痛感したという。当時、秋瑾のような女性が強く惹きつけられたのが、ジャンヌ・ダルクをはじめとする女性英傑伝であった。とりわけジャンヌ・ダルクは、中国の伝説的ヒロインである花木蘭（ムーラン）と結び付き、救国のヒロインとして女性の間に広がっていった。近年ディズニーのアニメーション映画にもなった花木蘭（ムーラン）は、十一世紀に北宋で編纂された『楽府詩集』の「木蘭詩」のなかで、年老いた父に代わり男装して戦争に出かけ武勇をたてたと謳われた忠孝の伝説的ヒロインである。清朝末期、中国の亡国の危機が声高に叫ばれるようになると、花木蘭はジャンヌ・ダルクと同様に、祖国救済のシンボルとして多くの中国の女性たちの間で模範的女性像になっていった。

このように、ジャンヌ・ダルク伝は十九世紀半ば以降、とりわけ「世界史」のパラダイムで「遅れた」地域において、国民的愛国ヒロインの象徴として、女性たちを国民化していく試みのなかに組み込まれていくとともに、祖国救済の大義名分のもと、家庭の外での活動に女性たちが関わる端緒も開いていった。一方、こうした国民的愛国ヒロインとしてのジャンヌ・ダルクの表象は、一部の「進んだ」欧米諸国において、「遅れた」地域よりも遅れてみられることもあった。例えばアメリカでは、十九世紀後半にジャンヌ・ダルク・ブームが起こっていたが、二十世紀初頭までは子どものような無垢さの象徴として、また自己犠牲を厭わないロマン主義的ヒロインとして表象されることが多かった。しかし、第一次世界大戦期に愛国主義が高揚すると、ジャンヌ・ダルクは国民的愛国のヒロイン的存在へと姿を変えていく。アメリカ政府の戦時貯蓄切手の広告にもジャンヌ・ダルク像が用いられ、「ジャンヌ・ダルクはフランスを救っ

図②　第一次大戦期のアメリカ合衆国政府のポスター

出典：Library of Congress, Prints & Photographs Reading Room, Prints & Photographs Online Catalog, Record http://cdn.loc.gov/service/pnp/cph/3b40000/3b48000/3b48400/3b48466r.jpg

た。アメリカの女性たちよ、国を救うために、戦時貯蓄切手を購入しよう」と謳い女性たちの愛国心に訴えた（図②）。こうしたアメリカにおける例、すなわち国民的愛国のヒロインとしてのジャンヌ・ダルク表象が欧米諸国では「遅れた」非西洋地域より後に広がっていったことからみえてくるのは、近代における思想や概念のグローバル化というものが、必ずしも西洋から非西洋へと一方向的に進んだわけではないということである。であるなら、近代国民国家のシステムとともにグローバル・スタンダード化していった女子教育についても、西洋がオリジナルで非西洋がそのコピーといった一方向的なベクトルでは捉えきれない面があるのではないだろうか。

女子教育の「普遍化」における共時性と相互連関性

非西洋諸国において女子教育の推進が国の存亡と密接

に結び付けられ唱道されていたのと同じ頃、欧米諸国においても女子教育は国の盛衰に関わる重要な問題として議論されていた。二十世紀初頭のイギリスでは、健全な国民を育て民族の統一性を保つための母親の役割が注目され、とりわけ労働者階級の女性の教育が喫緊の課題とされた。例えば、医師でジャーナリストのケーレブ・サリービーは、「帝国は家庭に根ざす」といったスローガンを掲げ、母親こそが「国家／国民の運命を決める究極的な要因」であり、「民族の母」として女性を教育することの重要性を説いた[12]。またアメリカでは、イギリスと同様、女子の初等教育が推進される一方、女性の高等教育に関しては批判的な議論が起こっていた。その背景にあったのが、白人アングロ・サクソン系プロテスタントの中産階級層女性の出生率低下であった。優良なアメリカ国民を産み育てることが期待されていた白人中産階級層の女性が出産を控えているのは、アメリカを衰退させ退化に導く由々しき事態であるとされた。そして女性たちの関心を家庭から外の活動に向けるようになった原因として非難の矛先が向けられたのが、女性の高等教育であった。例えば、セオドア・ローズヴェルト大統領は、一九〇五年の全国母親会議での演説で、「至上の祝福である子ども（を産むこと）を、意図的に避けている」女性たちがいることは、「人種的自殺を遂行」しているに等しいと、家庭に入らない白人中産階級層の女性が増加していることに警鐘を鳴らしている[13]。このように、欧米においても、自然淘汰説や適者生存説を援用した社会進化論の影響のもと、女子教育は国や民族の存亡と密接に結び付いて議論されていた。また西洋地域・非西洋地域ともに、母親としての役割の向上を目指すための初等教育は積極的に推進されたが、それ以外の女性教育には関心が向けられない、もしくは否定的であった。ここから改めてみえてくるのは、国民国家という新たな国家システムを担う国民を育成し統合するための重要な要素とされた女子教育の広がり方は、必ずしも「進んだ」地域のオリジナルを「遅れた」地域がコピーするというものではなかったということである。

昨今、女子教育をはじめとする近代的な制度やその土台となった思想や概念の複層的なグローバル化の動態を、多面的かつ双方向的に捉えていく試みが、思想史の分野で取り組まれている。こうしたトランスナショナルな思想史研究者の一人であるクリストファー・ヒルは、ある特定の思想や概念がグローバルな拡がりをもつようになったのは、それが普遍的であったからではなく、「普遍化（universalization）」していったからであり、この過程を具体的にみていく必要があるとしている[14]。こうした視点から、もう一度女子教育の「普遍化」について整理してみよう。これまで本章でみてきたように、西洋地域においても非西洋地域においても、社会進化論の影響を受けた「世界史」のパラダイムのなかで、国や民族の存亡を懸けた試みとして女子教育は取り組まれていた。女子教育の「普遍化」は、多様な場所で、また同じ「世界史」のパラダイムのなかで相関的に（一方は列強の支配からの解放、もう一方は列強としての勢力の維持・拡大を目指し）進んでいったと言えよう。また、先に述べたように、エジプトのアミーンが書いた『女性の解放』がイランで出版されるなど、イスラーム圏内における女子教育の推進に関する相互の影響も存在していた。こうした女子教育の状況と同様に、世界の女性の間で国民的愛国のヒロインとなっていったジャンヌ・ダルク表象についても、オリジナルのコピーといった一方向的ではない形でグローバル化が展開していた。例えば、日本で普及したジャンヌ・ダルク伝は、フランスの「オリジナル」版からではなく、イギリスの英語版を日本語に翻訳したものであった。またエジプトで一八九四年に出版されたジャンヌ・ダルク伝は、レバノン出身でエジプトに移住したシーア派ムスリムの女性によって書かれており、アラビア語圏内における国境を越えた女性たちの移動とそれに伴う活発な情報の伝達・流通が深く関わっていた。更に中国では、ジャンヌ・ダルクと並び、フランス革命期のロラン夫人、ロシアのソフィア・ペロフスカヤやアメリカのハリエット・ビーチャー・ストウなどの評伝が、様々なルートから中国語に翻訳されて伝わり、それらが相互に連動しながら中国の女性たちの間に、新たな女性像に関するインスピレーションを湧き起こしていった。

このように、女子教育やジャンヌ・ダルク表象の事例にみられる思想・概念・制度のグローバル化は、同時代的かつ相互連関的に、錯綜するリゾーム（地下茎）のように繋がり合いながら進んでいったと言えよう。しかし、ここでもう一度指摘しておきたいのは、西洋地域・非西欧地域の双方において、女子教育は女性の母親としての役割に重点を置いた初等教育を中心的に推進されていった点である。このことは、中心／周縁の境界が実際には多極重層化していた状況を指し示すと同時に、西洋・非西洋いずれにおいても、国と民族の存亡を賭けた女子教育の試みにおいては、同じ形の「女性のつくりなおし」が進展していたことも示している。ここに、国民国家の形成とジェンダー規範の再編が表裏一体をなしていたこと、更にこの両者の渾然一体化はグローバルなレベルで相互に連動していたことが浮かび上がってくる。

国民国家とジェンダーの関連性とグローバル・ヒストリーの可能性

ジェンダーとは、性差に意味付けされた知（「男らしさ」や「女らしさ」等）のことであり、思想的・文化的な概念であると同時に、私たちの生活の様々な面において影響力をもつ社会的な構築物である。またジェンダーは、静態的・固定的なものではなく、場所や時代によって異なる動態的・可変的なものでもある。これまで述べてきたように、近代的な国家システムとしての国民国家の形成過程において、女子教育は「普遍化」していき、世界各地において同様の形の女性のつくりなおしが行われていった。そこでは、女性の母親としての資質の向上を目指す女子教育が推進され、健全な国民を再生産していく役割が女性に求められていった。一方、女性たちが自ら率先して国家に貢献する国民になっていく動機付けとして期待されたジャンヌ・ダルクなどの女性英傑伝は、女性たちの愛国心を高揚させるとともに、救国という大義のもとでの公的領域における活動への関与の可能性も拓いていった。このように、国民国家の形成過程には、女性を国家に貢献する国民へとつくりなおしていくためのジェンダー規範の再編が密接に関わっていたのである。

これまでジェンダー史の分野では、こうした国民国家とジェンダーの関係を、個々の国や地域の事例を通じて丹念に検証してきた。そこでは、それぞれの国や地域に特有の政治的・社会的・文化的状況のもと、「国民」という共通のアイデンティティに人々を統合する試みのなかでジェンダー規範がつくりなおされていく過程が詳細に検討されていった。こうした研究に加え、昨今、トランスナショナルな視点から国民国家の形成におけるジェンダーの関わりを探るジェンダー史研究が行われるようになっている。このような研究では、国や地域ごとの個々の展開にグローバルな相互連動性があったこと、またこうしたグローバルな連動性とそれぞれの国や地域における内発的な動きとの間に再帰的な関係が存在していたことが指摘・検討されている。この章においても、女子教育を例に国民国家とジェンダーの関係をグローバルな視点から照射し、一見、国や地域ごとに別個に展開しているようにみえる国民国家形成に伴うジェンダー規範やヒエラルキーの再編が、世界各地において同時並行的かつ相互連関的に展開していたことが明るみになった。このように、思想・概念・制度の「普遍化」のダイナミクスをジェンダーという視点から捉え直すことで、近代における思想・概念・制度のグローバル化が、逆説的に聞こえるかもしれないが、固有の特殊性に基づき構想された個々の国民国家の形成を通じて進展していたことがみえてくる。また、こうしたグローバル化の進展の過程において自明なものとして想定された、「進んだ」西洋／「遅れた」非西洋の序列化の支柱であった「世界史」のパラダイムについても、それを越えた相互連関的なグローバルな同時代性が存在していたことが浮かび上がってくる。ここにグローバル・ヒストリーの新たな可能性を見出すことができないだろうか。

最後に、この章の冒頭で触れたマララさんの話に戻したい。今日、女子教育は普遍的な権利として語られるようになっている。それゆえ、マララさんを襲撃したＴＴＰに対して、隣国のインドの女性たちは、女性の権利を侵す行為として抗議の声を上げ、また国際社会においても同様の非難の声が上がった。このように、女子教育が普遍的な女性の権利として捉えられている今日の状況は、この章でみてきた一世紀前の状況とは大きく異なる。また、グローバル化が急速に進展する今日の世界において、女子教育を取り巻く状況は一世紀前のものと同列に語ることは難しい。しかし、この章で取り上げた一世紀余り前の女子教育の事例からみえてきたグローバルな連関性は、今日の先進国／発展途上国・後進国といった二項対立の構造と無関係なものなのだろうか。また、一世紀余り前の国民国家形成とジェンダー再編の関係は、ボーダレス化が進む今日の世界では過去の遺物なのだろうか。今一度、マイワンドのマラライとマララ・ユスフザイさんの声が共鳴する部分に耳を傾ければ、その答えが聞こえてくるかもしれない。

【注】

（1）『朝日新聞』二〇一二年一〇月一〇日夕刊二面、一四日朝刊一面。

（2）Malala Yousafzai, "Malala Yousafzai Nobel Lecture," https://www.nobelprize.org/nobel_prizes/peace/laureates/2014/yousafzai-lecture_en.html.（最終閲覧二〇一七年四月一〇日）

（3）森有礼「第三地方部学事巡視中の演説」（一八八七年、明治二〇年）『森有礼全集』第一巻（宣文堂書店、

一九七二年)、六一一頁

(4) 森有礼「英京退去に際し会見筆記」(一八八四年、明治一七年)『森有礼全集』第一巻(宣文堂書店、一九七二年)、二一八頁

(5) 植村邦彦『近代を支える思想』(ナカニシヤ出版、二〇〇一年)、九、一二九頁

(6) オムニア・シャクリー「教育を受けた母、構造化された遊び―一九世紀末から二〇世紀初頭のエジプトにおける育児」ライラ・アブー・ルゴド編著(後藤恵美、竹村和朗、千代崎未央、鳥山純子、宮原麻子訳)『「女性をつくりかえる」という思想―中東におけるフェミニズムと近代性』(明石書店、二〇〇九年)、二四一頁

(7) 須藤瑞代『中国「女権」概念の変容―清末民初の人権とジェンダー』(研文出版、二〇〇七年)、三二、三六―三七頁

(8) 同上書、三三頁

(9) 高山一彦『ジャンヌ・ダルク―歴史を生き続ける「聖女」』(岩波新書、二〇〇五年)、一一―一三、一七頁

(10) マリリン・ブース「エジプトにおけるジャンヌ・ダルクの様々な生」ライラ・アブー・ルゴド編著、前掲書、三三八頁

(11) 同上論文、三三四、三四九頁

（12）オムニア・シャクリー、前掲論文、二四四―四五頁
（13）Motoe Sasaki, *Redemption and Revolution: American and Chinese New Women in the Early Twentieth Century* (Ithaca: Cornell University Press, 2016), p. 24.
（14）Christopher L. Hill, "Conceptual Universalization in the Transnational Nineteenth Century," Samuel Moyn and Andrew Sartori, eds., *Global Intellectual History* (New York: Columbia University Press, 2013), p. 135.

◎文献案内

○ジェンダー史について

・ソニア・O・ローズ（長谷川貴彦・兼子歩訳）『ジェンダー史とは何か』（法政大学出版局、二〇一六年）

・ジョーン・W・スコット（荻野美穂訳）『ジェンダーと歴史学』（平凡社、二〇〇四年）

○トランスナショナルな視点からのジェンダー史研究

・伊藤るり、坂元ひろ子、タニ・E・バーロウ編『モダンガールと植民地的近代―アジアにおける帝国・資本・ジェンダー』（岩波書店、二〇一〇年）

○国民国家形成・国民統合とジェンダー

・加藤千香子『近代日本の国民統合とジェンダー』（日本経済評論社、二〇一四年）

・早川紀代・李熒娘・江上幸子・加藤千香子編『東アジアの国民国家形成とジェンダー――女性像をめぐって』（青木書店、二〇〇七年）

○ジャンヌ・ダルク伝

・高山一彦『ジャンヌ・ダルク――歴史を生き続ける「聖女」』（岩波新書、二〇〇五年）

・ライラ・アブー・ルゴド編著（後藤恵美、竹村和朗、千代崎未央、鳥山純子、宮原麻子訳）『「女性をつくりかえる」という思想――中東におけるフェミニズムと近代性』（明石書店、二〇〇九年）所収、マリリン・ブース「エジプトにおけるジャンヌ・ダルクの様々な生」

○思想のグローバル・ヒストリー

・Samuel Moyn and Andrew Sartori, eds., *Global Intellectual History* (New York: Columbia University Press, 2013).

Q ディスカッション・クエスチョン

① 最近、みなさんのまわりで話題になっているヒロイン（実在の人物もしくはフィクションの登場人物）には、どのような人がいますか。本章で取り上げたジャンヌ・ダルク像と比べて、どのような類似点・相違点があるか議論してみてください。

② 昨今の日本におけるジェンダー関係が、グローバル化の影響を受けていると思われる点はありますか。その内容や背景について議論してみてください。

コラム

映画にみるジャンヌ・ダルク

フランス映画『裁かるゝジャンヌ』(一九二八年)は、ジャンヌ・ダルクの異端尋問裁判を描いた無声映画である。監督はデンマーク人のカール・ドライヤーで、当初、外国人がフランスの救国のヒロインをテーマとする作品を手掛けることができるのかとの疑問の声も上がった。しかし、ジャンヌの尋問調書を丹念に読み込んで書かれた脚本を、ドライヤーが巧みな映像手法を用いて映像化したことで、ジャンヌの心理状態を鮮明に描きだす作品となった。この映画は日本でも一九二九年に上映された。当時の新聞の映画欄には、この映画で「語られるのは、ジャンヌの履歴ではない。英軍捕虜となつた彼女の裁判中の心の動きで」あるとされ、「見終わつて先づ力に壓せられ同時に、よくやつて退けたと改めて感心させられる」と高く評されている。[1]その後も、ジャンヌ・ダルク伝はイングリッド・バーグマン主演の『ジャンヌ・ダーク』(一九四八年)で、また近年ではフランス・アメリカ合作の『ジャンヌ・ダルク』(一九九九年)で映画化されている。ジャンヌ・ダルクはその時々の世相を反映しながら、様々な形で蘇っているのである。

・カール・テオドア・ドライヤー（監督）『裁かるゝジャンヌ（La Passion de Jeanne d' Arc）』（一九二八年）
・ヴィクター・フレミング（監督）『ジャンヌ・ダーク（Joan of Arc）』（一九四八年）
・リュック・ベッソン『ジャンヌ・ダルク（Joan of Arc）』（一九九九年）

（1）「新しき試みの成功―ドレイエルのジャンヌ・ダルク評」『読売新聞』一九二九年九月一四日朝刊一〇面

第十章

黒人たちが織りなすもう一つのアトランティック・ヒストリー

矢澤達宏

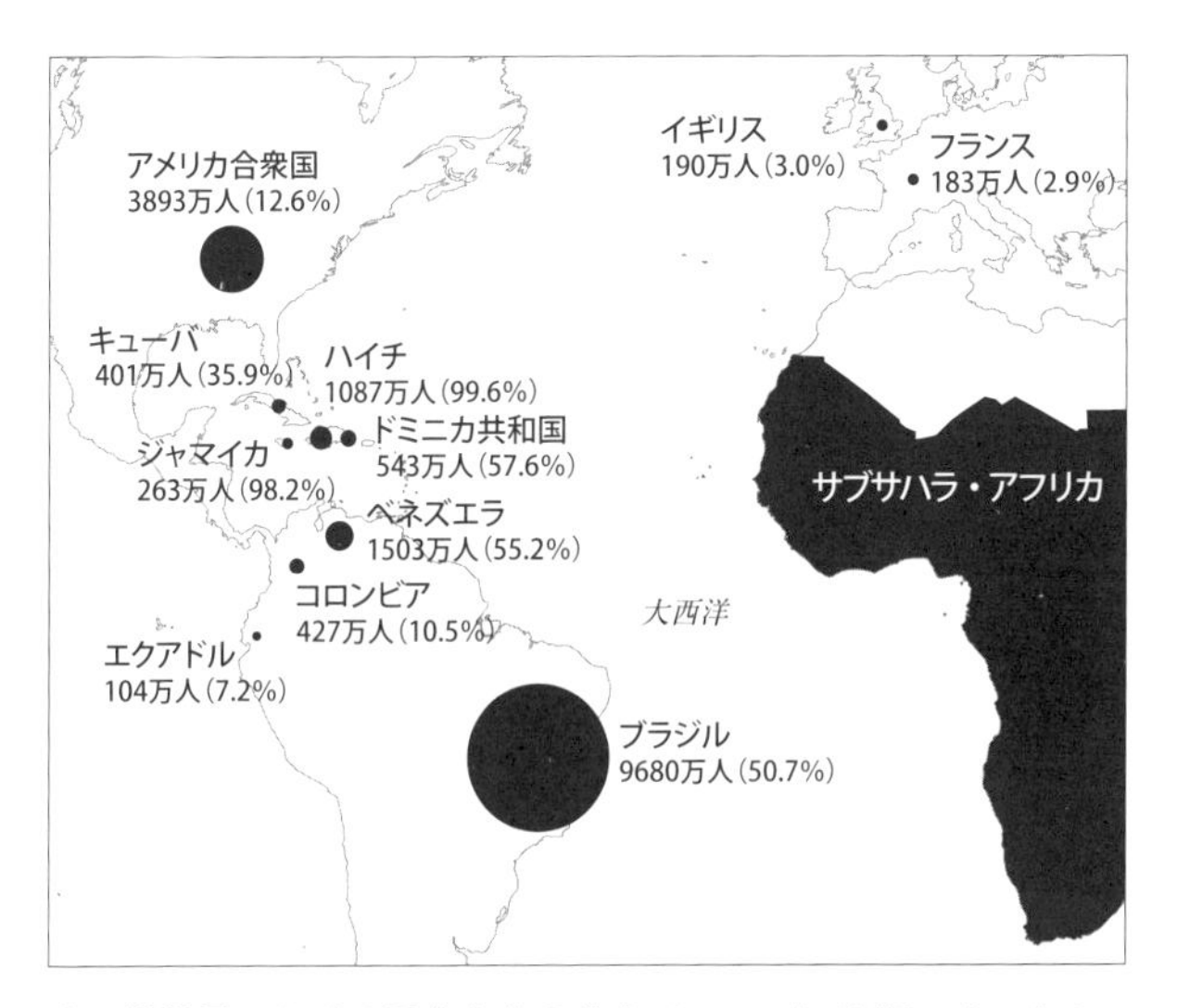

大西洋世界における黒人たちの分布（カッコ内は国民の中に占める割合）

出所：筆者作成（2017年４月の時点で直近の各国国勢調査の数値に主に基づく）

一八一九年、アメリカ合衆国（「米州」と区別するため、本章においてのみ、以降は「米国」と表記）はニューヨーク生まれ。米国聖公会の司祭となり、一八四七年にイギリス（以降は英国と表記）へ渡る。ケンブリッジ大学で学び、卒業後は宣教師としてアフリカへ。二〇年間の滞在の後、米国に戻り一八九八年同地にて没――。

このような経歴に触れた時、いったいどれだけの人がこの人物を黒人だと想像するであろうか。大西洋を股にかけた人の移動の歴史と言えば、植民者や宣教師、商人、移民等として往来した白人たちの独壇場として従来は描かれ、そこでは黒人たちは奴隷船の「積み荷」という客体でしかなかった。しかし実際には、アメリカ州（南北アメリカ大陸及びカリブ海など周辺海域の島嶼。以降は「米州」と表記）の多くの地域で奴隷制がいまだ存続していた十九世紀でさえ、少数とはいえイメージよりはずっと多くの黒人たちが主体的に大西洋を渡っていったのである。冒頭の遍歴の主、アレクサンダー・クランメル（写真①）もそんな一人である。米国では黒人は白人と同等の権利、対等な扱いを望めないと失望した彼は、その実現の場をアフリカの地に求め、米国の自由黒人・解放奴隷の入植地をもとに建国されたリベリアへと渡った。キリスト教化、（西洋）文明化を通じて周辺のアフリカの黒人たちをも統合し、自由で対等な黒人の国にするという壮大な夢は、しかしながら、入植者とその子孫たちの特権への固執と「原住民」に対する偏見の前にあえなく潰え、やがて米国へと戻らざるを得なくなるのだが。

米国の黒人に限らず、奴隷貿易によりアフリカから米州、そしてヨーロッパにも離散した黒人とその子孫たちは、総じてそれぞれの地で虐げられ、従属的な地位に押しとどめられてきた。十九世紀末までに奴隷制が廃止されて以降も、人種主義という逆風にさらされ続けた。アフリカの黒人たちとて例外ではない。奴隷貿易が停止されると、アフリカはほぼ全面的にヨーロッパ諸国による植民地支配のもとに置かれた。一方でそうした苦境とは裏腹に、二十世紀に入るとますます多くの黒人たちが大西洋上を行き交うことになる。黒人たちの思想や文化もまた、大西洋を取り囲む各地に広まり、互いに影響を与え合っていく。大西洋の歴史にはそうした相が存在することを、ポール・ギルロイは後述のように「ブラック・アトランティック（黒い大西洋）」という呼称とともに提起したのであった。

写真①　アレクサンダー・クランメル

本章はグローバル・ヒストリーの一つの例として、このブラック・アトランティックという視角を取り上げ、前半ではそれが浮上してくるまでの経緯を振り返りながら、こうした見方の意義を確認する。後半では一九七四年という一つの断面を切り出し、そこにみて取れるブラック・アトランティックの具体的な諸相と転機を提示してみたい。なお、本章では「黒人」という語を、主題の性質上、他人種との混血やサブサハラ・アフリカ地域の黒人種も含めた広い範囲を指すものとして用いることを断っておきたい。また、しばしば「黒人たち」と複数形を用いているのは、ギルロイなども強調するように、「黒人」のなかにも様々な差異が内包されているということを含意するためである。

ブラック・ディアスポラと「ふるさとの地」――米州の黒人たちとアフリカ

学問の上では、大西洋を取り巻くように広がった黒人たちを全体として捉え分析しようという取り組みは、不思議なことに二十世紀半ばになるまであまりみられなかった。実態としてはそれまでに、黒人のアフリカへの「帰還」を唱えた黒人知識人がクランメル以外にも複数いたし、W・E・B・デュボイスらを中心とした植民地支配下のアフリカの黒人たちの境遇改善・地位向上を訴えるパン・アフリカニズム運動、更にはフランス領のカリブやアフリカを中心としたネグリチュード運動（文学を主な舞台として黒人性をアピールするもの）のような動きもあったというのにである。グローバル・ヒストリーが体現するトランスナショナルな見方がまだあまり馴染みのないものであったこともあろうが、それ以外にもやはり政治的な事情がそこには絡んでいたとみるべきなのかもしれない。そのことを指摘したのは、他でもない、米州の黒人たちとアフリカとの文化的連続性を主張したパイオニア、メルヴィル・ハースコヴィッツであった。

一九四一年、彼は『黒人の過去についての神話』を著し、米国を含む米州各地の黒人たちの間にアフリカ的文化要素が残存していることを、綿密な調査によりアフリカ大西洋岸の諸文化と対照させながら実証してみせた。ハースコヴィッツはユダヤ系米国人であったが、米国の黒人知識人が自分たちとアフリカとの関係性を一貫して否定してきたのは、アフリカ文化を劣ったものとみなす白人のエスノセントリズムと同じ土俵に乗っかってしまっていたからだとする。つまり、少なくとも米国黒人運動の主流は、自身をアフリカからいかに切り離すかこそが一人前の米国市民として認めさせる鍵だと考えていたというのである。それに対し、ハースコヴィッツは黒人たちが歴史なき民とみなされていることが人種偏見を生み出しているのであり、アフリカ文化への評価を正当なものに改めたうえで、それを受け継いでいることに誇りを持つことこそ偏見解消への道なのだと説いた。戦略的な側面もあったとはいえ、この時期の黒人たち自身もいかにナショナルな視野にとらわれていたかをうかがい知ることができる。

しかし、その後もしばらくはハースコヴィッツのような見方は学界において決して勢いを得るには至らなかった。ただ、時代状況が変われば政治のベクトルも変わる。一九五〇年代後半から六〇年代にかけて、アフリカでは多くの植民地が独立を達成してアフリカの一応の名誉回復・復権が実現した。また同じ時期、米国では公民権運動が高まりをみせ、六〇年代半ばには南部の人種差別的な諸法（ジム・クロウ法）が廃止されるというひとまずの成果をみた。それぞれの目標に向け闘っていくなかで、アフリカの政治的指導者たちと米州の黒人運動指導者たちはしばしば直接交流したり、あるいはそうでなくとも互いに刺激し合った。六〇年代後半になると、米州の黒人たちの間ではアフリカというルーツをむしろ肯定的に捉え、それを積極的に追求する指向が顕著になっていく。こうした変化を踏まえるなら、一九六〇年代あたりから大西洋を跨ぐような視点で黒人たちの問題を考える研究が徐々に増えてきたのは単なる偶然とは言えまい。

黒人研究においてみられ始めた新たな方向性を象徴していたのが、「ディアスポラ（diaspora）」という語の導入であった。これは「散乱」や「離散」を意味するギリシャ語に由来し、もともとはパレスチナを離れ世界各地へ散り散りになったユダヤ人あるいは彼らの状態を指すものとして使われていた語であった。そこには、「ふるさとの地（homeland）」（この訳語はコーエン（二〇一二）に倣った）を追われるきっかけとなったトラウマ的事件、行く先々での迫害や阻害、民族的故地との絆の保持といったユダヤ人全体が共有していると想像されるいくつかの要素が内包されていた。これらを奴隷貿易によるアフリカからの強制連行、米州での奴隷制や人種差別といった厄災、精神的支えとしてのアフリカへの思いに重ね合わせ、アフリカ外の黒人たちをブラック・ディアスポラとして、ふるさとの地アフリカを結節点に一体的に捉えていこうという試みが出てきたというわけである。ハースコヴィッツが着目したのは文化におけるアフリカから米州各地へというベクトルであったが、ブラック・ディアスポラという捉え方により、黒人たちによるアフリカへの「帰還」運動やパン・アフリカニズム運動など、政治や社会等を含む逆向きの事象も研究の射程に収めることとなった。

ディアスポラ概念をめぐる議論の深化とブラック・アトランティック

黒人への適用をきっかけの一つにして、一九八〇年代頃から、原型であるユダヤ人の事例を相対化しつつ、更なる他の移動諸集団への適用可能性を見据えてディアスポラ概念の一般化が盛んに模索されるようになった。ディアスポラを定義付ける諸要件の特定や、いくつかのタイプへの類型化が試みられたが、少なくともブラック・ディアスポラ研究に関するかぎり、実態は各研究者が思い思いにアフリカとの関係性を論じているだけであったり、米州の各国の事例研究を体系的な比較もなしにただ並び立てているだけであった。ディアスポラは学術的な概念としてはまだまだ未熟で、十分練られたものになってはいなかったとも言えるだろう。

一九九〇年代に入ると、そうした状況に一石を投じる著作が世に出た。それこそが先に触れたギルロイの『ブラック・アトランティック』（原著は一九九三年刊行）である。彼はディアスポラの表層をめぐる議論には目もくれず、いきなりその深層へと切り込んでいく。ディアスポラをふるさととの地と単純に結び付け、あたかも疑似ネイションかの如く構想するような風潮に対し、彼は警鐘を鳴らす。ブラック・ディアスポラの例で言うなら、神話化されたアフリカの地と、その「伝統」たる黒人性を共有する均質な黒人共同体というような発想は、そもそも米州やヨーロッパの地で自分たち自身を排除してきた論理の単なる裏返しに過ぎないのだと。要するに、土地・文化・ネイションという三位一体、すなわち、ある土地に根ざし、固有の文化を共有する排他的なネイションというありようは普遍的なものなどではなく、西洋近代の生み出した産物に過ぎないのであり、そうした思考そのものこそ黒人たちに困難な状況を強いてきた原因の一つなのだとギルロイは主張するのである。アフロセントリズム（アフリカ中心主義）に象徴されるそうした方向性は、米州やヨーロッパの黒人たちの状況を根本的には改善し得ないばかりか、ブラック・ディアスポラ内部の様々な多様性の問題にも取り組むことができないというのが彼の立場である。更に言えば、アフリカへの「帰還」やそこでの国家建設などを必ずしも志向しない多数の黒人たちについても十分に捉えることができないのである。

そこでギルロイは、近代性への対抗を意図しつつ、ディアスポラのアイデンティティのありようを、起源（roots）だけでなく経路（routes）にも同様に依拠するものとして提起した。黒人種を劣った存在とみなす人種主義が存在する以上、起源（民族的故地たるアフリカ）を捨象することはできないが、経路（民族的故地からどこに移動し、いまどこにいるのか）もそれと同程度にディアスポラを規定しているのだとする考え方である。なるほど、これであれば共通性と差異の両方を同時に一つの概念のなかに織り込むことが可能である。このようなディアスポラをギルロイは「変わってゆく同じもの（changing same）」と形容し、いずれかの地に「根付く」ことを回避し、移動によってこそ形作られるものとして描き出した。ディアスポラ黒人全体からすれば、ものの見方や考え方に影響を与えるような移動を積み重ねるケースは決して多いとは言えず、やや偏ったディアスポラ像ではあるかもしれない。しかし二十世紀に入ってからは、カリブから米国やヨーロッパへ労働者や留学生として、アフリカからヨーロッパへ留学生や兵士として、米国からヨーロッパへ兵士として、また第二次大戦後はアフリカ、カリブからヨーロッパ、米国へ労働者として等々、まとまった数の黒人たちの移動が少なからず生じてきたこともまた事実である。ギルロイも、自身は英国生まれであるが、母は英領だったガイアナから移り住んできた黒人であった。

ギルロイのこうした出自は、彼が訴えたもう一つの革新とも深く関わっている。彼はブラック・ディアスポラ研究について、米国黒人偏重の状況から脱却すべきことを主張したのである。従来、米国黒人たちは、研究者としても研究対象としても特権的な地位を占めてきたが、英国の黒人たちとて米国の黒人たちに劣らぬ知や文化の担い手であることをギルロイは強調する。その延長に彼が提起したものこそブラック・アトランティックの概念であった。すなわち、米国、ヨーロッパ、カリブ、アフリカの黒人たちが行き交い、彼らの生み出した思想や書籍、レコードなどが流通することで、大西洋というトランスナショナルな空間に知と文化のネットワークが維持されてきたという見方である。こうして、米国黒人を相対化し、それ以外の黒人たちも対等な構成要素として位置付けるフラットな視座が改めて提示されたのである。

ブラック・アトランティックの視点と、そこに至るまでの大西洋世界の黒人たちの捉え方の変遷は、それとは別個に進展してきたアトランティック・ヒストリー（大西洋史）の視点及び軌跡と奇しくも重なり合うところがある。もともとは後者も、帝国史のようなヨーロッパ中心的かつ片方向的な見方や、いわゆる三角貿易に由来する経済システムといった特定の側面に限定された見方から始まり、徐々に双方向、多元的で多面的なものへと修正されてきた。こうした流れに、アフリカ地域の脱植民地化や米国における人種差別法の撤廃を機に進んできた黒人たちの歴史の見直しと復権への志向が重なったものとして、ブラック・アトランティックを位置付けることもできよう。様々なアトランティック・ヒストリーズがあり得るなかで、言ってみれば因習的なヨーロッパ／白人中心主義への一つの対抗的バージョンというところであろうか。

著作『ブラック・アトランティック』には様々な批判もある。しかしながら、この著作以降、少なくともトランスナショナルな視点からの黒人研究においては、同調的にであれ批判的にであれ、ブラック・アトランティックの概念に言及することはもはや避けては通れぬほど、そのインパクトは大きかった。ブラック・アトランティックが大西洋世界の黒人たちを捉える視座として万能なわけでは決してないが、従来のディアスポラ論における問題点の認識と、それに基づいた発想の根幹については、その多くの部分が広く共感を得たからこそではないだろうか。

ブラック・アトランティックの一九七四年―転換期を象徴する一断面

ここからは少し具体的なブラック・アトランティックのありようをみていこう。といっても大西洋という広大な海域にまたがるものである以上、通時的にそれを描き出していくのは容易でない。ここではむしろ特定の年を選び出し、その断面における共時的な黒人たちの関係性を浮かび上がらせてみたい。その対象として興味深いと考えるのが一九七四年である。というのは、この年に起こったいくつかの出来事はブラック・アトランティックと深く関わっているだけでなく、大西洋を越えた黒人たちの間の関係性が、アフリカにおける独立運動と米国の公民権運動を機とする密な連携と触発から、一応の目標達成により徐々に変質していく転機を象徴してもいると考えられるからである。

この年のブラック・アトランティックについて語ろうとすれば、真っ先に触れずにはいられないものがある。「キンシャサの奇跡」（日本以外では一般に「ジャングルの決闘（The Rumble in the Jungle）」）として記憶されるモハメド・アリ（写真②）とジョージ・フォアマンのボクシング世界へビー級タイトルマッチ（一〇月二九日）である。米国の黒人選手同士の対戦ではあったが、そのキャッチコピーが示すとおり、アフリカはザイール共和国（現コンゴ民主共和国）の首都で行われ、カリスマ的人気を誇りながらも前評判では不利とみられていた元王者のアリが、試合の中盤に差し掛かるとそれまでの劣勢から一気に攻勢へと転じ、劇的なノックアウト勝ちを収め、見事チャンピオンに返り咲いたのだった。

このエピソードは、アフリカの独立と米国のジム・クロウ法撤廃に向け大西洋両岸の黒人たちが互いに意見を交わし、切磋琢磨した頃とは決して同じ性質のものではない。決戦の地にアフリカを選んだ理由を問われ、アリはファイトマネーが他所よりも格段に良かったからだと公言してはばからず、その資金を用意したとされるザイール大統領モブツ・セセ・セコの方は、同国の国際的威信を高めることを目論んでいたと言われる。また、この試合を仕掛けたプロモーターのドン・キングの言動には、米国の黒人たちの間におけるふるさととの地アフリカへの関心の高まりに乗じた、あざとい商業主義も見え隠れした。全米へプライムタイムを使って生中継すべく、試合開始は現地時間の午前四時というありさまであった。それでもアリに関して言えば、実現に至る経緯はどうあろうとも、自身がアフリカの地でリングに上がることの意味を十分に自覚していた。

写真②　モハメド・アリ

アリは単に偉大なボクサーであっただけでなく、政治や社会の問題についても積極的に発言をした。ベトナム戦争反対の姿勢から米軍の徴兵を拒否したことにより、当時保持していたヘビー級王座を剥奪された一方で、反戦の立場の人々からは強い共感を集めたことはよく知られている。だが、それだけではない。彼は人種問題にも強い関心を持ち、米国の黒人組織のなかでも分離主義的な志向で知られるネイション・オブ・イスラームに加わっていた。アリがもともとの「カシアス・クレイ」という西洋名からムスリム名に改名したのもそのためである。黒人の白人からの自立を訴える彼の物怖じしない姿勢は、彼独特の雄弁な語り口とともに、米国のみならず大西洋世界の黒人たち全体、いや、世界中のあらゆる従属的な地位に置かれた者たちのヒーローへとアリを押し上げたのだった。

「キンシャサの奇跡」と「ザイール'74」（後述）を追った二本のドキュメンタリー映画（章末の文献案内参照）のなかで、アリはおおよそ次のような主旨のことを語っている。

オレがアフリカで試合をするのは、米国の黒人たちにこのふるさとを知ってもらいたいからだ。アフリカの黒人たちも兄弟なのに、お互いにその存在を知らないんだ。米国の黒人社会は、麻薬や売春にギャング、それに教育と問題が山積みだ。アフリカの黒人たちもオレたちと同様、かつては支配され独自の文化も奪われた。それがいまや彼らは自分たちで近代的な都市を建設し、社会を立派に動かしている。米国の黒人たちはアフリカをジャングルのように思っているが、それは殺人、麻薬、強盗の氾濫するニューヨークの方じゃないか。オレたちはルーツの正しい価値を知り、アフリカの黒人たちを見習うべきなんだ。

アリは常に、ジム・クロウ法廃止後も苦難にあえいだままの多くの米国黒人たちの側に立って発言をし、アフリカの「兄弟たち」の状況に引き寄せながら、巧みに彼らを鼓舞し、誇りを持たせようとした。自身の持つ影響力の大きさを自覚していればこそ言えることであったが、そのうえで彼は実際に勝負にも勝ち、有言実行を果たしたのであった。当時の米国のナショナルな観点からは、ともすれば反米的な危険分子というレッテルさえ貼られかねなかったアリの言動も、ブラック・アトランティックの文脈においては、逆に大西洋世界の黒人たちを勇気付ける肯定的な価値を持つものとして浮かび上がってくるのである。

一方で、「キンシャサの奇跡」は一つの注目すべき変化を表してもいる。ブラック・アトランティックとそれが対抗しようとするものとの境目と、黒人と白人とを分ける人種的境界との間のずれが目立つようになってきたのである。象徴的なのは対戦相手のフォアマンも黒人であったという事実である。アリのようなヒーローを敵に回すことで、フォアマンは図らずも白人になびいた裏切り者という損な役回りを引き受けることとなってしまった。フォアマン本人がどうかはともかく、米国では社会経済的上昇を果たす黒人たちも増えてきたことで、黒人たちの間の格差や多様性がより大きくなり、構図が複雑になってきたことは間違いない。

ところで、アリとフォアマンの世界戦には、それに花を添えるべく企画されたもう一つの国際的イベントが組み合わされていた。内外の約三〇組にも及ぶ黒人アーティストが一堂に会した野外音楽祭「ザイール'74」（九月二二―二四日）である。地元ザイールの数々の人気グループに加え、米国からはジェームス・ブラウン、B・B・キングなどブラック・ミュージックのビッグネームが参加し、実に豪華な顔ぶれであった。そうしたなかにあってはやや異色の、しかしだからこそいかにもブラック・アトランティック的とも言える二人の黒人女性アーティストに寄せて、一九七四年における黒人たちの「つながり」の諸相を更にみていきたい。

西洋にはない南部アフリカの民族諸語独特の吸着音を取り入れた「クリック・ソング」をステージで披露し、観衆を魅了したミリアム・マケバ（写真③）は南アフリカの出身だったが、当時まだ全盛期であったアパルトヘイト体制を批判したことで同国を追われた身であった。当初は米国に活動の場を求め、歌手としての成功も収めたものの、一九六〇年代後半以降に台頭してきた黒人運動の急進的な勢力と関係を持ったことで米国からも締め出され、一九七四年当時はギニアを拠点としていた。

彼女の出身国南アフリカを含む当時の南部アフリカ地域には、未独立地域や少数派の白人が多数派の黒人を支配する体制など、いわゆるアフリカの解放問題が依然として残されていた。だが、少なくとも既に独立を果たしたアフリカ諸国の首脳たちは、この南部アフリカの解放問題に対し、一九四〇年代―五〇年代にそうであったように、アフリカ外の黒人たちの問題をも含めた広い視野のなかで取り組んでいくという方向性には、もはや積極的でなくなっていた。

ちょうど同じ一九七四年、実に二九年ぶりに開催された第六回パン・アフリカ会議（六月一九―二七日）は、アフリカにおけるそうした変化を如実に物語っている。アフリカに加え米国、カリブ、ヨーロッパから多数の黒人代表の参加があったものの、アフリカ諸国の国家元首に関していうと開催国タンザニアのジュリアス・ニエレレ大統領の他は、マケバを受け入れたギニアのセク・トゥーレ大統領が録音演説を寄せたのみであった。

写真③　ミリアム・マケバ

それでも、アフリカに残された黒人解放の問題は、大西洋の向こう側と切り離されてしまったわけではなかった。この一九七四年はポルトガルでカーネーション革命と呼ばれるクーデターが起こり、それまでの独裁体制が打倒され、アフリカの未独立地域の一角を占めていたポルトガル領の各植民地でも独立に向けて事態が急転し始めた年でもある。その先陣を切って、まずギニア・ビサウの独立が承認された（九月一〇日）が、こうした動きは同じポルトガル語圏のブラジルの黒人たちにも「伝染」した。同国北東部サルヴァドール市でアフリカ色を前面に押し出した黒人の地域文化団体イレ・アイィェが産声を上げた（一一月一日）のである。翌一九七五年のカーニバルで「アンタに見せにきたのさ、黒人の世界を。オレたちゃイカれた黒人、サイコーにイカしたな。オレたちゃゴワゴワの髪、ブラック・パワーさ[1]」と太鼓の音をとどろかせながら歌い、街を練り歩いたことは、異なる人種が調和した人種混淆の国だとまだ広く信じられていたブラジルに強い衝撃を与えた。その後も毎年、アフリカやブラジルの黒人にちなんだテーマを代わる代わる掲げてカーニバルにのぞみ、パレードでの歌や踊り、衣装でそれを表現している。

一九七四年と言えば、ブラジルでは軍政による抑圧がわずかずつながら緩和に向かい始めた年であり、イレ・アイィェの誕生もそうした機を捉えた「覆い隠された人種主義」への異議申し立てとして捉えられるかもしれない。だが、その主張の強烈な黒人性、アフリカ性は、ブラック・アトランティックを視野に入れずしては十分に説明できない。実際、イレ・アイェの創設者の一人、ヴォヴォ（アントニオ・カルロス・ドス・サントス）は米国のブラック・パワーやアフリカのポルトガル領植民地の動向に影響を受けたと語っている。また、「イレ・アイエ」とは「生命の家」を意味するヨルバ語（西アフリカの、現在のナイジェリア、ベナンにまたがって居住する民族ヨルバ人の言語）であり、こうした命名にも彼らなりのアフリカ性が表れている。サルヴァドール周辺はヨルバ人の伝統信仰を原型とするアフロ・ブラジル宗教カンドンブレが根付いた地域であり、儀礼で唱えられる文句や神々の歌はいまでもヨルバ語だという。そしてヴォヴォの母親はカンドンブレの祭司であった。

ザイール'74で異彩を放ったアーティストにもう一人、セリア・クルスがいる。キューバに生まれた彼女は、アフリカとヨーロッパ双方の影響を受けたキューバの混血音楽ソンの代表的楽団のボーカリストとして頭角を現したが、キューバ革命に伴い米国に活動の場を移すことを余儀なくされた。一九七〇年代に入ると、ソンなどをもとに米国で発展したラテン・ミュージック、サルサの人気に火がつき、セリアはその立役者としてファニア・オール・スターズと共にキンシャサに乗り込んだのである。

このサルサのアフリカ上陸は、アフロ・アメリカン音楽の単なる漠然とした「里帰り」以上の意味を帯びていた。なぜなら、ソンがだいぶ前に先回りをして既にアフリカのポピュラー音楽に強い影響を与えていたからである。ソンは「ルンバ」の名でキューバからニューヨークやパリに伝わり、流行が絶頂を迎えた一九三〇年代には多くのキューバ人ミュージシャン（黒人にかぎらず白人も多かった）が欧米へと渡った。それが今度は、植民地でも始まったラジオ放送を通じて、あるいは黒人の水夫や従軍兵がヨーロッパから戻る時に持ち帰ったレコードを通して、アフリカにも広まっていったのである。とりわけコンゴ（ザイールの植民地時代の呼称）はそれが顕著で、ルンバ・コンゴレーズ（コンゴ風ルンバ）なるジャンルの確立をみた。

ザイール'74に出演したフランコ&TPOKジャズやタブー・レイ・ロシュロー&アフリザ・アンテルナシオナルなど、地元組のバンドはみな多かれ少なかれ、ルンバ・コンゴレーズの影響のもとで育ってきていた。そんな彼らにしてみれば、ソンから生まれたサルサはいわば本家筋にあたるリスペクトの対象だったのである。同じく地元のバンド、ザイコ・ランガ・ランガの一員として参加したパパ・ウェンバは、この時のセリアとファニア・オール・スターズの音楽に魅了され、後者のリーダー、ジョニー・パチェーコのステージでの決めゼリフ「ビバ・ラ・ムシカ（音楽万歳）」を後に結成する自身のバンドの名前としたことはよく知られている。カリブで生まれた一つの音楽ジャンルが、米国やヨーロッパを経由してルーツの一つであるアフリカに還流し、更に半世紀ほど後に米国で進化を遂げて再びアフリカを触発するというダイナミズムは、まさにブラック・アトランティックを体現するものだと言えよう。

さて、一九七四年の出来事には他にもブラック・アトランティックにとって重要な意味を持つものがある。この年の初頭から始まったエチオピア革命と呼ばれる一連の政治変動のなかで、十三世紀以来続いてきた帝国が終焉を迎えたことである。

エチオピアは大西洋世界の黒人たちにとって特別な場所であった。聖書に神との関わりを連想させる形でその名が言及されていたり、文明の担い手であった古代エジプト人との繋がりが言われたりしたことで、十八世紀頃から一部のディアスポラ黒人たちの間で、エチオピアを黒人たちの輝かしい故郷として心の拠り所とするエチオピアニズムと呼ばれる思想がみられてきた。二十世紀に入ると、それは新たな段階を迎える。米国でアフリカ志向の強い黒人大衆運動を組織した黒人指導者マーカス・ガーヴィーが、「黒人の王が戴冠する時のアフリカを見よ。彼こそ救世主である」と予言したとされるが、一九三〇年にエチオピアの皇太子ラス・タファリが皇帝に即位してハイレ・セラシエ一世となると、彼をその救世主だとして崇めるラスタファリ運動がガーヴィーの故郷であるジャマイカに誕生し、英国による植民地支配のもとであえぐ黒人たちの間で急速に広まっていったのである。

ディアスポラの黒人たちが理想化しがちなアフリカ像は、同時代のアフリカの現実とはしばしば大きく乖離していたが、ハイレ・セラシエ一世は両者をかろうじてつなぐ稀有な存在であった。しかし、ブラック・アトランティックにおいては「現人神」であっても、エチオピアというナショナルな文脈においては忌まわしき独裁者に他ならなかった。彼は革命の過程で廃位され（九月一二日）、翌一九七五年に死去が報じられた。ほぼ時を同じくして浮上しつつあったアフロセントリズムの議論において、エチオピアの影が薄まり、古代エジプトが黒人のルーツとしてより強調されるようになったのは、単なる偶然であろうか。

一方、ジャマイカが一九六二年に英国の植民地支配から解放され、そしていま「ジャー（神）」をも失ったにもかかわらず、ラスタファリ運動は新たな象徴を得て、むしろ勢いを増していった。同運動と密接な関わりのある音楽レゲエが生み出したスター、ボブ・マーリーである。いまいる場所における苦難や、ジャーによる将来的な救済といったラスタファリ運動の世界観を歌う彼の音楽は、母国ジャマイカのみならず、アフリカを含むブラック・アトランティック全体、いや人種の壁さえも越えた幅広い共感を呼んだ。マーリーは一九八〇年、少数の白人が住民の多数を占める黒人を支配する体制を打破して独立を達成したジンバブエの独立記念式典に招待され、ライブパフォーマンスを行っている。

二十一世紀のブラック・アトランティック

このように一九七四年の断面図には、アフリカやカリブにおける脱植民地化、米国における公民権法制定といった大きな変化がブラック・アトランティックに生じさせつつあった変容が見え隠れしている。それはブラック・アトランティックがもとから内包していた普遍的な側面、すなわち公正と発展をめぐる闘いという側面が前面に表れ出てきたものだとも受け取れる。その後更に二十世紀の終わりまでに、南アフリカのアパルトヘイトは撤廃され、欧米を中心に多文化主義も広まった。人種という要素はますます後退し、二十一世紀以降に向けては、ブラック・アトランティックという枠組みはもはや「用済み」なのであろうか。少なくとも現時点においてはそのようには思われない。大西洋世界のどこであれ、大半の黒人たちが様々な困難に直面したままであることは、二十一世紀となったいまも依然として変わりはない。国連は二〇一五年から二〇二四年までを「アフリカ系の人々のための国際の十年」と定め、アフリカ外の黒人たちに対する理解、正義、開発に向け取り組んでいくことを宣言した。そうした課題の根本的な原因は、奴隷制の時代から今日まで続く人種主義に他ならない。一方、アフリカはと言えば、二〇一五年の国連総会で採択された「持続可能な開発のための二〇三〇アジェンダ」において、開発を実現していくうえで特別な配慮を必要とする地域として名指しされている。全体としてみれば、ブラック・アトランティックは黒人たちの間の交換、影響、触発を生み出すエネルギーをいまだ十分に蓄積していると言っていいだろう。

二十世紀末になって人種主義が自国にも存在してきたことをようやく政府が認めたブラジルでは、二十一世紀に入ると初等・中等教育の学習指導要領改定が行われ、「アフリカ系ブラジル人及びアフリカ人の歴史と文化」に関する内容が必修として盛り込まれた。ブラジルの黒人だけでなく、なぜアフリカ人も対象に含められているのかは一考の価値がある。アフリカの黒人についての認識を改めることなしに、ブラジルの黒人への見方も根本的には変わり得ないと考えているからである。人種偏見のまなざしの側においても、大西洋世界の黒人たちは依然繋がっていることを忘れてはならない。

【注】

（1）Paulinho Camafeu, "Que bloco é esse?," em Ilê Aiyê, *I Canto Negro*, Poligram, 1984. (Audio CD)

◎文献案内

○ディアスポラ概念とその黒人への適用

・戴エイカ「アフリカン・ディアスポラ研究の展開」野口道彦・戴エイカ・島和博『批判的ディアスポラ論とマイノリティ』（明石書店、二〇〇九年）所収、九一―一三六頁

・ロビン・コーエン（駒井洋訳）『新版　グローバル・ディアスポラ』（明石書店、二〇一二年）

・ロナルド・シーガル（富田虎男監訳）『ブラック・ディアスポラ』（明石書店、一九九九年）

○米国の黒人と人種、アフリカについて

・中條献『歴史のなかの人種―アメリカが創り出す差異と多様性』（北樹出版、二〇〇四年）

○ブラック・アトランティックの概念とその批判的展開

・ポール・ギルロイ（上野俊哉・毛利嘉孝・鈴木慎一郎訳）『ブラック・アトランティック―近代性と二重意識』（月曜社、二〇〇六年）

・真島一郎編『二〇世紀〈アフリカ〉の個体形成―南北アメリカ・カリブ・アフリカからの問い』（平凡社、二〇一一年）

○アトランティック・ヒストリー入門

・バーナード・ベイリン（和田光弘・森丈夫訳）『アトランティック・ヒストリー』（名古屋大学出

版会、二〇〇七年）

〇モハメド・アリと同時代の黒人たち

・マイク・マークシー（藤永康政訳）『モハメド・アリとその時代―グローバル・ヒーローの肖像』（未来社、二〇〇一年）

〇「キンシャサの奇跡」及び「ザイール'74」のドキュメンタリー映像作品

・レオン・ギャスト（監督）『モハメド・アリ―かけがえのない日々』（アスミック、二〇〇五年）

・ジェフリー・レヴィ＝ヒント（監督）『ソウル・パワー―ザイール'74、伝説の音楽祭』（アップリンク、二〇一一年）

ディスカッション・クエスチョン

① 自分にとって関心や知識のある別のディアスポラ若しくは海域史の具体的事例を、ブラック・ディアスポラ、ブラック・アトランティックの見方と重ね合わせた時、浮かび上がってくる共通点及び相違点について検討してみましょう。

② ブラック・アトランティックにおける黒人たちの間の相互接触・相互影響のありようについて、今後の展望を考えてみましょう。どのように変わっていくのか、あるいは変わらないのか、その理由も含めて議論してみてください。

第十一章

環境史から問い直す北米での「遭遇」

小塩和人

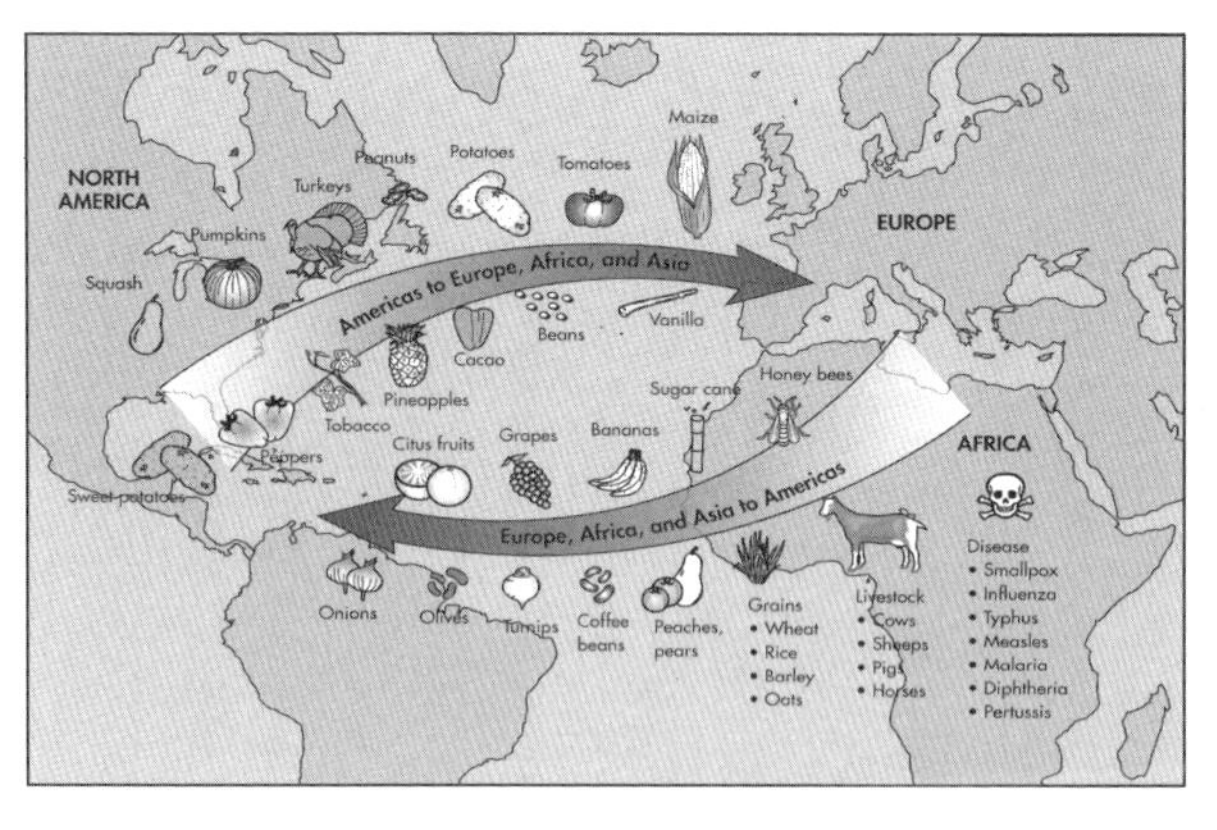

コロンブスの交換

出典：tes teach（https://www.tes.com/lessons/Kg 9 NGkGrY510Tw/columbian-exchange）

グローバル・ヒストリーと環境要因

二十一世紀を迎えて人間・金銭・物資・情報などが世界を駆けめぐる「グローバル化」が注目されている。こうした現象は今に始まったことではなく、グローバルな規模で歴史が展開した事例は、枚挙にいとまがない。例えば西部劇のなかでインディアンが乗っている馬や、彼らの人口を激減させることになる天然痘・麻疹・インフルエンザなどの病気は元来アメリカ大陸のものではなく、十五世紀以降の「大航海時代」に海を越えてヨーロッパから伝播したとされている（十五世紀初頭には中国明王朝が七回にわたる大規模な海外遠征を行っていることから、ヨーロッパ中心的でない「大交易時代」という名称が使われるようになっている）。一方でイタリア料理に必須のトマトも、ドイツ料理に欠かせないジャガイモも中世以前のヨーロッパには存在せず、タバコなどと共に大交易時代以降にアメリカ大陸から海を越えてヨーロッパへと持ち込まれたものだ。更にアメリカ大陸に起源を持つ梅毒がこの時代にヨーロッパを経てアジアにまで到達するのに約二〇年しかかかっていない。近年の鳥インフルエンザの世界的流行をみてもグローバルに拡散し続ける病原菌の脅威は感じることができるであろう。このように十五世紀から現代に至るまで世界において様々な動植物や疫病が行き来し、多大な影響を与え合っている。

こうした人間以外を含めた交流を「コロンブスの交換」と名付けたのは、歴史学者アルフレッド・クロスビーだ。一九七二年に出版した *The Columbian Exchange* のなかで彼はアメリカ・ユーラシア・アフリカ大陸間の接触に注目し、「コロンブスの交換」という環境史における新しい分析の枠組みを提唱したのである。それまで「旧大陸」と「新大陸」との間の交流は、ヨーロッパ人がもたらした「文明」による「野蛮」の征服、あるいはヨーロッパ帝国主義者によるアメリカ先住民の一掃などという人間を中心とした図式で語られてきた。しかし、海を往来したのは人間だけではなく、動植物や病原菌も共に往来し人間の生活に大きな影響を与えて続けてきたのである。本章ではアメリカ南西部（メキシコ・アメリカ国境地帯）と北東部（カナダ・アメリカ国境地帯）における先住民を取り上げ、大交易時代以降の「コロンブスの交換」、つまり彼らを取り巻く自然環境とそこに密接に関わる生活と自然観が、ヨーロッパ（人）との遭遇によっていかに変化したかをそれぞれ考察していく。それにより人間だけではなく動植物や疫病との接触をも考慮に入れた新しい歴史の成果と課題が展望できるであろう。大海を渡ったのがクリストファー・コロンブスをはじめとする人間だけではなかったという点、動植物や病原菌も海を越えて往来し環境を変化させていったという歴史的事実に着目することで人間中心主義を脱したより包括的な学問領域としての歴史学がみえてくるのである。

北米先住民の出現と拡散

二億年前頃超大陸パンゲアから分裂してできた北米大陸は、多様な生態系を長期にわたって育んできた。北米大陸に先住民の祖先が移住する経路・時期には諸説あるが、一万五千年程前にアジアからのモンゴロイドがマンモスなどの動物群を追って「ベーリング陸橋」（海面低下によってユーラシア大陸と北米大陸間に出現した陸地）を渡って来たという説が有力である。彼らは氷河に阻まれてしばらくはアラスカ近辺に留まっていたが、一万三千年前頃の気温上昇によりカナダ内陸部の氷床が縮小するとカナディアン・ロッキーの東側を五大湖へ南下、現在のアメリカへと扇状に広がりパレオ・インディアンと呼ばれる現アメリカ先住民の先祖となったと考えられている。彼らはその過程で各地の環境に適応しながら多様な社会を形成していく。その居住様式も獣や木の皮を柱にかけただけの小屋に住む部族もあれば、長屋風の大住居に住む部族もあったし、生業形態も、自然から享受する動植物の狩猟・採集から自然にはたらきかける農耕まで多岐にわたるものであった。その共同体も移動型小規模集落から階層型都市国家まで多種多様な発展を遂げた。ヨーロッパ人入植以前の北米先住民人口は、その計測方法によって大きく異なるが、最近の研究では数百万人から千八百万人程であったと推定されている。[1]

ただ、土地を余剰生産するための資源とみなしたり、個人所有するといった慣習はなく、自給自足に最小限必要な分だけを自然から頂くという意識は共通していた。先住民の生活基盤である自然観は、自然界の恵みによって天空あるいは地中から生まれた以上、人は生物や無生物とも対等であるという創造神話のなかにもよく表れている。

先住民が土地とどのような関係を築いていたのか、その関係がヨーロッパ人の入植でどう変化したのかはそれぞれの部族で異なるが、疫病をはじめとする生態的要因や毛皮取引という経済的要因、キリスト教や読み書きや算術能力といった文化的要因など歴史的変化の原因には、いくつかの共通点がみて取れる。以下では二つの事例をみていこう。

南西部の古代プエブロ人

アメリカ南西部（現在のユタ、コロラド、アリゾナ、ニューメキシコ地域）まで進出したパレオ・インディアンは尖頭器を使った槍でマンモスを崖下へ追い落とすなどして捕獲する狩猟生活を行っていたと考えられている。一万年前頃の気候変動と恐らく乱獲のため、マンモスが絶滅すると獲物はジャイアント・バイソンなど大型哺乳類に移り、大型哺乳類も絶滅すると鹿やマウンテンライオン、レイヨウやウサギといったより小さな動物を捕獲し、近親者からなる小集団で季節毎に移動しながら暮らすようになっていた。この頃には罠や網を用いた狩猟も行われ、根茎、種子などを処理する石製製粉具等の道具も発達していった。そこにメキシコ中央高原からトウモロコシ栽培を中心とした農業技術が伝えられ、農耕を行う定住集団が出現したのは約四千年前頃だという。カボチャや豆類も栽培するようになり、これら三種の食糧は「三姉妹」として知られるようになる。その後更にメロンとチリペッパーも加わった。農業技術の伝播や人口の増加に伴って徐々に移住型の狩猟生活から定住型の農耕生活へと移行していった。やがてこの地には灌漑農業を取り入れたホホカム族や、高原に居住し川沿いで乾地農法を行うアナサジ族などの文化社会が現れる。彼らはプエブロ（多層構造の集合住宅を中心とする共同体・集落のこと。スペイン語で町・集落を意味する）に居住していたことから古代プエブロ人と呼ばれている。

ホホカム族は五〇年頃に現在のアリゾナ州南部で簡単な灌漑を伴う農業を開始する。この地域の降水量は年間三〇〇ミリにも満たなかったため、農作物の生産には集水池ダムや灌漑用水路が必須であった。発掘調査によると九〇〇年頃にはソルト川やヒラ川から巨大な運河が引かれ、幅二六メートル、深さ六メートル、長さ三二キロにも及ぶような水路が整備されて広大な土地を潤し、年間を通した農作物の栽培を可能にしていた。(2) このように巨大な灌漑施設によって環境に手を加えることで、彼らは乾燥した環境にも適合し、数世紀にもわたる繁栄を誇ることになる。しかし一四五〇年頃彼らは突然姿を消す。主要因は大規模な灌漑が徐々に表土に塩分を蓄積させる塩害による環境変化であったと考えられている。他にも洪水、干ばつ、地震、森林破壊、これらの複合的要因など様々に推測されているが、中近東のメソポタミア文明が塩害で滅亡したように、ホホカム族も自らが引き起こした環境の変化により土地を放棄し他へ移動するか、自然条件に適合した新たな生業形態に移行していったとみられるのである。

一方ユタ、アリゾナ、コロラド、ニューメキシコの四つの州の境、現在フォーコーナーと呼ばれる辺りでは特徴的な編み籠を使うアナサジ族が五〇〇年頃定住型農業を開始した。主な遺跡の一つであるコロラド州南西部メサ・ヴェルデ（スペイン語で「緑の台地」の意）は海抜二一〇〇—二六〇〇メートルに位置し、主にマツ林に覆われた広大な台地である。当初はその台地上に竪穴式住居で暮らしていたが、七五〇年頃からは儀式を行うためのキヴァと呼ばれる施設も伴った大規模なプエブロも築かれた。最も繁栄したとされる一一〇〇年から一三〇〇年頃には、谷底から約六〇〇メートルも上にある崖の途中に無数のプエブロが構築され、台地上の広大な農地と谷底の川が複雑な道で結ばれて人々の暮らしを支えていた。しかし森林破壊や社会的混乱、一二八〇年頃の干ばつなどによる理由からこの共同体も放棄されることになる。

ニューメキシコ北西部チャコ峡谷にもまた九〇〇年から一一五〇年頃アサナジ族が構築した

プエブロ群が残されている。ファハダ・ビュートと呼ばれる岩山には、夏至や冬至、春分日や秋分日を観測していた痕跡もみられ、農耕を季節に合わせて計画的に行うための天文暦を活用していたと考えられている。周辺の共同体同士を結ぶ道路網も整備され、活発に交易も行われていたようだ。[3]彼らもまた、その知識と技術を駆使して極度に乾燥した自然環境に対応していたのである。

彼らはその後南西部の幾つかの地域に移動して、現代に繋がるプエブロ族にその文化を継承したと考えられている。こうした事例は南西部の先住民が環境を利用する高度な技術と環境に適合した文化を形成し、徐々に成熟させていったことを明示している。しかし十六世紀、スペイン人の遠征に伴ってヨーロッパからもたらされた動植物や病原菌が、この地域の環境を根本的に変えていく。

プエブロ族とスペイン人植民者

それまでもバイキングやバスク人によるカナダ東部沿岸ラブラドル、ニューファンドランドやグランドバンクなどへ航行は散見されていたが、北米大陸にヨーロッパ人が恒久的影響を及ぼすのはやはり一四九二年コロンブス第一回目の航海からである。緩やかな先住民文化の変化とは対照的に、これ以後スペイン人の文化が急激に北米大陸へ流入することになる。まずフランシスコ会修道士マルコス・デ・ニサの率いる最初の探検隊が、一五三九年にメキシコから北上し、アメリカ南西部のプエブロを偵察、これを受けて一五四〇年にはフランシスコ・バスケス・デ・コロナードが今日のカンザス州に至るまでの広大な土地を二年かけて探検した。

この後にも重要な遠征が更に二回行われた。まず一五八一年にフランシスコ・サンチェス・チャムスカド、翌一五八二年にアントニオ・デ・エスペホ率いる遠征隊が南西部に送り込まれた。エスペホはプエブロ族の様子をみて「トウモロコシ、豆、カラバシュ、タバコ畑を耕作し、その収穫量は豊かである。彼らは季節や降雨量によって作物を替え、すばらしい水路を建設している。メキシコ流の仕方で耕作が行われ、各々の畑には担当する労働者と小屋が割り振られ、収穫物が昼に小屋まで運ばれる。彼らは朝から晩まで畑で働いている」と記録に残している。[4]また男女分業の生業形態が営まれ、大西洋沿岸地方とは対照的に、男性が農作物の栽培をし、製粉など収穫物の加工処理は女性が担った。当時の記録には「彼らはとてもよく働く。トウモロコシ畑では男性だけが働く。夜明け前から仕事をしている。女性は食料を準備する仕事を請け負い、陶磁器の生産と絵付けを行う」とある。[5]

当地域初のスペイン植民地は、鉱山の発見と先住民のキリスト教化を目的として、四〇〇人の入植者、一〇人の聖フランシスコ会宣教師、七千頭の牛・羊・馬と共にニューメキシコへ遠征してきたドン・ファン・デ・オニャーテによって設立された。彼は先住民を虐殺し、従わない者の脚を切断するなど苛烈な支配を行い入植者にも冷酷であった。そのためのちに召喚され有罪判決を受けたが、抗告審判にて無罪となりスペイン採鉱監督長に任命されて生涯を終えている。[6]

スペイン人の遠征隊がどのようにプエブロ族の文化を壊滅させ、聖フランシスコ会宣教師団がそれらの先住民をいかに「保護」したかは歴史家ラモン・グティエレスの著書に詳しい。宣教師たちは織物作業場を設け、ヨーロッパから持ち込んだ作物を栽培するための灌漑農業を行うと共に、先住民のアニミズムを否定して宗教儀礼に用いる仮面やダンスを禁止、教会を建設して彼らの信仰する「トウモロコシの母」に代わってキリスト教の神や聖母マリアに祈るよう強いた。プエブロ族にとってキリスト教化とは食用肉、種々の鉄製品やヨーロッパ産の食物の安定的供給を意味したのである。[7]

コロンブスの最初の航海から十七世紀までにヨーロッパから持ち込まれることになった疾病、家畜動物、鉄砲などの新しい戦闘技術、キリスト教、文字、計算術などの生態的・社会的要因によって、南西部の先住民社会は大規模で急激な変化を余儀なくされた。彼らが持ち込んだ疾病によりプエブロ族の人口はこの時期に激減している。一方で乾燥した南西部の環境はスペイン人にとっても過酷であった。潅漑農園の農作物が実を結ぶ前に、多くの入植者と家畜が、先住民の反乱によって命を失うこととなった。

北東部の先住ミクマク族

ここからはアメリカ北東部で発展した狩猟漁労文化について述べたい。現在のメイン州北部のアベナキ族、セント・ジョンズ河流域のマレシト族、カナダ南東部のミクマク族等は農耕の他、男性が主体となって食用や皮を利用するためにヘラジカやトナカイを追い、ミンク、ジャコウネズミやビーバーなどを罠で捕獲して毛皮を利用する文化を共有していた。

主にガスプ半島、ニューファンドランド南部、ラブラドルやセント・ローレンス川流域に居住するミクマク族は狩りを通して動物と精神的に密接な繋がりを持ち、熊や鹿にちなんだ氏族名を付けるなど動物と自分たちを同一視していた。動物はマニトゥと呼ばれる精霊を持つものと考えられ、マニトゥはミクマク族の先祖や祈祷師、他の種族とも交信ができると信じられた[8]。動物が夢に現れることが狩りに出る合図となり、祈祷師が狩りに出かける時を告げ、呪術師が狩猟に向かう方角を卜骨で占った。狩りに出かける前には特別な儀式を行い、獲物に遭遇すると、動物たちが「贈り物」として彼らのところに姿を現してくれたと考え、それに応えるべきであると捉えるのだった。狩猟とは動物が命を差し出して、狩猟者の命を支えることであり、動物は狩猟者と目を合わせた瞬間に魂が通じ合い、自律的に贈り物として自らの命を差し出すことを決めるのだとされた。これらの行為は、狩猟の時期や地域を分散することにもなり、持続可能な動物資源の保護にも繋がったと思われる。

狩猟前だけではなく獲物に感謝する死後の儀式も行われ、陸に生きる動物の死骸は土に、水に生きる動物は湖沼、川や海に返された。ミンクはその骨を木に掛けることで、毛皮や肉は敬意を以て利用され、その命は決して浪費されたわけではないことを他のミンクたちに示すサインとなった。そうした儀式が適切に行われない場合は畑にまいた種から芽が出ない、獲物が獲れない、病気になる、家族が事故に遭うなどといった不運に見舞われるとされたのである。(9)

ミクマク族とフランス人植民者

この地域では一五八〇年代から十九世紀後半までフランス人が中心となって続いた毛皮交易が、先住民文化と生態系の両方を大きく変化させることになる。主な交易品のビーバーの毛皮は堅い外毛の下に非常に柔らかな綿毛を持っており、ヨーロッパとその後アメリカでも需要が高まる帽子の理想的な材料となった。博物学者アーネスト・トンプソン・シートンによると ビーバーの繁殖力は旺盛で、一六〇〇年頃には北米大陸には五千万匹以上が生息していたと算定されている。またビーバーの築く大小様々なダム湖の周りではジャコウネズミや、毛皮交易において重要なカワウソやミンク、他にも多くの鳥や動物の豊かな生態系が形成されていた。

そのなかでミクマク族は、一五三四年にジャック・カルティエがこの地に探検に訪れる頃には目印として毛皮を棒の先につけて振っていたとも言われるように、早くから毛皮貿易に協力していたことが窺われる記録が残されている。彼らは金属加工の技術を持たず、ビーバーの毛皮と交換にヨーロッパ人から金属製の縫針やヤカン、釣り針、罠、銃を求めた。それまで使用していた天然素材の道具類はヨーロッパからもたらされる金属製品に取って代わられ、より多くの商品と交換するためにビーバーをはじめヤマネコ、カワウソ、狐、ミンクといった柔毛を持つ動物全てが乱獲の対象となり、急速に北東部地域から姿を消していった。

同時にヨーロッパ人の水夫、漁師、宣教師、開拓者がもたらした疾病が先住民を襲った。ミクマク族の間での天然痘の流行は一六三九年に始まり、十七世紀を通じて継続、麻疹も一六三三年と一六五八年に大流行した。疫病は一度流行するとすさまじい影響力を持っていた。人口は激減して共同体は破壊され、世代を越えて蓄積された文化と伝統は崩壊していった。数少ない生存者が小規模の集団を再生したとしても伝統的な狩猟の継承は難しく、口承されてきたマニトゥや動物への配慮は失われ、交易品としてのみ扱うようになった。また先住民のなかで仲買人となる者が現れると、部族内及び部族間の競争が増加して個人主義が台頭し、交易への依存度が高まるにつれて支配する部族と支配される部族との階層化も進んだ。

更に、キリスト教が先住民の生活を一変させた。伝道に来たイエズス会士は、天然痘や麻疹を患う子どものために母親と共に祈りを捧げ、子どもが助かるとキリスト教に改宗させた。それまで先住民の精神世界を支えていた伝統的な祈祷師は貶められ、その力は弱体化した。祈祷師自身が病に倒れた時にも改宗を迫り、キリスト教の祈りによって助かったのだとそれまでの信仰を放棄させたのである。疫病を盾に取った実に巧妙な手段であった。こうして先住民の諸儀式はキリスト教の洗礼、信仰告白やミサの聖礼典に代わり、彼らは聖書を読むことを教えられ、キリスト教に改宗していったのである。歴史家ジェームズ・アクステルも「東部の森林地域における印刷物の影響力」について論じ、「もともと読み書きや算術能力は、最も偉大な祈祷師だけが実行することのできる精神的な功績であったと指摘している。しかし、ヨーロッパ人が文字を通して人の心を離れたところでも読むことができる、というのは先住民を感嘆させた」と述べている。住民は、神の言葉を記した聖書に加えて、強力な神によって地上に送られたという聖職者たちが伝染病に罹患しないことに対しても畏敬の念を持った。実は、旧大陸から来た聖職者たちは病原菌に対する免疫を生まれながらに持っていたに過ぎなかったのではあるが[10]。

先住民とヨーロッパ人が、自然との関係をどのように認識していたかを比較してみると、先住民は、自らを自然の一部と考えていた。自然界に存在する無数の命のなかの一つとして、他の生命体に対する敬意を払い、それに応じた道具や技術を開発して、自給自足の生活を送っていたのである。他方、十七世紀のヨーロッパ人は、封建制度から解き放たれ、自然を統治し、かつ個人の社会的身分を上昇させるための技術力を信じ始めていた。文字や算術能力によって強化されたキリスト教、新しい技術や市場原理の導入は、自然環境と同時に先住民の文化をも大きく変えていったのである。

ヨーロッパ帝国主義の拡大

The Columbian Exchange を出版した一四年後、アルフレッド・クロスビーは、*Ecological Imperialism*（一九八六年／翻訳『ヨーロッパ帝国主義の謎―エコロジーから見た一〇―二〇世紀』一九九八年）と題した研究書を著し、十五世紀に始まったヨーロッパの帝国主義的膨張が生態

学的にどのような意味を持っていたのかを説き明かそうと試みた。ヨーロッパ側から移民を押し出させる要因としては、人口爆発、耕地不足、国際紛争、蒸気機関の発達などが挙げられるが、「新世界」が移民を引きつける要因は何だったのか。地域によって実に様々な引力が存在していたには違いないが、そのなかでもクロスビーが特に注目したのは、生物学的諸要素だった。

北米大陸だけではなくオーストラリアやニュージーランドといったヨーロッパからの人々の移民先は、ほぼ北緯四〇度から南回帰線の間に位置したため、その子孫が、現在も人口の圧倒的多数を占めている（混血を含める）。十九世紀初頭のヨーロッパ総人口のおよそ五分の一に匹敵する五〇〇〇万人が一八二〇年から一九三〇年の間に海を渡ったという。クロスビーは、気候や風土の点でヨーロッパと近いこれらの土地を「ネオ・ヨーロッパ」と呼ぶ。ここで重要なのは人間の移住だけではなく、動植物を含めてのヨーロッパ的な生物相がそのまま移植された環境が「ネオ・ヨーロッパ」に形成された点というである。

クロスビーの議論の前提となるのは、既述の二億年前に遡るパンゲアの時代から始まる歴史的過程である。地質学者が「超大陸の時代」と呼ぶ、地球上に巨大なパンゲア大陸一つしか存在しなかった時代には、生物の生態的多様性はさほど大きいものではなかった。しかしやがてパンゲアは分裂し、大陸ごとの植物相と動物相が展開していくことになる。別々の大陸にあるヨーロッパと「ネオ・ヨーロッパ」の生物相は大交易時代の前には極めて異なるものとなっていた。そこに「コロンブスの交換」の時代が訪れる。人間の移動と共に天然痘、はしか、腺ペスト、腸チフス、コレラ、赤痢、インフルエンザなど伝染性の強い疫病が「旧大陸」から「新大陸」へもたらされ、アメリカ大陸を皮切りにしてオーストラリアやニュージーランドの先住民人口を瞬く間に激減させた。一方でヨーロッパからの雑草をはじめ、繁殖力の強い豚や馬、牛、ミツバチ、ネズミ等も猛烈な勢いで広がった。こうした動植物も「新大陸」における在来種を駆逐し、それまでの生態系を破壊して「新大陸」をヨーロッパ化していった。

クロスビーは「新世界」が地理的にヨーロッパと似た気候帯にあることがヨーロッパからの動植物が帰化するにあたって好条件だったし、ヨーロッパ大陸の複雑な生物相のもとで進化して来たヨーロッパ種の方が在来種に比べ適応能力が高かったと主張する。また「新大陸」の動物の人間に対する警戒心の希薄さがヨーロッパ人による乱獲を許し、豚、馬、牛などの爆発的増加を可能にしたという。「ネオ・ヨーロッパ」における生態系のヨーロッパ化を必然とする議論には批判もあるが、環境という視点から歴史を捉えた意義は大きい。農産物市場の自由化などで遺伝的・生態的に未知数の種がグローバルに拡散される昨今、生態系が全く新しいバイオハザードに晒される危険性も高まっている。動植物・疫病を含めた生物相の交換を解明し、生態系に与えた影響を評価するのは、もはや自然科学だけの領域ではなくなっているのだ。

ヨーロッパ帝国主義の言説を越えて

十五世紀以降、北米大陸にもたらされた劇的な変化、被植民地化による先住民族の悲劇的な「歴史」の経緯は、長らくヨーロッパの「成功」物語として、つまり科学や宗教といった手段を駆使したヨーロッパ人による軍事的征服が「野蛮」人に文明の恩恵をもたらした歴史として、ヨーロッパ帝国主義者側の視点から語られてきた。こうしたヨーロッパ中心的で、一方的な語りは批判を受けるようになって久しいが、国境や大陸の境界を越えた環境史のアプローチが照らし出すのは、まさに、その「成功」物語の影に隠された、ヨーロッパ人によって意図的・人為的にもたらされた変化以外の諸々の要因、つまり動植物や病原菌の流入による変化なのである。

本章が明らかにしたとおり、ヨーロッパの帝国主義的言説においては、「野蛮人」と称されてきた先住民は、ヨーロッパ人が探検と植民化に乗り出す以前、既に採集狩猟漁労や農耕などの技術を開発し、それぞれ大陸の至る所で異なる環境に適応した精巧な文化を発展させていたのである。その文化に劇的（致命的）な変化を与え、先住民族の被植民者化を促す大きな要因となったのは、南西部のスペイン人による植民地活動においても、北東部のフランス人による植民地活動においても、どちらもその軍事的政策や意図とは本来直接関わりのなかった「旧世界」から持ち込んだ疫病や動植物であった。先住民の焼き畑に外来種の牧草が繁殖したことは家畜を連れたヨーロッパ人の入植を促した。ヨーロッパとの接触後の北米大陸における先住民死亡の原因のほとんどはヨーロッパ人との戦いなどではなく病原菌によるものであり、疫病による急激な人口減がヨーロッパ人による征服を容易にし、先住民社会を壊滅させる大きな要因の一つとなった。植民成功の要因は軍事力・経済活動・宗教思想だけではなく、環境要因が極めて大きかったと言えるのである。

【注】

（1）佐藤円「1492年の先住民人口―異なる推定値が意味するもの」富田虎男・鵜月裕典・佐藤円編著『アメリカの歴史を知るための63章』（明石書店、二〇一五年）二〇―二三頁

（2）Jerry B. Howard, "Hohokam Legacy: Desert Canals." *Pueblo Grande Museum Profiles* 12 (1992) : p. 3. http://www.waterhistory.org/histories/hohokam2/hohokam2.pdf（最終閲覧二〇一八年一月二四日）を参照。

（3）荒川史康「アメリカ南西部メサ・ヴェルデ地域におけるアナサジ先住民の考古学的考察」『駿台史學』一四六号：五三―六八頁

（4）Antonio Espejo, "Report of Antonio de Espejo," vol.3 of *The Rediscovery of New Mexico, 1580-1594,* trans. and ed. George P. Hammond and Agapito Rey, (1927; repr., Albuquerque: University of New Mexico Press, 1966), pp. 224-25, rep. in Carolyn Merchant, *Major Problems in American Environment History: Documents and Essays* (Lexington, MA: D.C. Heath, 1993), pp. 36-37.

（5）Hernan Lamero Gallegos, "Gallegos' Relation of the Chamuscado-Rodoriguez Expedition," vol.3 of *The Rediscovery of New Mexico, 1580-1594,* pp. 83-86, rep. in Merchant, Major Problems, pp. 34-36.

（6）George P Hammond and Agapito Rey, *Don Juan de On˜ate, Colonizer of New Mexico, 1595-1628* (Albuquerque: University of New Mexico Press, 1953), pp. 643-56. Rpr. in Merchant, *Major Problems,* pp. 37-

40.

（7）Rámon A. Gutiérrez, *When Jesus Came the Corn Mothers Went Away: Marriage, Sexuality, and Power in New Mexico* (Stanford: Stanford University Press, 1991), p. 94.

（8）Nicolas Denys, *Description Geographical and Historical of the Coasts of North America: With the Natural History of the Country*, trans. and ed. William Ganong, (1672; repr., Tronto: The Champlain Society, 1910), pp. 399-452, rep. in Merchant, *Major Problems*, pp. 40-42.

（9）Chrestien Clercq, *New Relation of Gaspesia: With the Customs and Religion of the Gaspesian Indians*, trans. and ed. William Ganong, (1672; repr., Tronto: The Champlain Society, 1910), pp. 399-452, rep. in Merchant, *Major Problems*, pp. 42-44.

（10）James Axtell, *After Columbus: Essays in the Ethnohistory of Colonial North America* (New York: Oxford University Press, 1988).

◎文献案内

○環境史全般についての文献は、

・池谷和信編『地球環境史からの問い―ヒトと自然の共生とは何か』（岩波書店、二〇〇九年）

・水島司編『環境に挑む歴史学』（勉誠出版、二〇一六年）

・アルフレッド・クロスビー（佐々木昭夫訳）『ヨーロッパ帝国主義の謎―エコロジーから見た10～20世紀』（岩波書店、一九九八年）
・ジョン・ロバート・マクニール（海津正倫・溝口常俊監訳）『20世紀環境史』（名古屋大学出版会、二〇一一年）

○ヨーロッパ人の入植と北米先住民の関係を環境史の視点から論じた文献は、

・Bruce G. Trigger, "The Ontario Epidemics of 1634-1640." *Indians, Animals, and the Fur Trade: A Critique of Keepers of the Game*, ed. Shepard Krech III (Athens: University of Georgia Press, 1981).
・Calvin Martin, "The European Impact on the Culture of a Northeastern Algonquian Tribe: An Ecological Interpretation." *William and Mary Quarterly* 31 (Jan. 1974) :pp. 7-26.

○地域別の環境史に関する文献は、

・水野祥子『イギリス帝国からみる環境史―インド支配と森林保護』（岩波書店、二〇〇六年）
・ウィリアム・クロノン（佐野敏行・藤田真理子 訳）『変貌する大地―インディアンと植民者の環境史』（勁草書房、一九九五年）

・フランク・ユーケッター（服部伸・藤原辰史・佐藤温子・岡内一樹 訳）『ドイツ環境史―エコロジー時代への途上で』（昭和堂、二〇一四年）
◯本章執筆において依拠した文献は、
・小塩和人『アメリカ環境史』（上智大学出版、二〇一四年）
◯研究動向と課題について整理したアメリカ環境史に関する文献は、
・小塩和人「環境史研究」『アメリカ史研究』四〇号、二〇一七年

Q ディスカッション・クエスチョン

① 動植物や病原菌の歴史的役割に注目する環境史の長所と短所（成果と限界）は何でしょう。
② 環境要因は、どのように人間の経済活動（唯物論）や認識観念（唯心論）と組み合わせれば、歴史的変化を説明できるのでしょう。

コラム

映画表象における二つの「遭遇」

一九九二年はクリストファー・コロンブスによる「アメリカの発見」から五〇〇周年にあたり、様々な催し物が行われ、同時に抗議運動も盛んだった。従来の「勇敢・冒険」といった肯定的評価だけでなく、「殺戮・侵略」といった否定的評価が勢いを増していた。まさに「大交易時代」の一コマをめぐる歴史的解釈の対立といった様相を呈していた。

そんななか『一四九二　コロンブス』と題した映画が封切られた。スペイン人植民者と先住アメリカ人との遭遇を描いた話題作だ。その前年の一九九一年には『ブラック・ローブ』が封切られ、こちらもやはり北米大陸北東部のニューフランスへと布教目的で渡ったイエズス会士とアルゴンキンやヒューロン族との遭遇が描かれて話題をさらった。

どちらの映画にしても、人々の関心は遭遇の文化面に集まり、本章が扱った生物学的な側面はこれまでは注目を集めてこなかった。しかし、人間中心的な歴史観から解き放たれ、生態系全体を含むより全体的な視点が養われれば、「大交易時代」の表象を分析する態度も大いに変化する可能性がある。そんな時代がやってくるのも、そう遠くはないのかもしれない。

・ブルース・ベレスフォード（監督）『ブラック・ローブ（Black Robe）』（一九九一年）
・リドリー・スコット（監督）『一四九二　コロンブス（1492: Conquest of Paradise）』（一九九二年）

エピローグ　大学キャンパスのハラール・フード

正山耕介

上智大学のハラール・フード導入の取り組みは二〇一四年度から始まった。

きっかけは、ムスリムの留学生への聞き取りで、イスラームの戒律から、彼らが食事でとても苦労しているという状況がわかったことだ。ムスリムは豚肉やアルコールが含まれている食品を口にすることができないため、学食では安心して食事をすることができず、お昼は自分で弁当を作って持ってきたり、コンビニの商品の原材料を日本人学生に確認してもらって購入していているという。言うまでもなく、食は生活の基本的な要素のひとつだ。ムスリムの学生への福利厚生支援として、学内でのハラール・フード提供の検討を始めることになり、私は担当者としてこの企画に携わることになった。

「ハラール」はアラビア語で「許可された」ことを意味する言葉で、「ハラール・フード」と認められるには様々な条件がある。「ハラール」であるためには、豚肉やアルコールを避けるだけでなく、食器や調理器具、厨房設備まで他の料理と分ける必要があり、学食の業者に相談してみても対応は難しいとの回答。食材に配慮した弁当の予約販売ならできるとのことだったが、調理器具の区別までは徹底できないという。

ムスリムの学生からは、調理環境までは気にしないという意見もあったものの、戒律をどこまで気にするかは地域によっても個人によっても大きく異なるということもわかった。それならばいっそのこと「ハラール認証」を受けた外部のお店で調理した弁当を学内で販売することはできないだろうか。そう発想を転換して、引き受けてくれる業者を探すことにした。

検討を進めた結果、味も良くメニューも豊富で、そして何より採算をほとんど度外視して学生のために学食と同程度の価格帯での提供を申し出てくれた「ＡＳｌｉｎｋ株式会社」に弁当の販売をお願いすることとなった。

バングラデシュ出身の社長のシャーミンさんは、和食やフレンチのお店で働いた経験があり、アルコールや豚由来の材料を使わずに料理の旨みを出す研究を重ねた努力家だ。母国では国民のほとんどがムスリムという環境であり、食のハラールについては特に意識せずに暮らしてきたため、ハラール認証の勉強は日本でしたという。

「ハラール」という概念はイスラームと同じだけの歴史をもつが、「ハラール認証」は、ムスリムの生活圏や食品の流通が広がったことにより生まれた比較的新しい制度で、一九七〇年頃にマレーシアで生まれたとされている。日本では、インバウンド需要や在日ムスリムの増加によって二〇一〇年代に入ってから注目を集めるようになった。

二〇一五年の四月から販売を開始すると、ハラール弁当は学内のムスリムの留学生だけでなく日本人学生にも人気となり、カトリック大学でハラール弁当に行列ができる様子は様々なメディアにも取り上げられた。ムスリムの学生たちが喜んでくれただけでなく、日本人の学生も興味を持って受け入れてくれたことは担当者としてもとても喜ばしいことだった。実は、当時のムスリムの学生数は推定二〇―三〇名程度しかおらず、販売を継続するためには、ムスリム以外の学生も積極的に食べて売上を支えてくれることが大事だったのだ。異文化への興味に加えて、ヘルシーなイメージを打ち出したことも幅広い人気に繋がったようだ。ハラール対応を徹底するためには、豚由来の成分やアルコールの入った原材料を完全に避ける必要がある。結果的に添加物を使用しない料理を提供することになり、ムスリム以外の学生にとっても価値のあることとして捉えてもらうことができた。

二〇一六年九月には、弁当の好評を受けて、キャンパス内に「東京ハラルデリ&カフェ」という店舗をオープンした。宗教法人日本イスラーム文化センターによるハラール認証を得た、厳格なムスリムも安心して食事ができる食堂である。お店には「ハラール認定証」が飾られている。

人気のメニューはシャーミンさんの郷土料理でもあるカレーセット（焼きたてのナン付き）や若鶏のローストで、朝食も二〇〇円から提供している。食事時以外には、チーズケーキやハラール・コーヒーも人気だ。ハラール・コーヒーというのは、製造ラインの消毒にアルコール以外の薬品を使ったり、洗浄に豚毛のブラシを使わなかったりといったところまでハラールであることにこだわったコーヒーだそうだ。

現在、上智大学に在籍するムスリムの学生数は推定五〇名程度にまで増えたが、「東京ハラルデリ&カフェ」はあいかわらずムスリム以外の学生にも親しまれている。学生サークル「Table for Two Sophia」からは、せっかくのハラールカフェならイスラーム教の国の料理が食べてみたい、といったリクエストがあり、食堂スタッフとメニューの共同開発を行っている。彼らのアイディアによる「ＴＦＴメニュー」は一食あたり二〇円が開発途上国の学校給食支援に充てられることになっており、多くの学生に支持されている。

ここまでみてきたとおり、イスラーム文化のなかで育まれてきた「ハラール」な食堂が日本人の学生にも世界中から来た留学生たちにも親しまれているということは、大学のキャンパスがますますグローバル化してきていることの象徴的な光景であると言えるだろう。

　身の回りの日常的な場所や物事でも、それが身近になるまでには様々な背景があるという一例として、キャンパスのハラール・フードについて紹介してきた。私たちのキャンパスライフもまたグローバルな流れのなかにあることを感じて頂ければ幸いである。

写真①　東京ハラルデリ＆カフェを利用するムスリムの学生たち

写真②　毎年七夕に実施される「浴衣デー」の日に、浴衣姿でカレーを食べる日本人学生たち（①②とも筆者撮影）

※「ハラール」の表記については、原語であるアラビア語にのっとって「ハラル」でなく「ハラール」とした。なお、食堂の店名は「東京ハラルデリ&カフェ」だが、イスラーム教が東に伝わるにつれ、東南アジアの言語などでは長音の区別がされなくなり、「ハラル」という発音もされるようになったという。英語でも、アラビア語からの音写では「halaal」となるが、英単語としての綴りは「halal」である。日本語では、「ハラール」「ハラル」いずれの表記も使用されている。

【執筆者紹介】

＊は編集委員

飯島　真里子＊
上智大学外国語学部英語学科准教授
「移動する沖縄女性―ハワイ・フィリピンをめぐって」沖縄県教育庁文化財課史料編集班編『沖縄県史　各論編 8　女性史』（沖縄県教育委員会、2016年）

内村　俊太＊
上智大学外国語学部イスパニア語学科准教授
『スペインの歴史を知るための50章』（共編著：明石書店、2016年）

高橋　暁生＊
上智大学外国語学部フランス語学科准教授
『フランス革命史の現在』（共著：山川出版社、2013年）

米山　かおる
首都大学東京国際センター特任助教
“Fallstudie: Filipinas in Japan,” *Handbuch Entwicklungsforschung*, Fischer, K., Hauck, G., Boatcă, M. eds. (Wiesbaden: Springer VS, 2016)

岩崎　えり奈
上智大学外国語学部フランス語学科教授
Hiroshi Kato and Erina Iwasaki, *Rashda: The Birth and Growth of an Egyptian Oasis Village* (Leiden & Boston: Brill, 2016)

野澤　丈二
帝京大学経済学部経営学科准教授
「ケンペルが見た17世紀イランのワイン」川分圭子・玉木俊明編『商業と異文化の接触—中世後期から近代におけるヨーロッパ国際商業の生成と展開』（吉田書店、2017年）

杉浦　未樹
法政大学経済学部現代ビジネス学科教授
「布と衣の世界史構築とグローバルヒストリー」羽田正編『グローバルヒストリーの可能性』（山川出版社、2017年）

石井　紀子
上智大学外国語学部英語学科教授
"Difficult Conversations across Religions, Race and Empires: American Women Missionaries and Japanese Christian Women during the 1930s and 1940s," *Journal of American-East Asian Relations* 24, no.4 (2017)

佐々木　一惠
法政大学国際文化学部国際文化学科准教授
Redemption and Revolution: American and Chinese New Women in the Early Twentieth Century (Ithaca, NY: Cornell University Press, 2016)

矢澤　達宏
上智大学外国語学部ポルトガル語学科教授
『ポルトガル語圏世界への50のとびら』（共著：上智大学出版、2016年）

小塩　和人
上智大学外国語学部英語学科教授
『アメリカ環境史』（上智大学出版、2014年）

正山　耕介
上智学院財務局管財グループチームリーダー

名和　玲
上智大学大学院文学研究科英米文学専攻
“A New Conception of Black Masculinity in Toni Morrison's Beloved”『上智英語文学研究』39号（2014年）

グローバル・ヒストリーズ
―「ナショナル」を越えて

2018年2月28日　第1版第1刷発行

共　編：上智大学アメリカ・カナダ研究所
　　　　イベロアメリカ研究所
　　　　ヨーロッパ研究所

発行者：髙　祖　敏　明

発　行：Sophia University Press
　　　　上　智　大　学　出　版
　　　　〒102-8554　東京都千代田区紀尾井町7-1
　　　　URL：http://www.sophia.ac.jp/

制作・発売　㈱ぎょうせい
〒136-8575　東京都江東区新木場1-18-11
TEL　03-6892-6666　FAX 03-6892-6925
フリーコール　0120-953-431
〈検印省略〉　URL：https://gyosei.jp

印刷・製本　ぎょうせいデジタル㈱
ISBN978-4-324-10405-7
(5300274-00-000)
[略号:(上智) グロヒス]

Sophia University Press

上智大学は、その基本理念の一つとして、

「本学は、その特色を活かして、キリスト教とその文化を研究する機会を提供する。これと同時に、思想の多様性を認め、各種の思想の学問的研究を奨励する」と謳っている。

大学は、この学問的成果を学術書として発表する「独自の場」を保有することが望まれる。どのような学問的成果を世に発信しうるかは、その大学の学問的水準・評価と深く関わりを持つ。

上智大学は、⑴ 高度な水準にある学術書、⑵ キリスト教ヒューマニズムに関連する優れた作品、⑶ 啓蒙的問題提起の書、⑷ 学問研究への導入となる特色ある教科書等、個人の研究のみならず、共同の研究成果を刊行することによって、文化の創造に寄与し、大学の発展とその歴史に貢献する。

Sophia University Press

One of the fundamental ideals of Sophia University is "to embody the university's special characteristics by offering opportunities to study Christianity and Christian culture. At the same time, recognizing the diversity of thought, the university encourages academic research on a wide variety of world views."

The Sophia University Press was established to provide an independent base for the publication of scholarly research. The publications of our press are a guide to the level of research at Sophia, and one of the factors in the public evaluation of our activities.

Sophia University Press publishes books that (1) meet high academic standards ; (2) are related to our university's founding spirit of Christian humanism ; (3) are on important issues of interest to a broad general public ; and (4) textbooks and introductions to the various academic disciplines. We publish works by individual scholars as well as the results of collaborative research projects that contribute to general cultural development and the advancement of the university.

Global Histories:
"Nation-States" and Beyond

published by
Sophia University Press

production & sales agency : GYOSEI Corporation, Tokyo
ISBN978-4-324-10405-7
order : https://gyosei.jp